本书受2014年国家自然科学基金青年项目"差序式领导对员工利社会组织行为的影响机理：Trickle-down模式的跨层次研究"、2014年湖北省社会科学基金项目"制度悖论视角下包容性创新的实现路径研究"和2014年中南民族大学中央高校基本科研业务费专项"湖北民营企业自主创新正能量的形成机制及其提升路径研究"资助。

制度悖论视角下
包容性创新的实现路径研究

李 玲 著

Research on the Path of Inclusive Innovation from the Perspective of System Paradox

中国社会科学出版社

图书在版编目（CIP）数据

制度悖论视角下包容性创新的实现路径研究/李玲著.
—北京：中国社会科学出版社，2015.4
ISBN 978-7-5161-5960-6

Ⅰ.①制… Ⅱ.①李… Ⅲ.①企业创新—研究—中国
Ⅳ.①F279.23

中国版本图书馆 CIP 数据核字（2015）第 075092 号

出 版 人	赵剑英
责任编辑	卢小生
特约编辑	林　木
责任校对	周晓东
责任印制	王　超

出　版	中国社会科学出版社
社　址	北京鼓楼西大街甲 158 号
邮　编	100720
网　址	http://www.csspw.cn
发 行 部	010-84083635
门 市 部	010-84029450
经　销	新华书店及其他书店
印　刷	北京君升印刷有限公司
装　订	廊坊市广阳区广增装订厂
版　次	2015 年 4 月第 1 版
印　次	2015 年 4 月第 1 次印刷
开　本	710×1000　1/16
印　张	13
插　页	2
字　数	218 千字
定　价	45.00 元

凡购买中国社会科学出版社图书，如有质量问题请与本社发行部联系调换
电话：010-84083683
版权所有　侵权必究

内容提要

在制度变迁或者制度安排过程中制度的均衡是暂时的，而制度的非均衡则是永远的。制度的非均衡导致了制度非理性的存在，制度的非理性使得制度的运行结果与制度设计和运行的初衷相违背，制度悖论的出现使得一部分个体成为制度悖论下的获利者，而另一部分个体利益受到损害。转型期民营企业受到不公平待遇、经营能力跟不上企业的发展、产品缺乏创新、质量水平参差不齐，成为国家创新系统中的弱势群体。为了营造有利于创新的制度环境，提高民营企业的自主创新能力，促进不同产权性质企业平等发展，本书针对制度悖论的现实背景，提出了包容性创新理念，总结和提炼出制度悖论下包容性创新的实现路径，并围绕其对企业创新绩效的影响，进行了实证研究，得到结论和启示，为国家促进企业创新的宏观政策制定以及为企业的创新实践提供参考。

第一，从政府补贴的视角，就制度悖论对企业创新的影响进行研究和探讨。经过对上市企业数据的收集、整理和分析，分组检验了政府补贴与企业自主创新之间的关系。结果发现：（1）在控制了其他相关因素之后，政府补贴对民营企业的自主创新投入和创新绩效的影响显著，政府补贴在民营企业自主创新过程中发挥着"引导之手"的积极作用。但是政府补贴对国有企业自主创新投入和创新绩效的影响不显著，政府补贴在国有企业自主创新过程中扮演着"纵容之手"的消极作用。（2）民营企业中高管持股会产生利益趋同效应，从而对政府补贴与民营企业自主创新起到显著的调节作用，而在国有企业却没有起到显著的调节效果。（3）理论上，独立董事的引入有利于配置更多的资源于创新活动和创造有利于创新的社会关系，但研究结果发现，无论是国有企业还是民营企业，独立董事对政府补贴与企业自主创新之间的调节作用都不显著，都存在着形式主义陷阱。

第二，选择中国光伏产业中一家典型企业（无锡尚德公司）作为案例研究对象，通过对尚德模式发展历程的纵向考察，收集公司年报数据、内部文档、公司网站、媒体新闻、相关出版物以及博客、BBS等多种数据来源，经过严谨分析和整理，总结制度悖论视角下企业创新动态演进过程中政府和市场交互作用对企业成败的影响，界定、厘清政府和市场在企业创新过程中的作用边界，从而为包容性创新路径的实现提供负面标杆和鲜活的案例支撑。

第三，围绕实现包容性创新的路径一：创新要素协同配置与有形之手的作用分析，探讨"双核协同驱动力"与企业创新绩效的关系。虽然经费和人员投入从两个侧面反映了企业的创新努力程度，但是创新效果并不是二者单方面作用的结果，而是由它们协同配置决定的。本书以上市公司为样本，对比分析了自主研发投入与协同驱动力对企业创新绩效的影响，并围绕制度环境的调节作用进行了实证检验。结果发现，虽然研发经费、人员投入各自对企业创新绩效的影响显著，但由于没能有效地协同配置，导致二者的协同驱动力对企业创新绩效的解释力下降；虽然制度环境分别对研发经费、人员投入与创新绩效起到了显著调节作用，但在协同驱动力与创新绩效之间没能发挥事半功倍的调节效果；目前，我国制度环境对企业创新绩效的影响更多体现为内生直接决定作用。

第四，围绕实现包容性创新的路径二：内外部治理机制协调发展及其功效分析，研究产品市场竞争（外部治理机制）与股权集中、两职合一（内部治理机制）的交互作用对企业创新的影响。以深市主板和中小板企业为样本，围绕不同产品市场竞争度中公司的研发支出与创新绩效的关系进行多层次回归分析，并对股权集中和两职合一的调节效应进行了实证检验。结果表明，在产品市场竞争度低的行业中，研发支出与创新绩效正相关，股权集中和两职合一对研发支出和创新绩效之间的调节作用不显著。而在产品市场竞争度高的行业中，研发支出与创新绩效不相关，股权集中和两职合一对研发支出和创新绩效之间的调节作用明显，即在股权集中的企业，研发支出对创新绩效的影响好于股权分散的企业；在两职合一的企业，研发支出对创新绩效的影响好于两职分离的企业。

第五，围绕实现包容性创新路径三：战略互动与融合和企业价值提升，对高管身份跨界、战略依存与企业创新绩效进行深入分析和探讨。以我国上市企业为样本，研究高管身份跨界、战略依存与非公企业价值之间的关系。结果发现，高管"身份"跨界范围对非公企业价值有显著的负向作用，而"身份"跨界级别的影响却是正向的；结构不确定和市场竞争强度在高管"身份"跨界与非公企业价值之间起到了显著的正向调节效应。实施"身份"跨界对非公企业研发战略与企业价值之间无实质性贡献，跨界战略与研发战略的依存产生了战略"堆砌效应"；实施"身份"跨界削弱了广告战略与非公企业价值之间的作用关系，跨界战略与广告战略的依存会产生战略"侵蚀效应"；实施"身份"跨界有助于诱发研发战略和广告战略的互动性激励，对非公企业价值产生积极的促进作用，跨界战略、研发战略与广告战略三者依存会产生战略"协同效应"。

最后，对前面的实证研究结果进行归纳总结，在结论的基础上，提出对策建议，并指出本书存在的研究局限，对后续研究做了进一步展望。

关键词： 制度悖论 包容性创新 双核协同驱动力 战略依存 治理机制

前　言

为了营造有利于创新的制度环境，提高民营企业的自主创新能力，促进不同产权性质企业平等发展，本书针对制度悖论的现实背景，提出了包容性创新理念，总结和提炼出制度悖论下包容性创新的实现路径，并围绕其对企业创新绩效的影响，分别进行了深入实证研究，得到结论和管理启示，并提出了政策建议。

本书研究视角新颖，基于包容性增长理论、资源依赖理论和委托—代理理论，采用规范分析、案例研究和实证研究相结合的方法，对企业包容性创新的实现路径进行了研究，在以下方面具有一定的创新：

第一，将企业创新纳入包容性发展背景下进行研究，通过制度悖论视角下包容性创新的实现路径研究可以揭示真实的社会现象，深刻反映各类企业的现实诉求，经过理论演绎和实证研究有可能找到纠正不合理现象背后的规律，提出有针对性的解决方案和对策，从而为国家、地方政府和企业制定合理、有效的促进企业创新的政策提供参考。

第二，证实了制度悖论对企业创新以及创新绩效的影响机理和过程，深化了制度悖论对企业创新影响的理论研究。通过无锡尚德的案例剖析，反思政府在企业诞生、成长、壮大和衰败历程中的定位和作用，界定和厘清政府与市场在企业创新过程中的作用边界。

第三，围绕 R&D 经费投入与 R&D 人员投入配置，创新性地提出了"双核协同驱动力"概念，并从二者协同与相互促进的角度看待创新要素投入与企业创新的关系，提出对策建议，摒弃了孤立看待 R&D 经费投入或者 R&D 人员投入的观点。

第四，从创新要素协同配置、内外部治理机制协调发展以及战略互动与融合三个方面系统总结和提炼出包容性创新的实现路径，强化了包容性创新的完整性。通过有针对性地设计包容性创新的实现对策和路径，突破了以往包容性发展理论在解释企业创新问题上的限制，强化了路径的完整性。

本书另一个特色是，将多种研究方法用在包容性创新的实现路径的研究中。本书遵从问题界定→文献收集→理论探讨→实证检验→结论提炼→现实启示的研究思路，研究企业包容性创新的实现路径及其对企业创新绩效的影响。具体运用了文献研究法、内容分析法、实证研究法和案例研究法。总之，本书开拓了包容性创新理论，是一项有价值的研究成果。

本书在编写过程中，得到了院领导的指导、支持和帮助，在此表示衷心感谢。还要特别感谢中国社会科学出版社的大力支持和帮助，尤其是卢小生主任的耐心、细致入微的指导和帮助。本书在编写中参阅了国内外众多专家大量的相关著作，在此一并向有关作者致以诚挚的谢意。

由于编者水平有限，有关问题的研究还有待进一步深化、细化，书中不足之处在所难免，欢迎广大读者批评指正。

目 录

第一章 绪 论 … 1

 第一节 研究背景与问题提出 … 1
  一 包容性创新提出的现实背景 … 1
  二 研究问题的提出 … 9
 第二节 研究目的和研究意义 … 12
  一 研究目的 … 12
  二 研究意义 … 13
 第三节 研究内容、方法和技术路线 … 15
  一 研究内容 … 15
  二 研究方法和技术路线 … 16
 第四节 研究创新点 … 19

第二章 理论基础与相关文献综述 … 21

 第一节 理论基础 … 21
  一 包容性增长理论 … 21
  二 资源依赖理论 … 28
  三 委托—代理理论 … 30
 第二节 相关研究文献 … 33
  一 制度悖论 … 33
  二 包容性创新 … 38
 第三节 制度悖论视角下包容性创新的实现路径 … 44
  一 创造公平发展机会 … 44
  二 促进创新要素的协同配置 … 45
  三 推动企业内外部治理机制的协同发展 … 46

　　　　四　提高政治战略和市场战略的互动与融合 …………………… 47
　　第四节　本章小结 …………………………………………………………… 48

第三章　制度悖论与企业创新绩效关系的实证研究 ……………………… 50
　　第一节　问题聚焦 …………………………………………………………… 50
　　第二节　理论分析与研究假设 ……………………………………………… 52
　　　　一　股权性质、政府补贴与企业自主创新 …………………… 52
　　　　二　政府补贴与企业自主创新 ………………………………… 54
　　　　三　公司治理结构的调节作用 ………………………………… 55
　　第三节　研究设计 …………………………………………………………… 58
　　　　一　样本和数据选择 …………………………………………… 58
　　　　二　变量的测量 ………………………………………………… 59
　　第四节　实证结果分析 ……………………………………………………… 61
　　第五节　稳健性检验 ………………………………………………………… 69
　　第六节　本章小结 …………………………………………………………… 71

第四章　制度悖论视角下企业自主创新的案例研究
　　　　　——"尚德模式"反思 ……………………………………………… 72
　　第一节　自主创新的"尚德模式" ………………………………………… 72
　　　　一　"尚德模式"概述 ………………………………………… 72
　　　　二　尚德太阳能电力有限公司大事记 ………………………… 73
　　　　三　尚德公司经营状况分析 …………………………………… 75
　　第二节　光伏产业的市场环境约束 ………………………………………… 76
　　　　一　全球太阳能电池市场供求态势 …………………………… 76
　　　　二　中国太阳能电池市场供求态势 …………………………… 78
　　第三节　光伏产业相关政策演变 …………………………………………… 79
　　　　一　世界各国光伏发展政策 …………………………………… 79
　　　　二　中国光伏发展政策 ………………………………………… 82
　　第四节　尚德困境的成因分析 ……………………………………………… 85
　　第五节　政府作用的重新思考 ……………………………………………… 88

第五章　创新要素协同配置与有形之手的作用分析 ············ 92

第一节　理论分析与研究假设 ·················· 94
一　双核协同驱动力对企业创新绩效的作用机制 ········· 94
二　制度环境的调节效应 ···················· 97

第二节　研究设计 ························ 100
一　数据选择和研究模型 ···················· 100
二　特殊变量的计算及数据的选取 ··············· 102
三　一般变量的测量 ······················ 103

第三节　实证结果分析 ····················· 104
一　R&D 经费和 R&D 人员配置效率的估算结果 ········· 104
二　研发经费、研发人员与企业创新绩效的统计结果 ······ 105
三　协同驱动力与企业创新绩效的统计分析 ··········· 107

第四节　本章小结 ······················· 108

第六章　内外部治理机制协调发展及其功效分析 ··········· 110

第一节　理论分析与研究假设 ·················· 111
一　产品市场竞争与企业自主创新 ··············· 111
二　股权集中与企业自主创新的关系 ·············· 112
三　两职合一与企业自主创新关系 ··············· 113

第二节　研究设计 ······················· 115
一　样本和数据选择 ······················ 115
二　变量的测量 ························ 115

第三节　实证结果分析 ····················· 116
一　独立样本 T 检验 ····················· 116
二　描述性统计分析 ······················ 118
三　多层变量回归分析 ···················· 119

第四节　稳健性检验 ······················ 123

第五节　本章小结 ······················· 124

第七章　战略互动与融合和企业价值提升 ·············· 126

第一节　理论基础与研究视角 ·················· 127

一　战略依存的概念……………………………………………… 127
　　二　企业政治战略………………………………………………… 128
第二节　假设提出……………………………………………………… 129
　　一　高管"身份"跨界与非公企业价值………………………… 129
　　二　战略依存与非公企业价值…………………………………… 132
第三节　研究设计……………………………………………………… 135
　　一　数据来源及样本选择………………………………………… 135
　　二　研究变量的定义说明与模型建立…………………………… 136
第四节　实证分析……………………………………………………… 139
　　一　样本特征……………………………………………………… 139
　　二　描述性分析…………………………………………………… 140
　　三　高管"身份"跨界与非公企业价值………………………… 141
　　四　结构不确定和竞争强度的调节效应检验…………………… 142
　　五　跨界战略与研发战略的依存对非公企业价值的影响…… 146
　　六　跨界战略与广告战略的依存对非公企业价值的影响…… 147
　　七　跨界战略、研发战略和广告战略的依存对
　　　　非公企业价值的影响………………………………………… 149
　　八　稳健性检验…………………………………………………… 150
第五节　本章小结……………………………………………………… 151

第八章　研究结论和对策建议……………………………………… 153

第一节　研究结论……………………………………………………… 153
　　一　制度悖论之政府补贴与企业创新…………………………… 153
　　二　创新要素协同配置与企业自主创新………………………… 156
　　三　内外部治理环境协同发展与企业创新……………………… 159
　　四　政治战略和市场战略互动融合与企业创新………………… 159
第二节　对策建议……………………………………………………… 160
　　一　促进创新要素协同配置的对策建议………………………… 161
　　二　不同产权性质企业之间的包容对策建议…………………… 161
　　三　针对内外部治理环境协同发展的对策建议………………… 163
　　四　针对政治和市场战略之间包容的对策建议………………… 164
第三节　研究的局限及未来研究方向………………………………… 165

  一 协同驱动力是研发经费与研发人员投入协同
    配置的结果……………………………………………… 165
  二 企业自主创新是一个综合概念，不仅涉及投入、产出，
    中间过程亦很重要……………………………………… 165
  三 以往研究对创新绩效指标衡量没有形成统一的界定…… 166
  四 本书考虑的是大股东之间的相互合作或者共谋，
    共同获取私人利益……………………………………… 166
  五 企业战略决策很大程度上是企业高层管理者认知能力、
    价值观、知识水平等方面的反映……………………… 166
  六 变量的测量方法有待改善……………………………… 166

参考文献 ……………………………………………………… 168

第一章 绪 论

第一节 研究背景与问题提出

一 包容性创新提出的现实背景

(一) 企业创新的制度背景

在过去的30多年里,中国一直处于一个剧烈转型的时代,法制在逐步建设和完善之中(吴晓波,2008)。尽管经过改革,我国已经初步建立起市场经济体制,但是原有的政治体制和国有企业垄断性的经济主体地位仍是岿然不动,存在政府过度干预、法律法规不健全、金融体系落后等一系列制度缺陷问题。参考樊纲、王小鲁、朱恒鹏(2010)编制的我国"市场化进程相对指数"[直接地反映了我国各地区(除台湾地区)包括政治、经济与法律等在内的制度环境差异]各分指标指数,本书从以下几个方面对我国当前的制度环境进行分析。

1. 政府与市场关系

尽管我国政府已经明确提出建立"产权清晰、权责明确、政企分开、管理科学"的现代企业制度,然而,目前我国还处于转型时期,支持市场发展的制度环境还不完善。伴随着中央对地方政府下放权力,地方政府承担了发展经济、解决就业、维护社会稳定等社会责任。同时,对地方政府官员升迁考核的决定因素由以前的政治表现转变为当地的经济发展水平。地方政府官员的升迁与当地经济发展状况紧密挂钩(周黎安,2004;Li and Zhou,2005),使得地方政府和官员关注起当地企业的发展,并极力通过制度环境或者行政手段等对企业的经营活动施加影响,从而导致了截然不同的结果:有的地方政府为了促进企业的发展,创造相对公平、透明、稳定的制度环境,发挥"扶持之手"作用;有的地方政府利用手中的权力,通过审批、许可等向企业"寻租",贪污腐败,使得当地制度环境更加恶化,阻碍了企业的发展,扮演"掠夺之手"角色。

2. 地区经济发展不均衡

由于历史原因,地理位置、资源禀赋以及各地方政府主体行为的差异,导致我国各地区经济发展水平存在很大差异。我国各个省份的经济发展水平不一,东南沿海地区非国有经济发展充分、产品市场发育良好、要素市场发育程度较高、市场中介组织发育较完善。整体而言,经济发展水平较高。广大中西部地区非国有经济起步晚、发展缓慢,产品市场的发育程度以及要素市场的发育程度较低,缺乏服务于企业发展的市场中介组织,经济发展水平整体落后于东部沿海地区。新产品的开发主要是为了满足消费者的市场需求,而在经济发展水平较高的地区,其消费者购买力和市场需求旺盛,企业为了吸引消费者,获取竞争优势,创新积极性较高。而在经济发展水平落后地区则不然。

3. 法律环境有待完善

目前,我国处在社会转型时期,整个国家法律体系不健全,各地区法治水平较为落后。很多政策的制定和实行都是领导拍脑袋决定,"人权"大于"法权",领导意志决定一切,各种"红头文件"威力大。同时,地方政府经常为了自己利益,视"法律条文"为"法律白条",干预司法体系,即形成所谓的"地方保护主义"。当法治水平落后时,由于法律或者不存在,或者不具有可实施性,企业的产权就难以依靠法律体系得到保护,合同的签订和实施也就缺乏一定的效力 (Johnson et al., 2002)。在法律体系不健全的地区,投资者的权利很难得到保护,企业也面临更高的融资障碍 (Beck et al., 2000),也在一定程度上制约了企业创新活动的积极性,导致企业创新投入不足。而且,由于法治水平的落后,企业技术创新成果容易被竞争对手模仿、剽窃,导致企业创新活动缺乏长久动力,企业的创新活动也不可能进入良性循环的轨道,技术创新的累积性也就无从谈起 (张如意,2012)。

4. 金融发展水平有待提升

我国当前依然保持以四大国有银行为主导的金融体系,地方性中小银行发展不足。国有商业银行在提供银行贷款过程中,更加"关爱"国有及其控股企业,而民营企业则备受冷落。此外,民营企业更多是中小企业,由于每一个中小企业贷款的经营风险和财务风险相当高,作为以营利为目的的国有商业银行也不愿使用过多的精力与中小企业打交道,因此出现了所谓的"麦克米伦缺陷"①(Macmillan Gap)。同时,国有企业在信贷过程中享受的"超国民待遇"造成了国有企业和民营企业之间以及大企业和中小企业之间的待遇不平等。一些民营企业由于"信贷歧视",导致研发费用的缺乏,抑制了企业创新活动开展的积极性,使企业错失许多发展良机,以致往往出现"起了个大早,赶了个晚集"的局面(张如意,2012)。

(二)企业产权性质与制度非均衡

企业在生存与发展过程中需要面对市场环境和非市场环境,转型时期,制度环境还很不成熟,也很不规范,政府仍然处于主体地位。作为制度环境中最重要的因素——政府,不仅控制着土地审批、信贷资金、财政税收、市场准入等权力,还制定了影响整个经济运行的法律、制度(夏力、杨德才,2012)。而政府,对不同产权性质的企业按照"差序格局",实行不同的差别对待方式,这也间接导致了不同性质企业在经营和发展方面的不同。

1. 国有企业的"超国民待遇"

20世纪90年代中后期以来,我国政府经过大张旗鼓的改革,转变了政府职能,国有企业逐渐丢下了一些政策性包袱和社会目标,成为自负盈亏的经营主体,并且许多国有企业通过股权结构改革、上市等途径实现了产权主体的多元化。国有企业在我国国民经济发展过程中仍然占据主导地位,掌握着能源、电信、电力、钢铁、铁路、公路、水利等基础行业以及银行、保险、证券等领域。但是,由于政府机构改革不彻底,政企不分现象仍然存在,国有企业的管理者和终极控股股东是政府。国有企业的高管一般都是由政府主管部门任命,一些大型国有企业高管还会升为该行业的政府主管人员。可见,国有企业与政府有着与生俱来"割不断,理还乱"的联系,而中国的非国有企业则与政府关系较为疏远。

我国的金融机构主要以四大国有银行占据主导地位,企业从事创新所需的经济资源需要政府给予极大支持,一方面政府的"父爱主义"(罗党论,2009)泛滥,在一定程度上为国有企业的银行贷款提供了隐形担保;另一方面国有企业能够提供完善、高质量的市场公开信息,因而导致银行

---

① 中小企业发展过程中存在着资金缺口,即资金的供给方不愿意以中小企业所要求的条件提供资金。

信贷资金更多配置于国有企业（余明桂、潘洪波，2008）。

银监会调查显示，我国金融机构提供的近50%的信贷资金投向不到1%的大企业，银行信贷资金偏向大企业，而作为大型垄断的国有企业可谓"近水楼台先得月"。2008年年底，政府颁布的4万亿元投资计划主要投向铁路、公路等基础设施项目，而这些行业一般都是由国有企业占据着，在一定程度上又间接地增强了国有企业的信贷能力。同时，2009年新增贷款达9.59万亿元，也基本惠及了国有企业，而民营企业却备受冷落。在政策、银行信贷方面，国有企业享受着"超国民待遇"，雄厚的实力以及政府政策的倾斜，使得国有企业在科技创新方面拥有得天独厚的优势。国有企业肩负着提供财政收入、稳定就业、实现国家发展战略、提供社会福利和社会保障等多项政策目标和社会职能，因而政府在实施补贴行为时不可避免地向国有企业倾斜。之前，虽然有些官员矢口否认国有企业获得了巨额的政府补贴，但是转型时期政府对国有企业独特的"父爱主义"是一个无可争辩的事实（高艳慧、万迪昉、蔡地，2012）。

李保民在中国国际经济交流中心"经济每月谈"上表示，2006—2010年，中央企业科技活动经费由1244亿元增长到3079亿元，平均每年增长速度达到25.4%，研发经费支出由701亿元增长到1911亿元，年均增长率为28.5%，中央企业科研活动经费支出增长迅速。不仅如此，在我国目前现存的100多家中央企业中，有65家是国家创新型试点企业，54家被正式命名为创新型企业，超过中央企业总数的一半。央企新增建设国家重点实验室47家，占全国获批总数的49%。同时，2006—2010年，中央企业科研经费的大力投入也取得了一定的成果，主要专利指标数量以年均增长率35%以上的速度在发展。如2010年，中央企业申请专利52283项，其中发明专利26563项，授权专利30611项。并且，2010年底，中央企业拥有两院院士206人，"千人计划"专家125人，科技活动人员和研发人员分别达到129.8万和53.5万，分别占央企员工总数的10.7%和4.4%（李保民，2012）。以上数据表明，中央企业不仅拥有雄厚的实力、信贷资金的支持，还拥有一大批在实践中快速成长技术创新人才，研发经费和研发人员的投入已经不是中央企业技术创新活动开展的主要障碍。中央企业的新产品销售收入增加速度远远大于新产品收益增加的速度。并且，在近些年中央企业开发的新产品中，自主开发的新产品比重持续减少，说明中央企业自主研发能力并没有提高，新产品的开发主要依赖对国外技术的引进、模仿。

国有企业的创新绩效并不如意，与国有企业自身背景有关。首先政府通过行政手段任命国企管理者，管理者薪酬并不是与企业的经营业绩紧密相关（陈冬华、陈信元、万华林，2005），更重要的是看是否完成了政治性任务。管理者的任期不确定，而技术创新活动具有投入成本高、时间长、结果不确定等特点，很难短期获利，失败率较高也是众所周知，因而一般情况下，国有企业高管没有足够热情从事创新活动，导致管理者只追逐眼前利益，缺乏长期激励从事"前人栽树，后人乘凉"的创新活动。此外，目前生存下来的国有企业基本都属垄断性行业，垄断性和行业进入壁垒，使得他们能够得到政府的行政保护，不存在竞争压力，仍然能够维持其垄断优势。并且能享受到政府给予的各种好处，如政府政策性采购、各种优惠政策及盈利机会（李丹蒙、夏立军，2008；余明桂、回雅甫、潘红波，2010）。这些都进一步削弱了国有企业从事创新活动的积极性和主动性。

2. 民营企业的"体制歧视"

改革开放30多年来，我国市场经济体制逐步完善和深化，民营企业迅速发展壮大，2011年数量已占全国企业总数90%以上。统计数据显示，目前民营企业创造的经济价值占GDP的60%左右，上缴税收占国家税收总额的50%左右；民营企业就业人数占城镇就业总数的75%以上。同时，由于民营企业规模小、经营灵活、高效的特点，往往成为高新技术企业，如信息产业等的"实验田"。而民营企业不仅是经济发展中的增长点，也是我国经济中"最活跃分子"以及技术创新的重要力量（邢云博，2012）。2004—2008年，全国规模以上的工业企业当中，从事R&D活动的企业数量增长47.7%，其中的民营企业增长了68%；科技活动经费支出增长146%，其中的民营企业增长了193%。民营企业对R&D持续不断的投入也获取了丰硕的创新成果。2006—2010年，国内发明专利的65%和新产品的80%都来自民营企业。从专利的成本角度看，民营企业申请一项专利所花费的成本只有国有企业申请一项专利所投入成本的25.33%，只是外资企业申请一项专利所投入成本的47.57%。不仅如此，2011年，民营企业500强中，有369家企业的关键技术源于自主研发，占比达到73.8%；其中，有16家民营企业获得国家科学技术奖，获得省部级科技奖励的民营企业达到74家，获得全国工商联科学技术奖的有12家；采用产学研结合方式的有291家，占比达58.2%。

虽然民营企业在快速发展和不断进步，但是与国有企业、外资企业相比，单个民营企业的力量还是薄弱的，创新能力还存在一定缺陷。2012年，中小企业中大约有10%在升级，20%左右处于转型中，60%—70%濒临破产边缘（周德文，2012）。尽管各级政府出台了一系列政策帮扶中小企业渡过难关，但这些政策大多数是救急不救生，治标不治本。此外，一些规划让中小民营企业看到"美好前景"，然而实际上，有些行业领域根本无法进入，即使进去也被撞得头破血流，或者像弹簧一样被"弹出来"。2005年，政府颁布"非公经济36条"促进非公企业的发展。2010年，国务院又出台了鼓励和引导民间投资健康发展的"新36条"。但是"名义开放、实际限制"，民营企业在发展过程中不同程度遭遇"玻璃门"和"弹簧门"。

在后金融危机时代，中小企业的发展进入"寒冬"时期，许多江浙中小民营企业老板因资金链断裂而"跑路"。如何及时获得被称为企业"血液"的资金，成为很多中小民营企业生死存亡和稳定发展的"瓶颈"，也使得中小企业融资难的问题再次成为社会关注的热点（周中胜、王愫，2010）。债务融资作为企业重要的融资形式，对企业的生存发展具有十分重要的意义，中小民营企业由于自身规模小、市场公开信息不完全，治理机制不健全很难在资本市场上融资，而银行贷款则成为其债务融资的重要途径（张敦力、李四海，2012）。然而转型时期，政府作为国有银行的终极控制者和拥有者，国有企业与政府之间与生俱来的"亲密"关系，可以享受着"超国民待遇"，导致银行贷款更多地配置给国有企业，而民营企业由于与政府关系的"疏远"则难以获得银行贷款（张敦力、李四海，2012）。尤其是中小民营企业，由于先天缺陷，使得金融机构对其更加慎贷、惜贷或者变相提高贷款利息。全国工商联一项调查显示，规模以下的中小企业90%没有与金融机构发生任何借贷关系，95%的小微企业没有从金融机构获得过贷款。在法制不健全、金融发展水平落后、融资渠道狭窄、政府控制着金融机构信贷资源配置等现状下，中小民营企业通过市场化、正式的途径很难获取银行贷款。

融资约束不仅限制了民营企业的发展壮大，也阻碍了民营企业R&D活动的开展。鉴于体制内的工作待遇高、稳定、体面等特点，很多优秀科技人才涌入政府机关和大型国企，而民营企业难以留住人才。人才、技术和资金是从事R&D活动的基本前提。但是，民营企业不仅缺钱，还缺人才和技术，而 R&D 活动巨大的风险也是多数民营企业无力承担的。但是，面对激烈的市场竞争，民营企业没有政府的行政保护和行政垄断优势，为了在竞争中获取竞争优势，只有通过不断的创新活动才能满足顾客的需求，进而在激烈的市场竞争中争夺一席之地，因而创新被喻为企业残酷竞争的最后一道防线（Reed, 1999）。因而创新不仅有助于企业开发新产品满足消费者的产品差异化要求，而且也是企业长期保持竞争优势的源泉（Stopford and Baden, 1994）。同时，为了吸引新的客户、应付日益增加的对优化流程的需求，现代企业也必须创新（West, 2002）。

民营企业管理者的薪酬与企业的经营绩效直接挂钩，企业利益和股东价值最大化趋于一致，为了攫取高额利润，管理者不断追求创新，不断赶超竞争对手（戴建中，2001；刘衡、李垣、李西垚、肖婷，2011）。鉴于生存和发展的需要以及管理者与股东利益趋于一致，民营企业从事 R&D 活动的积极性和主动性远远高于国有企业。

从上面的阐述可知，由于国有企业在信贷资金、市场准入许可、政府补贴以及政策优惠等方面具有显著优势，与民营企业相比，在享受的待遇、实力以及竞争上都是不对等的。

（三）创新要素投入与配置效率

改革开放 30 多年来，我国经济发展一直保持高速增长的态势，然而粗放型的经济增长方式也带来了一些弊端，如产业结构层次偏低、资源消耗与环境污染较大等一系列问题，并且还存在着"高投资率—低产出效率"、"高固定资产—低技术投资"问题（经济增长前沿课题组，2005；易纲、林明，2003），转变经济增长方式迫在眉睫。而集约型经济增长方式是指依靠生产要素质量和使用效率的提高，以及生产要素的优化组合，通过技术进步等来实现经济增长的方式。在"2012 年第四届中国创业板高峰论坛"上，周春生教授提出，在经济增长转型时期，通过创新实现经济增长将逐渐主导中国经济未来的发展方向。创新不仅有利于转变经济增长方式，提高生产率，还有利于我国经济保持持续、高速、健康地发展。

党的十八大报告提出，提高自主创新能力，建设创新型国家。而企业作为技术创新的主体，建设"创新型国家"的关键则是要不断增强企业的自主创新能力，使企业拥有自主知识产权和核心技术。但是，目前我国多数企业自主创新和技术开发能力较弱，关键和核心技术基本上依赖国外引进。我国 60% 以上的企业没有自主品牌，国内拥有自主知识产权核心技术的企业仅为3‰，98.6%的企业没有申请专利，可见企业还远未成为技术创新的主体。由于缺乏核心技术和自主知识产权，导致我国出口商品中90%是贴牌生产，企业被迫将手机售价的20%、计算机售价的30%、数控机床售价的20%—40%支付给外国专利持有者（高帆，2008）。

近年来，伴随创新型国家建设的稳步推进，我国的科技研发经费投入逐年稳步上升，科技研发经费投入占GDP的比例也逐年提高，平均年增长率保持在8%左右。截至2009年，我国研发开支5433亿元，排世界第三；研发人员总量大约200万，排世界第一。而且我国的研发经费开支和研发人员每年都在增加，但是根据2012年世界知识产权组织（WIPO）公布的最新统计数据显示，中国企业的PCT专利申请量，虽然从2000年的784件猛增到2011年的1.6406万件，但只占世界排名第一的美国PCT专利申请量的33.7%，也远远落后于日本、德国等发达国家。可见，虽然我国企业总体研发投入多，但是创新产出效率却远远低于发达国家。我国研发经费支出和研发人员投入都是位居世界前三位，但是创新产出水平却远远低于美国等发达国家，这也说明了我国企业在创新过程中存在着创新要素配置效率低下问题。

学术界普遍认为，目前我国新技术没能大量涌现以及资源配置效率较低的重要原因是，有利于创新和创业的制度环境没有建立起来，尤其是缺乏鼓励企业创新和创业的涵盖经济、政治、法治、社会舆论等一整套的制度保证（吴敬琏，2011）。

（四）上市企业公司治理结构

在高速发展的知识经济时代和市场竞争日趋激烈的今天，企业的研发决策已成为影响企业生存和发展的重要战略性投资决策行为（刘胜强、刘星，2009）。股权结构作为决定企业治理机制有效性的最重要因素，决定了企业的所有者组成与治理权的分配，只有股权结构合理，才能形成合理的企业治理机制，从而对企业的绩效带来正面影响（李维安、李宝权，2003；阎海峰、沈锦杰，2010）。

股权结构是现代公司治理中的一个重要问题，我国目前正在展开以股权分置为对象的全流通改革，以解决上市企业存在的"股权分置"、"一股独大"问题。同时，由于基于两权分离的现代公司治理制度，使得股东和职业经理人逐渐发展成为委托—代理关系，然而两者利益并不完全一致，导致两者在面对创新决策时的态度选择也不尽相同。考虑自身利益，经理人缺乏承担风险较大的创新决策积极性，而经理人的有效激励不足，不利于企业创新活动的开展以及寻找新的创新机会。

作为公司治理结构重要方面的董事会，起步和发展也较为缓慢。2001年8月，证监会发布《关于在上市公司建立独立董事制度的指导意见》，明确要求"2002年6月30日前，董事会成员应当至少包括2名独立董事；2003年6月30日前，上市公司董事会成员中应当至少包括1/3独立董事"。有关数据统计显示，截至2011年年底，我国2365家上市公司共设有7685位独立董事职位，即平均每家上市公司约有3位独立董事职位。事实上2011年在上市公司担任独立董事的约5500人，间接表明每位独立董事平均在1.4家公司任职，部分独立董事存在"一鱼多吃"现象。这些独立董事身兼多份职业，上班地点天南地北，行业属性千差万别，很难发挥独立董事的职责。同时，我国的独立董事由上市公司的大股东选拔推荐给董事会。薪酬由股东支付，却要拿着大股东的钱代表中小股东利益监督大股东。在"拿人家的手软"的情形下，只能和大股东站在同一立场，成为形同虚设的"花瓶"。

二 研究问题的提出

转型时期，针对我国经济增长方式存在的问题，国内外很多学者认为，包容性增长有利于转变经济增长方式，强调机会平等和发展成果共享（Conceicao、Gibson、Heitor、Sirilli，2001；Chatterjee，2005；Ali and Zhuang，2007；Ali and Son，2007；Besley，2007；Birdsall，2007；Siddhartha Mitra，2007；Rauniyar and Kanbur，2010；Klasen，2010；杜志雄，2010；刘松，2010；庄健，2010；周建军，2010；张峰、冯海波，2011；葛笑如、孙亚忠，2011；汝绪华，2011；Abhijit Mukhopadhyay，2011；吴建新、刘德学，2012）。

近年来，很多学者从一个新的视角研究经济增长方式和发展方法，即强调制度因素对经济增长的作用（La Porta，1997；Demirg and Mak，1998；Johnson et al.，2000；Johnson，McMillan and Woodruff，2002；Hellman and Kaufmann，2003；Claessens and Laeven，2003；Cull and Xu，2005；孙铮、刘凤委、李增泉，2005；高雷、宋春林，2007；Fan et al.，2007；余明桂、潘洪波，2008；周建、方刚、刘小元，2009）。大量文献研究表明，外部融资对企业的持续经营和再投资具有重要作用，而企业的外部融资可得性通常依赖于其所在国家或地区的法律体系、金融体系等制度因素（Johnson and Woodruff, 2002; Brandt, 2003; Claessens and Laeven, 2003; Cull and Xu, 2005; Beck、Demirgüc and Maksimovic, 2005; Garcia and Santabarbara, 2005; 张军, 2005; 余明桂、潘洪波, 2008）。

围绕要素投入（经费与人员）与创新产出的关系，学术界已经进行了一系列相关研究。人们普遍认为，R&D 经费投入与技术创新绩效存在直接的正相关关系（McLean, 1978; Hausman et al., 1984; Stokey, 1995; Hanel and Pierre, 2002; Hall and Bagchi - Sen, 2002; Beneito, 2003; Tsai and Wang, 2004; Sher and Yang, 2005; 陈新桥、骆品亮, 2005; 梁莱歆、张焕凤, 2005; 王玉春, 2008; 王红霞、高山行, 2008; 王红霞, 2009）；研发人员对企业创新有显著的正面影响（Romer, 1986; Kogut and Zander, 1992; Lado, 1994; Wiig, 1997; Becker and Huselid, 1998; Pfeffer, 1998; Baldwin、Richard et al., 2003; 朱平芳、徐伟民, 2003; Jefferson 等, 2006; 徐彪, 2011）。但是，创新绩效并不是由 R&D 经费投入或者 R&D 人员投入所构成的简单函数，其中会涉及 R&D 经费投入或者 R&D 人员投入协同配置的问题，离不开制度环境的调节作用，这些问题至今尚未深入研究和探讨。

从现有的研究可知，公司治理结构决定和制约企业决策行为（孙铮、刘凤委、李增泉, 2005）。股权结构作为决定企业治理机制有效性的最重要因素，对企业的创新决策行为有重要影响（李维安、李宝权, 2003; 阎海峰、沈锦杰, 2010; 杨清香、俞麟、胡向丽, 2010）。近年来，很多学者非常热衷于此领域的研究，试图为企业的实际管理提供理论证据和现实指南，但至今未得出统一的结论。有的学者认为股权集中对企业绩效的影响是正向的（Leech and Leahy, 1991; Pedersen and Thomsen, 2000; Makhija and Spiro, 2000; Holderness, 2003; Andres, 2008; 黄越、杨乃定、张宸璐, 2011）；然而也有一部分学者认为股权的过度集中对企业创新带来一定的负面影响（La Porta, 2002; 李增泉、余谦、王晓坤, 2005; 孙兆斌, 2006; 张光荣、曾勇, 2008; 冯延超, 2010; 窦炜、刘星、安灵, 2011; 段云、王福胜、王正位, 2011）；还有学者通过实证研究发现，股权集中与企业绩效之间的关系是呈 U 形关系（Shleifer and Vishny, 1988; Wei et al., 2005; Bennedsen et al., 2003; Gutiérrez and Tribó, 2004; Maury and Pajuste, 2005; Laeven and Levine, 2006; 陈德萍、陈永圣, 2010）或者曲线关系（McConnell et al., 2008）。

基于两权分离的现代公司治理制度，使得股东和管理者之间演变成为委托—代理关系，二者的利益不完全一致，导致对创新决策时的态度不尽相同（林浚清、黄祖辉、孙永祥，2003）。高管持股使管理者和股东的利益趋于一致（Miller、Wiseman and Gomez - Mejia, 2002；刘运国、刘雯，2007；冯根福、温福军，2008；Jensen and Meckling, 1976；叶建芳、陈潇，2008；刘伟、刘星，2007；马富萍，2009；Becker and Olson, 1989）。为了提高公司治理的有效性和科学性，防止"一股独大"，很多公司引入外部独立董事。而外部独立董事拥有不同的工作经历、知识背景和技能经验，各种思想火花的碰撞有利于发现前景良好的创新机会（Pfeffer and Salancik, 1978；Fama and Jensen, 1983；Mintzberg, 1983；Weisbach, 1988；Lorsch and MacIver, 1989；Haunschild and Beckman, 1998；Gabriel son and Hues, 2005；冯根福、温福军，2008；谢绚丽、赵胜利，2011）。在现代企业治理结构中，董事长和总经理作为企业的高层管理者，二者在企业的经营管理中分别发挥不同的职能和作用。有的学者认为，董事长兼任总经理（以下简称两职合一）有利于企业绩效的提高（刘曼琴、曾德明，2002；Peng et al., 2007；何强、陈松，2009；姚艳红、曾德明，2006；饶育蕾、王建新，2010）。也有学者提出了对立的观点，认为两职分离有利于提高企业经营绩效（Brickley et al., 1997；Rechner and Dalton, 1999；龚红，2004；Elsayed, 2007；Bhagat and Rechner, 2008；郭建鸾，2008）。

尽管学术界对于转变经济发展方式以及促进企业创新活动和影响企业绩效因素进行了大量研究，仍然存在几个研究缺口。

第一，很多人认为，包容性增长是解决经济增长方式过程中所出现问题的方式（Prahalad and Hart, 2002；Hart, 2005；Prahalad, 2005；周阳敏、谢俊俏，2012；邢小强、周江华、仝允桓，2010），但是对实现包容性增长的途径——包容性创新的研究却很少，且没有通过实证检验证实包容性创新对企业创新的影响。

第二，政府在企业创新活动中起着至关重要的作用，很多研究成果证实政府补贴对企业创新有显著的促进作用（Buisseret et al., 1995；Hinloopen, 1997；朱平芳、徐伟民，2003；Hewitt - Dundas and Roper, 2010；郭晓丹、何文韬、肖兴志，2011）。由于政府对产权性质不同企业采取"差序式"对待，导致民营企业和国有企业受到的待遇截然不同，但已有研究都忽视了制度非均衡和非理性对企业创新的影响。

第三，关于创新要素投入的研究已形成很多研究成果，但是大多只考虑研发要素对企业创新产出的影响，没有考虑要素之间的协同配置对企业创新的影响。

第四，没有考虑如何促进外部治理环境与内部治理机制之间的协同发展来提高企业的创新绩效。

第五，很多民营企业高管采用"身份"跨界的办法，但高管"身份"跨界是否对企业创新以及与市场战略有效互动来提高包容性创新有待进一步探讨。

基于以上论证，本书以转型经济的关键情境因素——制度悖论为切入点，探索企业包容性创新的实现路径，并围绕包容性创新实现路径对企业创新绩效的影响进行实证研究，即通过实证方法和案例研究方法检验制度悖论是否存在及其对企业创新是否存在影响，提炼出制度悖论下包容性创新的实现路径，以及包容性创新路径之创新要素协同配置、内外治理结构的协同发展、市场战略与非市场战略互动融合对企业创新绩效的影响，并给出政策建议。

第二节 研究目的和研究意义

一 研究目的

本书基于制度非均衡和非理性的现实，提出包容性创新作为全面提高企业创新能力的方式，总结和提炼包容性创新的实现途径，并就创新要素配置、内外治理机制协同发展以及政治战略与市场战略互动、融合对企业创新绩效的影响进行实证分析，有针对性提出促进包容性创新的对策建议。本书的研究目的在于回答下列问题：（1）制度悖论是否存在及其对企业创新是否存在影响？（2）制度非均衡和非理性对国有企业和非国有企业的支持力度是否存在差异，是否会影响企业本身的创新积极性？如何才能发挥政府补贴的积极作用，从而促进不同性质的企业实现包容性创新？（3）制度因素是否影响企业创新要素的协同配置，从而对企业创新产出是否有影响？制度环境在创新要素协同配置与创新绩效之间的作用是什么？（4）内外部治理环境对企业创新活动有哪些影响？如何促进外部治理机制和内部治理机制的协同发展？（5）企业实施"身份"跨界的政治战略对企业创新有无显著促进作用？身份"跨界"战略能否与以研发和广告为导向的市场战略有效互动和融合，对企业创新绩效产生怎样的影响？本书将在案例研究和实证检验的基础上回答上述问题，并针对企业包容性创新实现的途径提出相关政策建议。

二 研究意义

本书研究的意义主要体现在以下两个方面：

（一）理论意义

第一，本书从制度悖论的视角，审视制度的非均衡和非理性对企业创新影响，在制度悖论的背景下，构建政府补贴与企业创新绩效的关系模型，通过对不同产权性质企业进行分组，检验政府补贴的非均衡性及其对企业创新的影响，并有针对性提出对策建议，从而有助于构建促进包容性创新的制度环境。本书针对政府补贴的非均衡性及其对民营企业和国有企业创新的不同影响结果，提出促进各类企业包容性创新的对策建议，为政府补贴政策的出台与实施提供参考。

第二，围绕创新要素与企业创新绩效的关系，已有文献大多支持创新要素投入对创新产出具有积极影响（如 Hall and Bagchi – Sen，2002；Beneito，2003；Tsai and Wang，2004；王玉春，2008；王晓雯、王泰昌、吴明政，2008；Jefferson 等，2006；徐彪，2011）。但是已有的研究基本独立考察研发经费投入或者研发人员投入作为创新要素对企业创新产出的影响，而忽略了二者协同配置才能发挥最大的功效。基于此，本书提出了"双核协同驱动力"概念，并围绕制度环境在研发经费投入、研发人员投入以及双核协同驱动力与企业创新绩效之间的调节作用进行分析和研究，研究结论有助于营造创新要素协同配置的制度环境，提高创新的协同驱动力，是对已有成果的丰富和拓展。

第三，本书结合现有的制度背景，分析在外部不同产品市场竞争程度时，股权集中和两职合一与企业创新绩效的关系，并分析不同市场竞争强度行业中，股权集中、两职合一在研发支出与创新绩效之间的调节作用。从外部治理和内部治理结合的视角，探讨它们对企业创新绩效的影响，有针对性地提出促进内外部治理机制协同发展的对策建议，弥补已有研究成果的不足。

第四，以往学者在研究市场战略和政治战略对企业创新影响时，大多从战略整合视角展开，战略融合往往就暗含着政治战略和市场战略之间的协同效应,而在现实中政治战略和市场战略共存并不一定就会产生"协同效应",针对现实情况,本书提出了"战略依存"的理念,并实证检验身份"跨界"的政治战略与广告战略和研发战略之间的依存究竟产生"协同效应",还是"堆砌效应"或者"侵蚀效应"。在实证研究基础上,提出促进政治战略和市场战略互动、融合的对策建议,促进包容性创新的顺利开展。

(二)现实意义

若想提高企业的创新绩效,需要关注研发经费和研发人员之间的配置效率和协同效应,尤其需要预防和破解研发资源分配上的"马太效应",为企业创新创造良好的制度环境。一方面,减少政府干预和管制,压缩政府的职能范围;另一方面,从注重创新资源投入数量向提高创新投入的协同效率转变,通过设计科学的制度安排,引导各类要素协同创新。

要实现包容性创新,关键就是营造有利于创新的外部环境。构建市场倒逼机制,迫使国有企业去进行自主创新;同时,改变传统的针对创新行为的补贴方式为针对创新结果的补贴方式,简化政府补贴的审批程序,压缩权力"寻租"空间,提高政府创新补贴的针对性和效率。发展共同基金,破解国有企业高管持股难题。在引入共同基金方式后,政府作为共同基金中的一员,只能以基金公司股东面目出面,但不从事实际运作,而是将国有资产委托给基金管理公司按照市场化管理运作。企业、基金管理公司与政府之间主要是资金上的联系,体现为股权关系。在深化国有企业的市场化改革之后,再推进高管持股计划,国有企业高管持股的难题就可以顺势而解。

促进包容性创新需要内部公司治理与外部产品市场竞争之间相互补充,共同发挥其治理作用。由于转型期法律法规不够完善,缺乏对投资者的保护、证券市场监管体系也较弱。在这样的政策、制度背景下,仅依靠外部环境难以对代理人进行有效监督和约束,相对集中的股权结构长期存在是必要的。同时,也需要依赖企业管理者的个人魅力去弥补制度不足。而董事长兼任总经理,能够充分发挥 CEO 的个人魅力和决策自由度,追求企业的利益最大化(康华、王鲁平、王娜,2010),进而可以弥补"制度缺位"对企业自主创新的负面影响。不过,为了避免两职合一时董事长"一言堂",可以在董事会设立一个强有力的、独立的高层人员与之抗衡,如引进外部独立董事等。同时,逐步推进实质性的法律变革,完善外部监管和对投资者保护的法律环境。

本书还发现,在实施"请进来、走出去"的高管"身份"跨界的政治战略时需要慎重,不要盲目扩大身份"跨界"范围,重点在于提高"身份"跨界的级别,提高非公企业高管"身份"跨界的质量。面对结构不确定和激烈的市场竞争,非公企业需要将"身份"跨界的政治战略纳入企业战略并使之成为企业战略管理的重要组成部分,以获取政治生态位中的特殊优势。但这要求非公企业高管具备高超的政治技能,可以灵活运用身份"跨界"来为企业谋取最大利益;利用政府的"扶持之手"时,防止政府的"掠夺之手";在结构不确定和激烈的市场竞争条件下,如果非公企业只选择以研发为导向的市场战略,就没有必要实施"身份"跨界的政治战略;如果只选择以广告为导向的市场战略,要坚决制止"身份"跨界的政治战略;如果非公企业同时选择实施以研发为导向的和以广告为导向的市场战略,就需要积极推行高管"身份"跨界的政治战略,否则就会陷入"中间夹"的困境,导致市场战略的"迷失"。

第三节 研究内容、方法和技术路线

一 研究内容

本书共分为八章,分别是绪论;理论基础和相关文献综述;制度悖论与企业创新绩效关系的研究;制度悖论视角下企业自主创新的案例研究;路径一:创新要素协同配置与有形之手的作用分析;路径二:内外部治理机制协调发展及其功效分析;路径三:战略互动与融合和企业价值提升;路径四,研究结论和对策建议。

第一章绪论通过分析本书企业包容性创新的现实背景,概括出现有学者相关议题的研究,发现现有文献的研究缺口,并在此基础上提出本书的研究问题。接着,描述本书的研究内容、方法和技术路线,提出本书研究创新点和本章小结。

第二章理论基础和相关文献综述中,综述了包容性增长理论、资源依赖理论以及委托—代理理论的相关研究文献,阐述了制度悖论和包容性创新的概念,并分析了包容性创新的实现路径(包括创造公平的发展机会、创新要素协同配置、企业内外部治理环境协同发展、企业政治战略和市战略互动、融合），以期为后续研究奠定理论基础。

第三章从政府补贴视角考察，实证检验制度悖论是否存在及对企业创新的影响，经过对974家上市企业数据的收集、整理和分析，分组检验了政府补贴与企业自主创新之间的关系。实证检验政府补贴对民营企业和国有企业创新的影响，以及高管持股和独立董事对政府补贴与企业自主创新之间的调节效应是否存在。

第四章选择中国光伏产业中无锡尚德公司作为案例研究对象，通过对尚德模式发展历程的纵向考察，收集公司年报数据、内部文档、公司网站、媒体新闻、相关出版物以及博客、BBS等多种数据来源，经过严谨地分析和整理后，总结制度悖论视角下企业创新动态演进过程中政府和市场交互作用对企业成败的影响。

第五章实现包容性创新的路径一：创新要素协同配置与有形之手的作用分析中，提出与研发经费、研发人员的增量相比，创新要素之间的协同配置更重要，因而从创新要素之间协同配置的视角，探讨研发经费与人员投入之间的协同驱动力与企业创新绩效的关系，分析了要素之间的协同驱动力与企业创新绩效的关系，以及制度环境在其间所起的调节作用。

第六章实现包容性创新的路径二：内外部治理机制协调发展及其功效分析中，以深市主板和中小板企业公司为样本，产品市场竞争度作为研究企业自主创新活动的重要背景因素，将深市主板和中小板企业按照产品市场竞争度划分为行业市场竞争度高低两个组别，结合股权集中和两职合一的调节作用进行多层回归分析，探讨产品市场竞争度差异对上市企业自主创新活动的影响。

第七章实现包容性创新的路径三：战略互动与融合和企业价值提升中，本书跳出以往的研究框架，去研究高管"身份"跨界与非公企业价值之间的关系。同时，将结构不确定和市场竞争强度视为情境变量，验证它们在高管"身份"跨界与企业创新绩效之间的调节作用。探讨在结构不确定和激烈市场竞争条件下，高管"身份"跨界的政治战略和以研发及广告为导向的市场战略对非公企业创新绩效的影响。

第八章总结本书研究结论，提出本书政策建议、研究局限及未来研究方向。

二 研究方法和技术路线

本书遵从问题界定→文献收集→理论探讨→实证检验→结论提炼→现

实启示的研究思路,研究企业包容性创新的实现路径及其对企业创新绩效的影响。本书综合运用几种研究方法,具体如下:

(一) 文献研究法

本书将运用文献研究法,系统搜索和整理包容性增长、包容性创新以及企业创新实现路径的相关研究文献,在文献评述的基础上,总结和提炼得到包容性创新的概念,并对包容性创新内涵进行全方位探索,构建包容性创新路径对企业创新绩效影响的理论框架。

(二) 内容分析法

通过对文献的定量分析、统计描述实现对事实的科学认识。通过建立研究目标和确定总体与分析单位,依据测量和量化原则,设计能将分析单元的资料内容分解为一系列项目的分析维度,再按照分析维度严格地抽取有代表性的资料样本(抽取样本),把样本转化成分析类目的数据形式,最后对数据进行信度检验及统计推论。课题将运用内容分析法,以包容性增长和企业自主创新的研究文献为样本,分析和提炼我国企业包容性创新的实现路径,为后续的实证研究提供理论支撑。

(三) 实证研究法

通过文献回顾并运用演绎推理建构出本书的理论框架,但是制度悖论对企业创新以及制度悖论视角下企业包容性创新路径对企业创新绩效影响还不得而知,因而要在数据收集和整理的基础上实证检验制度悖论以及包容性创新路径对企业创新的影响。本书以上市公司的数据为样本,验证包容性创新路径中要素配置、内外部治理机制以及战略互动与融合对企业创新绩效的影响,从而为有针对性地提出包容性创新的实现路径提供理论基础。

(四) 案例研究方法

采用单案例研究方法,选择无锡尚德公司作为案例研究对象,通过对尚德模式发展历程的纵向考察,收集公司年报数据、内部文档、公司网站、媒体新闻、相关出版物以及博客、BBS等多种数据来源,经过严谨地分析和整理后,总结制度悖论视角下企业创新动态演进过程中政府和市场交互作用对企业成败的影响,界定和厘清政府和市场在企业创新过程中的作用边界,从而为包容性创新路径的实现提供负面标杆和鲜活的案例支撑。

在充分利用多种方法的基础上,形成本书技术路线(见图1-1)。

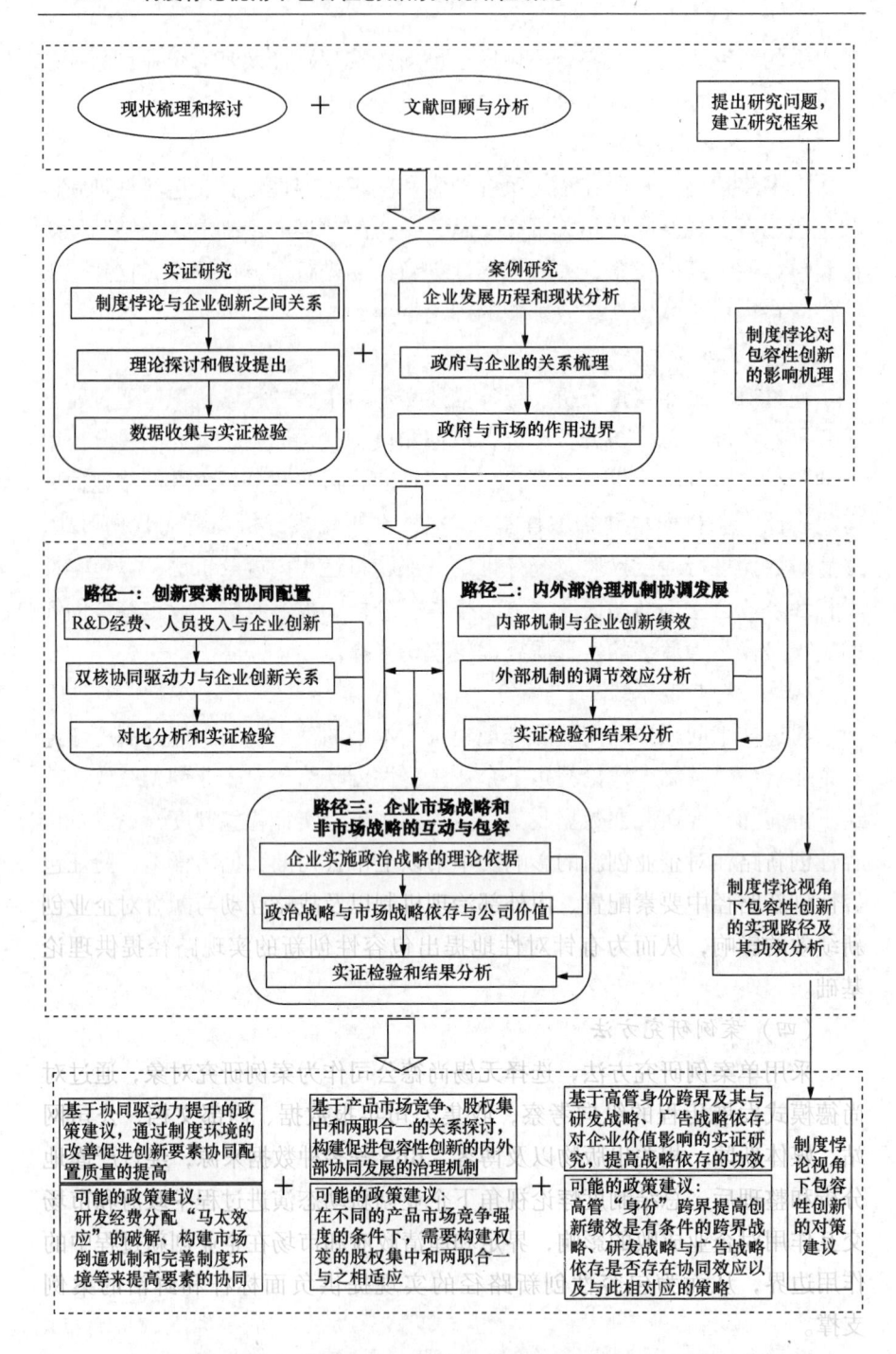

图 1-1 本书研究的技术路线

第四节 研究创新点

本书以包容性增长理论、资源依赖理论和委托—代理理论为基础,采用规范分析、案例研究和实证研究相结合的方法,对企业包容性创新的实现路径进行了研究,在以下几个方面具有一定的创新:

第一,将企业创新纳入包容性发展背景下进行研究,不仅可以激发民营企业和中小企业的创新热情,让创新成果扩散到各类群体,而且有助于增加民营企业和中小企业的创新机会和创新能力,是企业创新理论在新时期、新形势下的应用与发展。通过制度悖论视角下包容性创新的实现路径研究可以揭示真实的社会现象,深刻反映各类企业的现实诉求,经过理论演绎和实证研究有可能会找到纠正不合理现象背后的规律,提出针对性的解决方案和对策,从而为政府和企业制定合理、有效的促进企业创新的政策提供参考。

第二,证实了制度悖论对企业创新以及创新绩效的影响机理和过程,深化了制度悖论对企业创新影响的理论研究。本书依据企业产权性质对样本进行分组,检验政府补贴的非均衡性及其对不同产权性质创新的影响,结果发现:政府补贴对民营企业的自主创新有显著的正向影响,发挥了"引导之手"的作用,而政府补贴对国有企业的自主创新没能起到促进作用,发挥"纵容之手"的功能。通过对无锡尚德的案例剖析,反思政府在企业初创、成长、壮大和衰败历程中的定位和作用,界定和厘清政府与市场在企业创新过程中的作用边界。

第三,围绕 R&D 经费投入与 R&D 人员投入配置,提出了"双核协同驱动力"的概念,并从二者协同与相互促进的角度看待创新要素投入与企业创新的关系,提出对策建议,摒弃了孤立地看待 R&D 经费投入或者 R&D 人员投入的观点。针对企业的市场战略和政治战略并存的现状,本书提出了"战略依存"的论点,从战略"协同效应"、"堆砌效应"和"侵蚀效应"的视角,系统分析战略依存的实际效果,繁衍了创新管理和战略整合的相关理论。

第四,从创新要素协同配置、内外部治理机制协调发展以及战略互动与融合三个方面系统总结和提炼出包容性创新的实现路径,强化了包容性创新的完整性。通过案例和实证研究发现：由于制度悖论导致创新要素没能发挥出其应具备的功效，企业创新要素投入存在着"马太效应"陷阱；政治战略与研发战略依存会发生战略"堆砌效应"，政治战略与广告战略依存会发生战略"侵蚀效应"，而政治战略与研发战略、广告战略依存会发生战略"协同效应"；在高竞争的产品市场中，研发支出并没有带来创新绩效的改善，但在低竞争的产品市场中，研发支出可以带来创新绩效的显著改善。通过针对性地设计包容性创新的实现对策和路径，突破了以往包容性发展理论在解释企业创新问题上的限制，强化了路径的完整性。

第二章 理论基础与相关文献综述

本章为本书的文献综述部分。文献综述包括相关理论文献综述、制度悖论和包容性创新概念综述以及制度悖论视角下包容性创新的实现路径文献综述三个部分。对这些问题的回顾有助于把握对本书研究的理论发展脉络和整体研究思路，为后面章节的研究提供理论支持。

第一节 理论基础

一 包容性增长理论

包容性增长是有关学者针对目前国际、国内经济、社会发展过程中出现的机会不均等与增长结果不共享认识基础上提出来的，强调经济、社会发展过程中，所有人群面临的发展机会应当平等，成果能够共享。本节从包容性增长理论的起源、提出与发展、基本内容等详细阐述包容性增长理论。

（一）包容性增长理论的起源

1. 国际经济社会发展的失衡

随着经济全球化、一体化的发展，也出现国家之间经济发展水平失衡、贫富差距越来越大，经济发展成果未能惠及所有国家、地区以及所有人群，经济全球化成果未能平等、合理地共享。1999年，联合国颁布的《人类发展报告》显示，占世界总人口仅20%的美国、英国、德国、日本等西方国家，所拥有的资产占世界总资产的86%，并且出口市场份额占全球的82%。而占世界人口近80%的发展中国家所拥有的资产占世界总资产的14%，其出口市场份额也仅占全球的18%。这说明，占世界人口20%的发达国家占世界80%以上的财富，而剩下的80%的人口却仍然在承受发达国家经济发展所带来的环境污染、生态植被破坏以及贫富差距扩大。自2000年以来，亚洲一些国家在实现经济不断持续增长的过程中，贫富差距也越来越大，尤其一些国家因制度环境和市场失败等因素限制了穷人利用经济增长带来的机会，使得穷人和富人不能平等地共享经济发展所带来的成果。

2. 我国经济社会发展的失衡

第一，粗放式经济增长方式导致经济发展失衡。美国于20世纪50年代，在全世界率先实现了集约型经济增长方式的转变，其他发达国家紧随其后，而我国到目前为止，仍然是粗放式经济增长方式，这使得我国在保持经济持续增长的同时，也付出了沉重的资源代价和环境代价。根据一些专家的估计，我国的GDP年均增长率是发达国家的2—3倍，但是每单位所消耗的能源却是这些国家每单位所消耗能源的8—10倍，带来的污染物排泄是发达国家的30倍。更甚的是，我国的江河水系近70%受到污染，流经城市的河流90%处于严重污染状态，城市所处的地下水90%被污染，30%的工业污水和60%的城市污水未经处理，就直接排放。除此之外，我国还面临着严重的大气污染和耕地污染，而这些严重后果主要是由煤炭燃烧造成的（葛笑如、孙亚忠，2011）。此外，传统经济增长方式也逐渐凸显出对经济发展的不利影响，突出表现是结构方面的失衡。经济增长严重依赖投资和出口，国内市场消费需求的拉大作用微弱；经济增长依赖的主要是第二产业尤其是工业制造业的发展，服务业发展明显滞后；低成本资源和生产要素的高强度投入是经济发展的动力源泉，而科技进步和技术创新对经济增长的贡献作用较小（钟伟、冯学钢，2012）。

第二，贫富差距扩大，弱势群体无法平等共享经济发展成果。我国经济在稳定、健康、持续发展的同时，出现了收入结构失衡、贫富差距逐渐扩大的现象。自1978年改革开放以来，我国人均GDP的年均增长速度达到8%以上，然而代表国民收入贫富差距的基尼系数，从1978年的0.317上升至2010年的0.61，2012年为0.474，虽然有些回落，但仍然超过国际警戒值，这只是官方公布的，可能隐瞒了那些灰色收入阶层的数据，实际基尼系数可能更大。而贫富分化是我国经济社会发展所造成的，是经济不包容的体现。2008年，世界银行公布了《向顶端赛跑：中国的收入分配不公》的报告，该报告指出，机会的不平等（尤其是城乡教育资源失衡带来的教育机会的不平等）不仅导致了我国收入分配差距的扩大，还导致了普通民众尤其是处在社会底层的一些弱势群体无法共享经济发展带来的成果（葛笑如、孙亚忠，2011；钟伟、冯学钢，2012）。

第三，制度悖论背景下的体制缺位。转型时期，我国政府机构经过大规模改革，中央权力逐渐下放到地方政府，但中央政府和地方政府的职能划分以及政府与企业、政府与市场的关系没有理顺，仍然政企不分，财产所有权尚未最终确立，制度主体缺位。由于体制缺位和政企不分，导致政府职能的设定与执行出现"越位"、"错位"和"缺位"现象；而政企不分，也使得一些地方政府由于自身利益的驱动，在企业发展过程中既当"运动员"，又当"裁判员"，不仅限制了市场主体的活力，也给一些政府官员的权力"寻租"和政治腐败提供了土壤（胡洪彬，2011）。

（二）包容性增长理论的提出和发展

1. 包容性增长理论的提出

1966年，亚洲开发银行（以下简称"亚行"）提出"要对地区的和谐增长作出贡献"，这也是包容性增长思想的萌芽。在2004年亚行会上，林毅夫提出"亚洲发展中国家应该遵循比较优势，利用后发优势，采取包容性增长，从而缩小同发达国家之间的差距"。2005年，亚行经济研究局和驻中国代表处联合开展了"以包容性增长促进社会和谐"的研究，提出包容性增长有利于和谐社会的构建。2006年6月，亚行组建了一个由联合国贸发会秘书长、美中印著名经济学家以及著名企业高管组成的小组，2007年3月向亚行提交了《新亚洲、新亚洲开发银行》的研究报告指出，新亚行关注的重点要从对严重的贫困挑战转向支持包容增长等重要建议。2007年10月，在"新亚太地区的包容性增长与贫困减除"国际研讨会上，达成了"增长必须具备包容性、可持续性以及更为民众所认同"的共识。2008年，亚行正式把支持包容性增长确定为其长期战略框架的三大支柱之一。

世界银行于1990年提出"广泛基础的增长"，之后提出"对穷人友善的增长"的理念。21世纪，在《2004年世界发展报告：让服务惠及穷人》以及《2006年世界发展报告：公平与发展》中，世界银行进一步提出了包容性增长理念。2008年5月，世行发表了题为《增长报告：持续增长与包容性发展战略》报告，进一步明确提出要维持长期及包容性增长。

2. 包容性增长理论的发展

在欧洲，欧盟制定了《巧妙、可持续和包容性增长战略》（*A Strategy*

for Smart, Sustainable and Inclusive Growth），通过打造"创新联盟"、构建"资源节约型欧洲"（Resource efficient Europe）、推行"绿色产业增长政策"（An Industrial Policy for Green Growth）、执行"新技能与就业议程"（An Agenda for New Skills and Jobs）和建立"反贫困欧洲平台"（European Platform against Poverty）等措施，到2020年全面实现可持续增长和包容性增长的目标。

在聚集贫困人口最多的非洲，非洲委员会通过对中小企业融资、非洲创业、获得可持续能源以及基础教育的研究，提出了包容性增长路线图。同时加快了教育与科技的发展，加大对基础设施建设的投资力度，促使产业政策更加明朗，制约发展因素大大减少。

在拉丁美洲，从2003年起，巴西政府通过实施包容性增长的"家庭补助金计划"，加大教育经费和非转移支付的投入，确保贫困人口更平等地享受教育机会。基尼系数持续下降，穷人的收入增长速度一直高于富人收入的增长速度。该计划的成功实施还为其他国家如智利、墨西哥、南非等国所借鉴，成为这些国家实施包容性增长的一项重要内容。

在亚洲，亚行实施了包容性增长的扶贫政策，加大了对贫困国家和地区的扶贫力度，一些国家也开始实施包容性增长政策，如2004年，印度政府明确提出实施包容性增长政策，旨在促进机会均等，使贫困人口也能够共享发展成果。2007年，印度颁布"第十一个五年计划"明确制定了包容性增长战略路线图（见图2-1），力求通过生产性的、体面的就业，加强社会保障和医疗、教育以及基础设施建设等措施，促进机会平等，实现包容性增长战略（王志章、王晓蒙，2011）。

胡锦涛在2009年11月亚太经合组织（APEC）会议上提出了"统筹兼顾，倡导包容性增长"的发展理念。2010年10月，胡锦涛在第十七届五中全会上提出，"实现包容性增长是切实解决经济发展中出现的社会问题，为推进贸易和投资自由化、实现经济长远发展奠定坚实社会基础……"2011年4月，在"金砖峰会"上，我国政府倡导的包容性增长成为会议主题与焦点。由此可以表明，包容性增长对于我国而言，绝不是一个简单借用的外来概念替代"共享式增长"，反映出我国政府践行包容性增长的决心，对中国未来的经济社会发展将产生深刻影响（郑杭生，2011）。

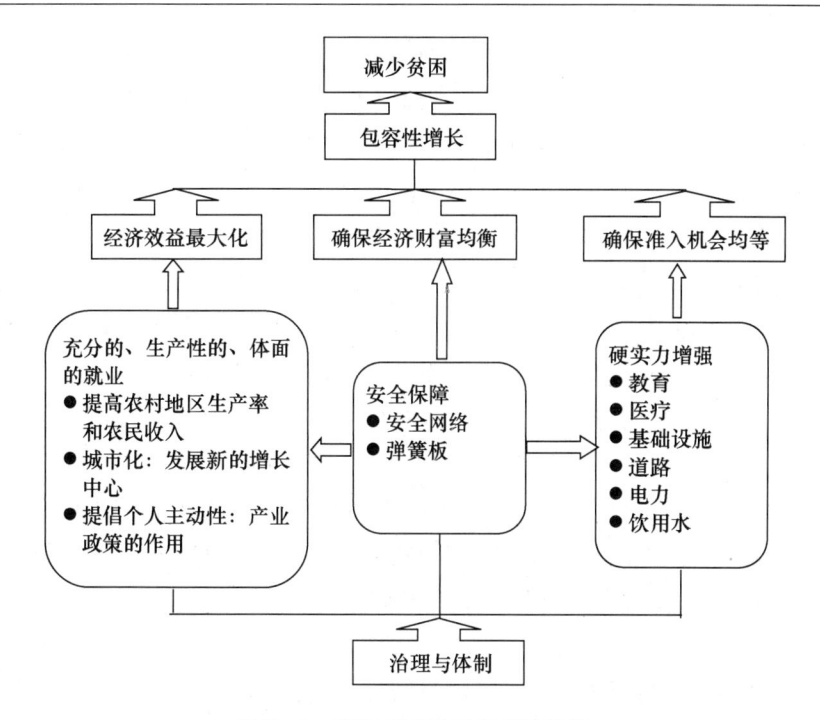

图 2-1　印度包容性增长战略路线

资料来源：王志章、王晓蒙，2011年。

（三）包容性增长基本内容

包容性增长作为一个全新的概念，到目前为止还没有一个被学者认同的统一定义，学者们从不同角度对包容性增长作了概括。Conceio 等（2001）认为，包容性增长是包含所有国家的每一位公民在内的发展过程。Chatterjee（2005）提出，广泛参与并努力减少贫困和社会排斥的过程就是包容性增长。有学者认为，包容性增长的核心是机会平等，一方面强调通过高速、可持续的经济增长来创造各种机会；另一方面又强调通过减少与消除机会不平等来促进社会公平和增长收益的共享（Ali and Zhuang, 2007; Ali and Son, 2007; Siddhartha Mitra, 2007; 汪海霞，2011）。Ali 和 Hyun（2007）认为，所谓的包容性增长，就是可持续、平等的增长，并且高速且可持续的增长是建立在广泛的部门和区域基础上。基于对贫困人口和弱势群体的关注，Besley 等（2007）认为，包容性增长就是"益贫式"增长，使处于社会底层的弱势群体共享经济增长所带来的成果，使他们的生活变得有尊严。Birdsall（2007）也认为，包容性增长就是"益贫式"增长的延伸，并指出，这种增长方式有利于增长收益惠及发展中国家，对经济与政治发展更具有持续性。Felipe（2007）则将包容性增长与就业结合起来，提出，包容性增长应该有利于帮助弱势群体充分就业，并使工资增长速度高于资本报酬增长速度，进而缩小贫富差距。

Rauniyar 和 Kanbur（2010）提出，包容性增长是指在经济、社会、环境和制度范畴内，各方面"机会均等的增长"。克拉森（Klasen，2010）认为，包容性增长不仅应该重视结果，还需要重视过程。庄健（2010）、周建军（2010）和刘松（2010）等认为，所谓的包容性增长就是要求社会民众广泛参与，共同享受经济社会的发展成果，兼顾效率和公平，持续提高人力资本素质，创造良好的制度环境的经济社会发展方式。杜志雄（2010）认为，包容性增长包括两个层面：在国家层面是一种"普惠式增长"，不断提高民众的物质生活水平，实现收入公平分配，需要提高居民收入在国民收入中的比重和劳动报酬在初次分配中的比重；在国际层面是一种"开放性增长"，国与国之间在开展经济合作时应该互相帮助，互惠互利，携手发展。庄巨忠（2010）认为，包容性增长即机会性增长，实现包容性增长需要经济高速、持续增长和促进社会的包容性，减少和消除机会不均等这两条腿同时走路。俞宪忠（2010）从制度角度界定，将包容性增长定义为经济增长、人口发展和制度公平三者之间的有机协同。

综上所述，包容性增长是在对机会的不均等与增长结果不共享的认识基础上提出来的，强调追求经济发展高速的同时，实现经济增长方式的转变，兼顾效率与公平，实现个人、社会和国家在公平、正义、平等与效率基础上的机会均等，共享发展（张峰、冯海波，2011；葛笑如、孙亚忠，2011）。包容性增长常与广泛基础的增长、分享式增长和扶贫性增长等几个概念交换使用（王志章、王晓蒙，2011；汝绪华，2011；Abhijit Mukhopadhyay，2011），正如白永秀（2011）认为，包容性增长就是可持续增长、共享增长、全面增长、广泛增长、安全增长以及平等增长。包容性增长应该与"利贫式"增长的相对定义而非绝对定义相似，因为从结果上看，不但能够减贫而且还能降低不平等（吴建新、刘德学，2012）。

（四）包容性增长是实现包容性创新的最佳途经

21世纪以来，包容性增长这一全新的经济发展理论开始成为学者关注的焦点，成为国际国内复杂形势下的新命题（王志章、王晓蒙，2011）。包容性增长的实现不仅有利于经济的可持续发展，也有利于民众机会平等，共享经济发展成果，成为解决现实问题的一把钥匙（葛笑如、孙亚忠，2011）。

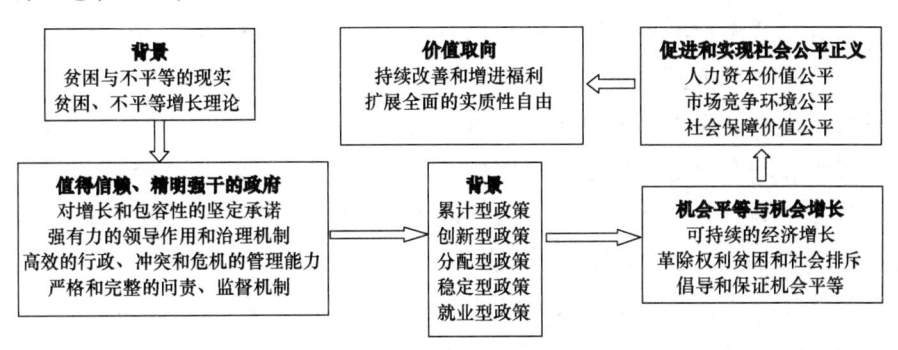

图 2-2 包容性增长理论的逻辑框架和内容体系

资料来源：杜志雄、肖卫东、詹琳，2010 年。

首先，包容性增长有利于实现经济的可持续发展。包容性增长否定了以往单纯追求 GDP 数量增长的发展模式，为我国产业结构调整和经济增长方式转变提供了有益借鉴（胡洪彬，2011）。包容性增长在强调追求经济快速、健康发展的同时还要重视对生态环境的保护以及加强对资源要素的充分、有效利用。因此这也意味着，包容性增长的实现需要对我国现存的产业结构方式进行大幅度调整，大力发展战略性新兴产业和现代服务业，优化要素之间组合、配置，提高科技进步和创新对经济增长的贡献率，扩大内需和就业，实现内需替代外需，最终实现经济可持续发展。

其次，包容性增长有利于落后地区弱势行业企业共享经济发展成果。在经济领域中，由于市场失灵以及政府主体缺位，导致一些垄断性行业、企业的出现，而垄断性的存在给其他企业、个人进入市场设置了进入壁垒，导致机会不平等，不利于经济效率和社会公平的实现，最终不利于经济成果的共享。包容性增长强调以公平分配为导向，冲破现有市场的行政垄断和地方保护，政府下放权力给企业，减少政府对企业所需的关键性资源的掌控和调配，政府在制定促进企业发展的一系列政策、措施时，更多地向落后地区的企业、从事新兴产业的企业以及中小企业倾斜，以实现机会平等，成果共享（葛笑如、孙亚忠，2011）。

最后，包容性增长有助于中国越过"中等收入陷阱"。[①] 而"中等收

[①] "中等收入陷阱"是指当一个国家的人均收入达到世界中等水平后，由于不能顺利实现经济发展方式的转变，导致新的增长动力不足，最终出现经济停滞徘徊的一种状态。

入陷阱"的出现将带来一系列的严重后果如经济增长回落或停滞不前、贫富分化严重、滋生腐败、社会公共服务短缺、就业困难、金融体系脆弱等问题。改革开放以来，我国经济持续高速增长，人均GDP达到中等收入水平，当下正面临陷入"中等收入陷阱"的巨大风险。而包容性增长强调在经济发展过程中机会平等，并确保民众共享经济广泛增长的成果，重点关注教育、医疗卫生、就业等社会民生事业，为我国越过"中等收入陷阱"的威胁提供了动力和保障（张峰、冯海波，2011）。

总之，包容性增长不仅强调经济增长的方式和结果，还重视经济增长的过程，要求在经济增长过程中实现对创新、生产要素和文化的包容。而且，包容性增长的目标就是让更多的人共享发展成果，并随着经济的增长而受益，特别是弱势群体。而包容性创新则是实现包容性增长的最佳途径。因此，包容性增长理论的提出，为有关包容性创新的实现路径研究提供理论解释基础，使包容性创新的研究提出及研究结果更具解释力度和说服力，进一步丰富包容性增长理论基本内容。

二 资源依赖理论

资源依赖理论的萌芽可以追溯到1949年，Selznick对田纳西流域当局的研究，发现那里的经营绩效依赖于当地的精英阶层。后来Thompson和Mc Ewen（1958）提出了权力—依赖模式，认为一个组织对另一个组织的依赖与这个组织对它所依赖的那个组织能够提供的资源需要成正比。随后，Pfeffer和Salancik在1978年合著的 *The External Control of Organization: A Resource Dependence Perspective* 中，提出组织的生存需要资源，组织所需要的资源包括人员、资金、社会合法性、顾客以及技术和物资投入等。而组织自己通常不能生产这些资源，需要从它依赖的环境中获取。1990年，贝尔克堤将资源依赖理论向工商实践方向推进了一步，从而使该理论研究的重心转移至理论的应用研究。其间，该学派最著名代表人物海·巴尼（Hay Barney，1995）在《从内部寻求竞争优势》及《企业资源与可持续的竞争》中阐述了企业的资源如果具有价值性、稀缺性、难以模仿性，它们对于竞争优势的形成就显得非常重要。

Pfeffer（1987）提出了资源依赖理论的基本观点：（1）企业之间的关系以及社会的基本单元都是组织；（2）这些组织并非完全独立，而是受制于一个和其他组织相互依赖的网络；（3）组织采取行动处理对外部的相互依赖，但是这些行动不一定成功，还有可能产生新的相互依赖模式；

(4) 这些相互依赖模式将导致组织间关系以及组织内部权力的产生，权力也会影响组织行为（江诗松，2011）。为了降低企业对环境的依赖，Pfeffer 和 Salancik（1978）提出五种行动：并购或者垂直整合、合资公司和其他组织间关系、董事会、政治行动、高管继任。本书主要分析董事会和政治行动背后存在的资源依赖理论基础，以及这些领域的研究如何丰富资源依赖理论的内容。

（一）资源依赖理论和董事会

虽然委托—代理理论在研究董事会方面是主要的理论，但也是资源依赖理论影响力最大的区域（Dalton et al. , 2007；Johnson et al. , 1996；Zahra and Pearce, 1989）。Pfeffer（1972）指出董事会规模与企业环境需求相关，随着相互依存的日益加深，需要提高外部董事的比例。随后，桑德斯和卡彭特（Sanders and Carpenter, 1998）也支持这一观点，并发现董事会规模与企业的国际化水平相关，揭示了企业对环境的依赖性。达尔顿等（Dalton et al. , 1999）通过研究发现，董事会规模与企业财务绩效正相关。

在董事会成员的个人关系网中，如朋友、同事、下属、上司等供职于相关政府部门，可以利用这种个人关系获取企业所需的审批、融资等。企业通过与政府建立密切的政治联系，不仅可以消除环境的不确定性，还能获得关键性资源，得到市场环境变化信息（王海珍、刘新梅、张永胜、穆若峰，2008），以达到企业追求的目标（Peng et al. , 1996）。如果民营企业董事会成员具有政府背景或者政治背景较强，那么董事会成员就会依靠自身的政治背景发挥资源提供职能。如给企业提供合法性、树立良好的社会声誉（Selznick, 1949）、带来专业知识和技能（Baysinger and Hoskisson, 1990）、通过与有社会名望的人接触积累良好的人脉（Burt, 1980；Hillman et al. , 2001）、为获取企业所需的关键性资源提供便利（Mizruchi and Stearns, 1988）、与外间建立沟通桥梁、促进创新活动的开展（Haunschild and Beckman, 1998）、帮助企业制定发展战略和一些重大决策（Judge and Zeithaml, 1992）。可见，董事会不仅为企业发展提供了所需的重要资源，也降低了对外部环境的依赖，最终降低了交易成本，提高了企业从事经营活动的积极性，维护了企业的生存和发展（Pfeffer and Salaneik, 1978）。

（二）资源依赖理论和政治行动

由资源依赖理论的基本观点可知，由于组织无法自身生产所需的一些关键性资源,为了生存发展,组织须从它所处的周围环境中获取所需的关键性资源(Pfeffer and Salancik, 1978)。而获取资源的途径可以通过交换、交易或者是权力的影响。而政府作为非市场环境中主要因素,影响企业生存发展和未来走向,企业就会通过参与政府的政治活动为自己营造一个良好的发展环境,为自己获取所需的资源提供便利(Meznar and Nigh, l995)。Mullery等(1995)通过对在政府管制环境下企业政治献金对其经营活动的相关研究,证实资源依赖理论存在的合理性。

一些学者的研究也表明为了适应企业对周围环境的依赖而采取的政治行动不仅能够给企业创造有利的发展环境还能够给企业带来一定的收益。希尔曼等(Hillman et al., l999)通过研究发现,倘若企业高层管理者竞选成为美国联邦政府官员,则企业将获取超额的利润回报。不仅如此,企业的政治行为还能够给自身带来政策性好处、融资便利、税收优惠和降低非公企业进入特定行业壁垒等正面效应(Faccio, 2006;吴文锋、吴冲锋、芮萌,2009;罗党论、应千伟等,2012),政治行动对企业赢得政府订单也起着不可忽视的作用(Eitan et al., 2011)。为了获取政府掌握的关键资源,民营企业积极主动地与政府建立密切关系(Berkman et al., 2010)。但也有学者认为,政治行动给企业造成诸如增加无效雇用、降低会计信息质量等负面效应(Fan et al., 2007; Hu and Leung, 2008; Chang and Wong, 2009)。

我国政府仍然掌握着企业生存、发展所需要的关键性资源,企业要发展就需要这些资源。要获取这些资源,就需要利用正式渠道以及手中掌握的社会关系网络等非正式渠道来获取。企业对外部环境资源的依赖越少,受到的市场干预和限制也越少。但不管怎样,企业必须和外部环境互动、交换或获取资源,以扩增企业的发展权力(汪锦军,2008)。因此,本书以资源依赖理论为基础,分析转型时期,政府作为资源的掌控者,权力的主导者对企业的创新活动有哪些影响,以及企业采取何种战略来应对,为后续研究做好铺垫。

三 委托—代理理论

这一理论的创始人包括威尔逊(Wilson, 1969)、斯彭斯和作克哈瑟(Spence and Zeckhavser, 1971)、罗斯(Ross, 1973)、米勒斯(Mirrlees, 1974, 1975, 1976)、霍尔姆斯特罗姆(Holmstrom, 1979, 1982)等。对委托—代理理论的研究做出重要贡献的学者包括美国经济学家阿克洛夫、斯彭斯和斯蒂格利茨（Akerlof, Spence and Stiglitz）。阿克洛夫（1970）旧车市场模型开创了逆向选择理论的先河。斯彭斯（1974）的劳动力市场模型开创了信号传递理论的先河。斯蒂格利茨（1981）对不完全信息条件下产品市场的经济行为，以及逆向选择和道德风险导致的市场失效的研究为委托—代理模型奠定了理论基础。米勒斯开创性建立了委托—代理关系的基本模型，奠定了委托—代理关系的基本分析框架。

委托—代理问题最早可追溯到亚当·斯密（Adam Smith, 1776）在《国富论》中对经理人的行为决策提出的质疑："在钱财的处理上，合股公司的董事为他人尽力，而私人合伙的合伙人，则纯为自己打算"，这种质疑即现代所谓的委托—代理问题。1932年，伯利和米恩斯（Berle and Means）观察到由于企业所有者的能力和精力有限，随着生产规模的扩大，弊端也逐渐凸显，而通过市场聘请外来管理者经营企业，将企业的所有权和经营权分离，即所有者和管理者之间形成委托—代理关系。现代意义上的委托—代理概念最早是由罗斯（1973）提出的，他认为，如果代理人受委托人委托，代理行使委托人利益的一些决策权，那么委托人和代理人之间的委托—代理关系则随之产生。随后，詹森和梅克林（Jensen and Meckling, 1976）认为，当管理者只拥有公司部分剩余索取权时，就会制定使自己利益最大化的决策。他获得全部收益而只承担部分成本，这样代理成本就随之产生。法玛（Fama, 1980）认为，在现代企业制度中，所有权和经营权的分离对大公司来说，是经济组织中的一种有效形式，但这种分离必然会产生委托—代理关系。因为代理人受契约制约，代表委托人利益，并相应取得某种形式的报酬，所以，委托—代理关系是在非对称信息条件下所结成的一切契约关系。不过，在非对称信息下知情者的私人信息影响不知情者的利益。或者说，不知情者承担风险（Mieeless, 1976），容易产生委托—代理问题，其中最典型的就是经理人的道德风险和逆向选择（Akerlof, 1970）。道德风险指代理人借事后信息的非对称性、不确定性以及契约的不完全性而采取的不利于委托人的行为，逆向选择指代理人利用事前信息的非对称性等所进行的不利于委托人的决策选择。

从委托—代理观点看，由于委托—代理关系中存在三个不可克服的自然性缺陷：第一，委托人与代理人的目标不同。企业所有者的目的是实现企业利润最大化，管理者的目标是追求物质报酬、荣誉和社会地位、增加闲暇时间、规避风险等；第二，委托人与代理人信息不对称，使得委托人无法有效监督管理者，管理者容易产生偷懒行为和机会主义行为；第三，委托人与代理人风险偏好不同，面对风险时的态度也不同。管理者主要关心个人财富、任期、晋升、权力威望以及在职消费等（Wright et al.，1996）。收益高的项目风险也大，一旦失败管理者再努力工作可能得不到与之相应的回报，还将面临职业威胁。因此，他们觉得没有必要为实现企业价值最大化去冒险，常常选择规避风险策略。所有者则不同，他们追求利益最大化，因此更偏好风险高但获利机会好的项目，这样，就出现了委托—代理问题，尤其是企业的技术创新活动，投资金额大、结果具有很大的不确定性。

为了解决委托人与代理人之间的矛盾，对于代理人来说做到动力与压力、激励与约束、利益与风险的并存，就需要有效的制衡机制，能够将激励机制与约束机制有机结合起来。阿尔钦和德姆格茨（Alchian and Demgetz，1972）通过对企业内部结构的激励和约束研究，提出了"团队生产"理论，但是团队的产出绩效具有不可分性，无法按照每个人的付出支付对等的报酬，使得偷懒行为产生。

对于激励机制来说，理论上最有效的办法就是对企业高管进行剩余索取权激励，鉴于在实际操作中根本行不通，因而上市公司往往会选择剩余索取权激励的替代方式——股权激励来实行，曾被誉为企业激励的"金手铐"（叶建芳、陈潇，2008）。詹森和梅克林（1976）提出，高管持股可以导致弥补风险给管理者带来的损失，促使高管与股东之间的利益趋于一致。米勒等（Miller et al.，2002）关于"拥有股权的管理者更愿意承受风险"的研究结论进一步证明，高管持股可以有效遏制"管理者短视"行为（刘伟、刘星，2007），提高管理者从事创新活动的积极性（刘运国、刘雯，2007；马富萍，2009）。

在执行决策过程中，董事长和总经理都是理性"经济人"，他们可能会追求自身利益的最大化。在两职分离情形下，董事长和总经理之间的矛盾和冲突时常发生（曹建安、陈春玲、李爽，2009）。而两职合一时，权力集中，能实现自我价值和自身收益最大化，有利于充分发挥他们的创新精神和个人智慧（刘曼琴、曾德明，2002）。

约束机制包括内部约束和外部约束。内部约束主要是指股东大会对董事会、监事会成员的监督及处罚以及董事会对经理人员的监督及处罚；外部约束一般是指产品市场的约束。我国企业普遍存在股权集中，如果股权过度集中，在决策表决时往往出现"一边倒"的趋势，而外部独立董事的引入可以有效解决这一问题。独立董事存在的目的是促进董事会的独立运作（John Roberts，2005）。独立董事一般都是具有一定社会名望的资深或者专业人士担任，鉴于独立董事本身所具有的独立性以及考虑到自身的声誉，他们能够客观、公正地代表股东利益，有效监控执行董事和管理层（Fama，1980；Fama and Jensen，1983）。

通常情况下，不同的股权集中度，对股东权力的行使和运用以及监督机制的影响不同（黄越、杨乃定、张宸璐，2011）。在集中的股权结构下，控股股东的收益与企业效益高度统一（Holderness，2003）。为了维护自身利益，控股股东参与企业经营、监督管理层行为的动力较强，可以避免股权较为分散情况下小股东"搭便车"而造成的监督不力，企业的治理能力较强（Leech and Leahy，1991）。除了股权集中这样的内部约束机制外，还存在一些重要的外部约束机制，如产品市场竞争（宋常、黄蕾、钟震，2008）。管理层行为不仅受公司内部治理机制的约束，同时也深受产品市场竞争的影响（姜付秀、黄磊、张敏，2009）。哈特（Hart，1983）认为，产品市场竞争通过信息与声誉机制会监督与激励经理人努力工作，改善企业绩效。Bettignies 和 Baggs（2007）通过研究发现，在激烈的产品市场竞争中，经理人自觉努力工作，降低了股东监督的边际成本，进而对企业的绩效产生影响。

因此，本书以委托—代理理论为基础，从内部的治理机制如股权集中、高管持股、独立董事、两职合一等角度分析对企业创新活动的影响，不仅能够有助于进一步论证激励机制和约束机制对职业经理人有关研发决策行为的影响，还能丰富现有委托—代理理论的研究内容。

第二节 相关研究文献

一 制度悖论

国内外学者对制度悖论的研究较少，有人指出，所谓的制度悖论是指在制度安排、制度变迁中，变成了一种现实的"制度非理性"，从而偏离了资源有效配置目标，最终违背了追求公共福利最大化的初衷（徐迅雷，2012）。据此，本书结合已有的研究针对制度变迁以及制度安排过程中出现的制度非理性导致制度主体缺位，造成制度悖论的现象给予详细的阐述。

(一) 制度

制度在不同学科有不同的定义，比如经济学、社会学、政治学等都有对应的定义。国内外学者从经济学角度关于制度的定义及发散性思维解释随处可见。制度是经济行为和经济发展的主要驱动力（Bromley, 1989），不管是政治、社会还是经济制度（North, 1990）。诺斯（North, 1991）进一步指出，制度是一系列用来建立生产、交换与分配基础的基本政治、社会和法律的基础规则。在《制度、制度变迁与经济绩效》中，诺斯（1994）更加明确地提出了有关"制度"的最为经典的定义："制度是一个社会的游戏规则，确切地说，它是决定人们之间相互关系的系列约束"，并明确地指出，制度包括非正式规则（道德标准、禁忌、习俗和行为准则）和正式规则（律法以及产权），其中正式规则受到具有前瞻性和自利的人类行为驱动（North and Thomas, 1970; Anderson and Hill, 2002; Anderson and Hill, 2004; Pacheco et al., 2010）。

纳尔逊（Nelson, 1994）将对某些社会组织的约束行为或者规则看成是制度。诺斯（1994）从经济学角度对制度的描述是："是委托人间以及委托人与代理人间为使他们的财富最大化，为了实现由专业化带来的贸易收益而订立的合同安排。""制度提供了人类相互影响的框架，或更确切地说，制度提供了一种经济秩序的合作与竞争关系。"（North, 2003）这与保罗·G. 黑尔（2004）的观点如出一辙，他也认为，规则经济行为方式的规则就是制度，是基于习俗、信任、法律规范等形成的共同预期。

(二) 制度变迁和制度安排

诺斯（1991）认为，有效的制度绩效需求导致制度变迁的产生，制度变迁是关于社会与经济行为，组织与变迁的供给进步的结果。诺斯（1994）进一步指出制度变迁的方向由制度带来的报酬递增决定，并最终出现两条方向相反的轨迹，即路径依赖和锁入。当报酬递增时，有利于支持和巩固制度变迁，并能在此基础上一环紧扣一环，使得制度变迁沿着良性轨迹方向发展。反之，制度就会沿着不良轨迹发展，被锁入。总之，诺斯的制度变迁理论建立的基础是经济人对"成本—收益"的比较，只有制度变迁的收益大于成本时，才会最终实现制度变迁。如同技术进步演进方向，在制度变迁过程中，若存在报酬递增和自我强化机制，一旦该机制形成，就会使制度变迁按照固有的惯性沿着既定的路径方向发展，并且不断得到自我强化，即所谓的路径依赖（North，2003）。关于路径依赖的研究最早可追溯到 A. 戴维·保罗（David Paul）在 1975 年出版的《技术选择、创新和经济增长》一书。随后，托马斯·C. 谢林（Thomas C. Schelling，1978）在《微观动机和宏观行为》著作中，指出经济结果对经济行为发生时的秩序有严重的依赖性。A. 戴维·保罗（1989）和 W. B. 阿瑟（Arthur，1994）进一步用路径依赖方法来研究技术变迁。而道格拉斯·C. 诺斯（Douglass C. North）则是从技术变迁领域引入路径依赖方法研究制度变迁的第一人。继他之后，对制度变迁的路径依赖研究十分活跃，如斯塔克（Stark，1992）、坎贝尔（Campbell，1996）、豪斯纳（Hausner，1995）、格里夫（Grief，1997）、Pierson（2000）等都做了相关研究。而 Pierson（2004）和诺斯（2005）的研究代表了用路径依赖方法研究制度变迁的最新发展水平。

我国学者徐荣、陈敬良（2003）认为，制度诸要素或结构随着时间推移、环境变化而发生改变，即制度的替代、转换和交易过程就是制度变迁。林红玲（2001）认为，制度变迁是用一个效率较高的制度安排来替代效率较低的制度安排，并且只有当替代的收益大于成本时，才会发生。李萍（2001）认为，制度变迁就是体制的改革和转变，1978 年开始的经济体制改革就是一个巨大的制度变迁过程。改革开放 30 多年来，我国制度变迁经历了"计划经济"——"有计划的商品经济"——"市场经济"的转变过程。具体表现为：一是产权主体的多元化以及企业治理结构和组织形式的多元化；二是进一步扩大对外开放程度，经济运行市场化、自由化；三是中央向地方政府下放权力，地方政府财政权力增大，并且经济利益的分配逐渐向企业本位和个人本位转化。

制度变迁的结果对经济、社会发展有重要影响，而制度变迁的结果主要是由制度变迁方式决定的。林毅夫最先提出制度变迁分为诱致性制度变迁和强制性制度变迁两种方式。诱致性制度变迁主要来自制度非均衡引致的获利机会，引起制度非均衡的因素主要有制度选择集合改变、技术改变和社会生产力的发展、要素和产品相对价格的长期变动、其他制度安排改变等（Lin，1989）。强制性制度变迁指的是由政府命令和法律引入、实行引起的制度变化过程（林毅夫，2003），制度变迁的主体是国家。制度变迁的过程依赖政府或者国家所拥有的强大权力来实现，并且政府承担了所有的制度变迁成本。林毅夫（2003）认为，中国长期以来都是实行民主下的集中制，几乎所有的制度安排是靠政府所拥有的权力强制推动实现的。转型时期，政府仍然处于主导地位，所以诱致性制度变迁不适合我国的国情。我国学者刘辉煌和胡骋科（2005）认为，制度变迁可以细分为三种类型：第一种是自发演进的制度变迁与人为设计的制度变迁形式；第二种是需求诱致性制度变迁与供给强制性制度变迁形式；第三种是激进式制度变迁和渐进式制度变迁。总之，正如诺斯（1994）所说，无论属于哪种形式的制度变迁，都是从制度均衡到制度非均衡再到均衡的一个反复过程。

从我国目前的制度变迁来看，有显著的政府主导痕迹。首先，制度变迁始终围绕着"一个中心，两个基本点"进行，政府通过经济体制改革，调整产业政策，制定新的规则等建立一套新的制度；其次，政府通过法律、法规和行政命令等手段，限制企业等微观主体的制度创新活动，使制度变迁路径按照政府设定的轨迹发展（陈天祥，2001）。但是，政府作为制度变迁主体的存在，也会带来一些问题，如政府掌握权力过大，一些官员就会抓住一些重要领域的行政权力不放，力图维持"垄断租金"；另一些官员利用手中掌握的土地、技术、进入许可、信贷资金审批等向企业实施各种摊派，向企业"寻租"，容易滋生腐败。我国双轨制的存在，如经济上的二元性、城乡的二元性、地域上的二元性等，使我国在制度变迁过程中不可能采取激进的方式（杨瑞龙，1994）。

诺斯（1998）认为，所谓的制度安排就是经济单位之间的安排，决定这些经济单位间合作或者竞争的方式，为其成员提供一个可以合作的框架或者能够影响法律或者产权变迁的机制。当然，制度安排可以是正式的（权力主体强制性的安排）或者非正式的（自愿性的安排），抑或是长久的或者短暂的。可以说，制度安排比制度变迁更接近制度的概念表达，一般经济学家提到制度这个术语时，就是指制度安排（卢现祥，1996；康宁，2005）。

（三）制度非理性

在制度变迁或者制度安排过程中，由于在制度设计或者制度安排时没有考虑公平和公正，致使没有体现其设计和安排的本来意图，使得功能与价值背离，造成制度非理性的出现。制度非理性简单地说也就是由于制度非均衡状态所导致的。在制度均衡状态下，人们对既定的制度安排和制度变迁处于一种自我满足状态。但是，制度均衡只是制度安排的一种暂时的理想状态，而制度非均衡才是常态。结合我国历史来看，1978 年以前，我国的政治、经济、分配制度等是在政府权力的强制下制定、实施的。改革开放 30 多年来，尽管经过一轮又一轮的政府改革，制度建设逐渐完善，但是在制度安排、制度设计以及运行过程中，仍然缺乏公正性和普适性，促使一些"权贵资本"的形成，一些政府官员利用手中掌握的权力，徇私枉法、假公济私，而社会弱势群体则被边缘化，无法享受其合法权益，导致对现有的制度性约束不信任、不认同，导致制度缺乏权威性（侯琦、魏子扬，2008）。

制度的非理性导致对不同主体的激励功能不尽相同，如在经济领域中，国有企业享受到政府的"超国民待遇"，享受各种优惠政策，员工福利待遇好，对现行制度的认同感、支持度最高，为国有企业的发展创造了良好的环境。而民营企业却由于"体制歧视"，得不到社会的认同，员工享受的福利待遇与国有企业相比相差甚远，抑制了民营企业的发展，对现行制度安排或者设计怨声载道，积极性和主动性较低。

（四）制度主体缺位

在我国的制度变迁过程中，虽然作为制度主体的政府经过了一系列改革，取得了一定成绩，但是在制度设计和运行过程中仍然存在着"越位"、"缺位"、"错位"等非理性行为。所谓的政府部门"越位"就是政府把本该由市场机制解决的事抓住不放，管自己不该管的事。表现在：第一，在有些地区，地方保护主义盛行，为了保护本地企业发展，对异地企业设立进入壁垒，妨碍了经济资源、生产要素的自由流动和优化配置（吕丽娜、刘俊，2006）。第二，政企不分，政府职能定位不明确，一些地方政府部门对企业干预过多。如在财政、税收和信贷等方面，给国有企业享受各种优惠待遇，干预国有企业的高管任命、上市安排以及资金流动等，同时对非国有企业通过经营许可、信贷资金和审批等多种行政手段干预其经营活动，达到自己的政治目的，影响了市场经济主体的公平发展（董方军、王军，2008）。第三，一些官员利用手中的权力向企业"设租"和"寻租"。向企业"吃、卡、拿、要"，企业苦不堪言。

所谓政府主体的"缺位"，就是需要政府发挥作用的地方政府却放任自流，不管或者管理没到位。如在经济领域，单凭"看不见的手"发挥作用，不能解决所有的问题，需要政府发挥"有形之手"的作用，但是如果政府主体"缺位"，就会使得市场主体的一些利益得不到保护，促使一些人非法谋取不正当利益，而致使一些企业正当利益受损。政府主体的

"错位"，就是政府在体制运行过程中，既当"裁判员"又当"运动员"，既是规则的制定者，又是规则的执行者。转型时期，政企不分，政府职能模糊，对国有企业充当着"裁判员"和"运动员"的角色，对一些行业实行垄断，利益共享，对非国有企业则扮演着"裁判员"角色。

总之，政府职能的"错位"、"越位"和"缺位"是我国在制度设计和制度运行过程中，由于制度的非均衡导致的制度非理性行为，致使制度运行背离了制度设计之初的理念，制度的功能与价值背离，不仅不利于资源的优化配置，也违背了最初追求社会福利最大化目标，最终导致制度悖论的出现。

(五) 制度悖论

学者从制度的定义、路径依赖视角对制度变迁做了详细阐述，并指出由于在制度变迁或者制度安排过程中制度的均衡是暂时的，而制度的非均衡则是永远的，制度的非均衡导致制度非理性的存在，制度的非理性使得制度的运行结果与制度设计和运行初衷相违背，制度悖论的出现使得一部分人成为制度悖论下的获利者，而另一部分人的利益受到损害。制度悖论的存在具有一定的普遍性。"即使一个总体上来说是有用、有益的制度也不是万能的，不存在只有好处没有缺点的制度。一个制度并不仅仅因为它是制度，就不会在具体问题上，有时甚至是重大历史问题上出错"（吴思，2003）。也有学者认为，制度悖论起因于人类的认识能力有限，鉴于无法预知遥远的未来，因此会从眼前的利益出发，违背最初的制度安排（张宇燕，2003；王淑荣、田赫，2007）。

面对制度悖论的存在，我们所要做的并不是就现象论现象，而是要发掘这种窘境背后，人类如何充分运用自己的智慧和不懈的努力去进行理性的制度设计和制度安排，以实现每个人的利益最大化。本书从制度悖论视角入手对企业创新进行分析，不仅是因为制度悖论的广泛存在，更深层次的原因是，透过制度悖论这一现象，目的不仅仅在于想出一条解决制度悖论的方案，重建适宜制度的可能途径，更侧重的是尝试解决企业创新过程中遇到的"为什么"、"怎么办"问题，给其他遇到同类问题的企业提供借鉴。

二 包容性创新

(一) 包容性创新的内涵及其释义

经过 30 多年的改革开放，中国在促进由计划经济向社会主义市场经济转变方面取得了进展。但是，也应该认识到：经济领域一些深层的体制性"瓶颈"依然存在，与当初确定的社会主义市场经济体制目标相比，还有相当大的距离。主要有三大矛盾：(1) 作为市场经济微观基础的国有企业改革远未到位，特别是垄断性行业改革基本没有"破题"。(2) 作为市场经济重要支撑的要素（包括资本、土地及其他资源、技术等要素）市场化改革滞后，各类要素价格（包括利率、地价、资源性价格等）仍处于"半市场半统制"状态。(3) 作为市场经济改革关键环节的政府职能转变严重滞后，政府部门仍然大量通过投资项目审批、市场准入等手段直接干预企业的微观经营活动，金融危机后干预尤甚。因此，在既定的制度悖论条件下，提出包容性创新实意义巨大。

在给包容性创新下定义之前，首先需要对弱势群体进行界定。弱势群体也叫社会弱者群体或社会脆弱群体。定义涵盖的范围比较广泛，主要是指在社会经济利益和社会权力分配过程中受到不公平待遇，处于"弱势"的社会群体。转型时期，政府依然处于强势地位，民营企业和中小型企业由于自身实力薄弱以及"体制歧视"的原因，受到政府的不公平待遇，成为我国市场经营主体中的一个弱势群体，其"弱势"主要体现在以下方面：(1) 企业基本权益维护上的弱势。民营企业以及中小型企业处于市场底层，当这些企业的产权受到政府官员利用手中权力进行刁难和侵犯时，往往没有能力捍卫，只能忍气吞声。(2) 经营管理能力上的弱势。民营企业以及一些中小型企业大部分都是微利型企业，鉴于创业者自身的能力、精力有限，管理水平良莠不齐，而且很难进一步提高。(3) 技术创新能力上的弱势。民营企业以及一些中小型企业由于缺乏资金和人才做后盾，大多数缺乏自主知识产权，主要依靠模仿、剽窃竞争对手进行产品生产。(4) 市场信息获取上的弱势。民营企业和中小型企业缺乏对市场信息变化的敏感性，与政府关系的疏远也不利于快速获取市场以及产业政策变化信息，信息获取能力较差（王林昌、李鹏，2004）。

包容性创新是指将民营企业和中小企业等弱势群体纳入创新过程，通过技术、市场、价值链、制度、文化与商业模式等多种创新方式服务于国有、民营等各类企业群体的需求，以提高企业群体的创新能力和盈利能力，实现不同产权性质企业的和谐发展。包容性创新强调两点：一是巩固和发展公有制经济，同时在国有经济内部，塑造开放的产权结构，使国有资本能够有进有退，合理流动；二是鼓励、支持、引导非公有制经济发展，同时促进个体私营经济转型升级，不断提高自身素质，实质就是谋求各种所有制经济共同发展。这里讲的共同发展，既包括各种所有制经济成分——公有资本和各类非公有资本并行不悖的发展（"平行—板块式"发展），也包括各种所有制经济成分——公有资本和各类非公有资本相互渗透和融合的发展，形成以股份制为主要形式的经济融合体（"渗透—胶体式"发展），从而在整个社会形成新型的混合所有制经济格局。

由此可见，包容性增长是指让每个人都能为经济增长做出贡献并享受成果，它关注的是宏观经济层面，强调政府的角色与作用，通过对宏观调控让低收入群体获益；而包容性创新则是站在企业的角度，通过创新实现企业的"包容性"机会。包容性创新不仅能够促使传统产业结构升级，淘汰落后产业，提高产业生产效率，还能产生新的行业吸纳传统产业或者下岗职工，扩大社会就业（张如意，2012）。通过包容性创新鼓励不同产权性质的企业共同参与创新活动，并以有限的资源要素开发更多的产品和服务，让更多的民众能够买到并负担得起这些产品和服务，兼顾不同消费层次的消费需求，使各层民众能够更好地分享创新所带来的成果（Prahalad，2010；周阳敏、谢俊俏，2012）。因而，虽然包容性创新的概念是包容性增长的延伸，但是包容性创新是实现机会平等、成果共享的引擎，是促进经济社会持续发展有效途径，也是实现包容性增长的重要推动力（于濛，2012）。

（二）政府在包容性创新中的作用及政策选择

包容性创新是一个系统，在包容性创新的过程中有不同的参与者，包括政府、国有企业、私营企业（包括创新企业和资助企业，尤其是提供早期资金支持的企业）、个人、草根创新者、大学、研究机构、非政府组织等。

从表2-1可以看出，各种参与者在创新不同阶段起到了不同的作用，私营企业是创新的主要力量，政府在包容性创新的过程中起到了重要的作用，这不仅体现在研究和开发阶段，还体现在商业化和推广等阶段，虽然初始研究非常重要，但是如果不能将其投入生产并且推广宣传，这个研究成果将不会有任何经济效益。

表2-1 创新循环中主要阶段及机构作用

创新价值链/主要机构	研究	开发	工程设计&模型扩大	产出和商业化	推广和应用
政府	政府资助研究机构。政府为大学和私企提供资金（主要用于基础研究）	政府资助的研究机构。政府为私营部门发展提供资金	政府资助研究机构。政府承担一部分资金，帮助私营部门进行模型放大	在军事领域为私企提供一些支持，但主要通过国有企业提供支持	政府各部门进行新科技推广工作，并且开始创新成果的宣传工作
国有企业	自身有研究需求，进行研究，并且会得到一些大学和其他机构的资金支持	为自主研发的技术进行开发工作	通过模型扩大自主研发的技术	可能是产品和服务的重要提供者，特别是在发展中国家	通过自身发展、发布授权或者建立战略伙伴关系
私营企业	各国各种研发活动的主要参与者和出资者	开发过程中的主要机构	模型放大过程中的主要机构	商品生产过程中的主要机构	通过自身发展、发布授权或者建立战略伙伴关系
个人	发明者	个体发明者极少参与开发工作	个体发明者极少参与模型放大工作	通过专利转让给生产厂商生产或者自主创业	创新成果的最终用户
草根创新者	数量少，非正式	数量少，非正式	极少数	通常限于自身使用	极少推广
大学	研发过程中的重要参与者，尤其在基础研究过程中	一些开发工作	极少进行模型放大	大学参股或者将技术转让给生产商进行生产	通过教授课程、论文、会议和咨询等形式推广知识，是关键的推广者
非政府组织	资助研究过程（大部分通过基金形式）			不常见，但存在	通过呼吁活动宣传科技知识、展示创新计划、筹集资金

资料来源：吉瑞，2012年。

对政府在包容性创新中的作用，主要观点包括：

第一，建立一个有利的创新政策环境。首先，设立有利于包容性创新的组织机构，如成立国家包容性创新委员会、设立促进包容性创新所需基金的组织机构。其次，政府制定有利于促进包容性创新的政策环境，并完善对企业创新活动的监督机制。再次，发挥政府的杠杆作用，充分调动公共部门和私营部门的基金支持。最后，鼓励不同机构之间的合作，如高校、企业、科研院所之间的产学研合作，并在全球建立战略性合作伙伴关系。

第二，克服市场失灵。创新有很强的正外部性，并存在信息不对称等现象，需要政府通过协调来解决，知识产权保护是弥补市场失灵和激励创新的有效手段。

第三，避免政府失灵现象。在促进包容性创新过程中要小心政府失灵。研究表明，政府的运作往往存在着低效率现象，政府不能完全取代市场和企业的作用，而且政府运营中也可能存在被绑架和腐败的现象，这就要求政府部门要建立完善的监督和评价体制，以保证相关政策和体系的顺利运行。

政府如何促进包容性创新的政策选择，主要观点有：

第一，供给层面的政策支持。首先，可以通过政府补贴、财政转移支付等手段对一些研发人员提供资金帮助。毕竟，税收优惠和财政激励并不一定适用很多草根创新者和创业者，因为他们很多时候没有利润并不能享受税收优惠。其次，政府可以通过金融激励来促进包容性创新活动的开展。比如，政府可以设立基金直接为企业的包容性创新融资，也可以通过普惠金融政策为弱势的中小民营企业提供融资渠道的多样性和便利性。印度包容性创新基金的筹资目标是十亿美元，已经使很多创新者受益。近年来，普惠金融在发展中国家发展也非常迅速，针对大量中小型企业普遍存在资金匮乏问题，一些商业银行实施了有针对性的金融放贷政策。再次，当地政府可以通过建立高新技术开发区、企业孵化器以及企业和科研院所之间合作来促使包容性创新目标的最终实现。这一措施对初创企业非常重要。最后，政府还应该对企业在实现包容性创新过程中提供商业支持，激励企业大力推广新技术，帮助企业冲破市场壁垒和贸易壁垒，进入异地市场，降低企业创新成果市场化过程中的风险。

第二，政府对需求层面的政策支持。尽管供给层面对企业创新有重要的推动作用，但是也有研究表明，市场需求对企业创新活动的推动至关重要：一是一些企业以草根市场（社会底层人群）为产品购买群体，针对底层民众的消费需求和经济承受能力进行产品和服务方面的创新；二是通过政府订单和采购政策支持一些行业企业的创新活动。政府订单和采购推动创新可以在以下领域实现：电子医疗服务系统、药品、能源、环境、公共交通、安全、数字技术等。根据估计，美国政府部门每年支出约500亿美元用于研发项目的政府采购；欧盟国家的政府采购占整个GDP的17%，占政府支出的35%；中东地区国家政府采购支出占GDP的比重从9%—13%不等。这些数据表明政府采购可以为创新提供坚实的市场潜能。首先，政府通常愿意为创新产品支付更高的价格；其次，政府采购通常可以达到规模效应。政府采购需求可以对产品提供者提供非常清晰的激励，并降低他们的市场风险。

此外，政府对创新的支持还体现为政府采购。一般认为，政府通常通过三种采购方式来促进创新。

第一，政府采购创新产品和服务。政府寻求某些特别的创新和替代性的解决方案以提高公共服务效率时，政府就会采购创新产品和服务。一方面政府可以通过制定产品标准与绩效标准来引导企业进行相应的创新；另一方面政府也可以通过项目竞争和设计竞争来促进创新。设计（构思）竞争是发展和检验新思想的非常好的方法。它可以促使企业进行创新，并创造出最适合市场需要的产品。政府可以为最好的设计提供合同、采购产品，从而促进企业进行不断的创新。

第二，商业化前的采购（技术采购）。政府采购发生在产品或服务进入市场之前，此时新产品和服务还处于研发阶段。这种类型的政府采购往往着眼于长期需求。政府需要规划一个产品和服务的研发过程，并引进几家可能提供服务的企业，最终确定其中的一家或几家作为供应商。一些技术方面的创新，例如互联网和GPS系统就是通过这种方式实现的。

第三，合同采购。在这种采购方式中，政府首先充当市场中的采购者，作为一种示范效应，并将产品在更广泛的范围推广。

第三节 制度悖论视角下包容性创新的实现路径

结合前文对我国目前经济增长方式和社会发展过程中出现的问题,以及绪论中分析的我国目前的制度背景现状、技术创新现状、国有企业和民营企业不对等现状、上市企业内部治理存在的问题等,在既定的制度悖论情境下,实现包容性创新需要从以下几个方面着手:

一 创造公平发展机会

包容性增长的核心是促进社会公平。实现包容性创新,应着力促进国有企业和非国有企业在公开、平等、透明的市场条件下参与创新,平等地享受创新所带来的成果,即不同产权性质企业平等竞争、协同发展,共享创新成果。但是,转型时期,政府仍然处于主导地位,掌控着企业生存发展所需的土地、资金信贷等权力,并通过这些权力掌握企业的"生杀大权"。政府对不同所有制企业按照差序格局方式管理,不同企业与政府的亲密关系程度不同,受到的"恩泽"也不尽相同。

国有企业与政府有着与生俱来的亲密联系,政企不分现象依然存在。我国的金融机构主要由四大国有银行占据主导地位,从事创新所需的经济资源需要政府给予支持,而政府的"父爱主义"泛滥(罗党论,2009),导致银行信贷资金更多配置于国有企业(Allen and Qian,2005;余明桂、潘洪波,2008)。不仅如此,在市场准入、政府补贴、产业政策等诸多方面享受着"超国民待遇"。而非国有企业由于历史原因与政府的关系较为疏远。在政企关系中,民营企业仍然处于"非公"的边缘化地位,被迫享受着"小媳妇待遇",在发展过程中受到国有企业和外资企业的双重"挤压"(王先庆,2011)。尽管2005年国务院出台了"非公经济三十六条"以及在2010年颁布了实施细则,显示出国家鼓励民营企业发展的决心,但在具体实施过程中往往困难重重,频繁遭遇"玻璃门"、"弹簧门"。这些都表明,不同所有制企业在创新过程中所处的地位是不平等的,获取创新所需资源如土地、技术、信贷资金等方面的机会也是不平等的,最终导致不同创新主体之间不能有效包容,实现创新成果的共享。

而政府通过将权力逐渐下放给企业,减少对企业的干预,营造国有企业和非国有企业在同等市场条件下公平竞争、共同发展的环境，如打破垄断，放宽准入，鼓励民营企业进入铁路、金融、能源、电信等垄断行业。在创新过程中，不同所有制企业可以在获取创新要素过程中享受的机会平等，互相促进，相互包容，实现共享创新成果。可见，不同所有制企业在创新过程中的平等参与，不仅有利于成果共享和社会和谐的发展，最终也有利于包容性创新的实现。

二 促进创新要素的协同配置

包容性创新要求企业在有限的资源要素基础上开发更多的产品和服务，即在确保创新资源要素投入总量的同时，应当充分重视创新要素投入的有效性，最大限度地提高产品的科技含量和附加值，实现创新要素之间的优化组合及协同配置，从而减少和避免创新资源的浪费，提高创新要素的配置效率。而我国目前依然是粗放型经济增长方式，存在着"高投入，低产出"，以劳动密集型产业为主。在资源要素投入结构方面，经济增长高度依赖于廉价的原材料、劳动力成本和生产要素的高强度投入，产品科技含量低，附加值较低。由此导致科技发展水平和创新对经济增长的贡献率偏低，而这种粗放型经济增长方式最终必然面临要素供给能力不足和边际报酬递减的双重制约。

创新投入要素主要是指研发费用和研发人员的投入。世界产权组织（WIPO）最新发布的《科学技术产业记分牌2011》调查显示，虽然2011年我国的研发经费开支排名已经跃居世界第二，研发人员总量排世界第一，但是我国企业的创新产出能力仍然明显低于OECD国家的企业，中国企业的PCT国际专利申请量，只占世界排名第一的美国PCT专利申请量的33.7%，同时也远远落后于日本、德国等发达国家。肖敏和谢富纪（2009）通过实证研究发现从我国创新要素投入产出弹性均值来看，研发人员产出弹性低于研发费用产出弹性，表明我国研发费用投入比研发人员投入占有更重要的位置，我国创新产出的增长越来越依赖研发费用的投入。这恰恰与我国目前研发资源配置中研发人员投入相对过剩而研发费用投入相对不足，人力资源闲置的现状相吻合，说明我国创新资源的配置效率不高。

要实现经济持续、快速发展需要将单纯依靠要素投入的粗放型增长方式转向依靠要素协同配置效率提高的集约型增长方式，而这只有通过包容性创新才有可能。将科技创新效率分解为技术进步和资源配置效率两个部分（Farrell，1957），20世纪90年代以来，我国科技创新效率的增长主要是由技术进步推动，资源配置效率对科技创新效率的增长贡献较小（刘凤朝、潘雄锋，2007）。因此，与加大研发投入、提高研发资源的增量相比，优化创新资源配置，提高创新资源的协同配置效率更为重要（Durnev et al.，2004；Almeida and Wolfenzon，2005）。通过建立研发资源之间的协同配置机制，优化创新要素组合，有利于提高资源的配置效率，最终实现包容性创新（刘玲利、李建华，2007）。

三 推动企业内外部治理机制的协同发展

包容性创新体现了企业不论大小，其相关利益主体平等参加创新活动，企业的重大决策由董事会集体表决、负责，由职业经理人负责执行企业的日常经营决策，各利益相关者共享创新成果和创新成果所带来的各种收益。这就需要减少政府对企业的干预，为企业利益相关者的合法权益以及治理结构的完善创造良好的制度环境，在企业创新过程中，当地政府的财政补贴以及信贷优惠政策，更多地向落后地区、行业企业倾斜（葛笑如、孙亚忠，2011）。

转型时期，国内各地区制度建设不均衡，而企业内部治理结构以及创新活动易受制度环境因素的影响，特别是受到所在地区的经济发展水平（市场化进程）、政府干预程度、法治水平和融资水平等因素的影响。一般来说，企业内部治理结构内生于其所处的制度环境发展水平，一个地区市场化进程水平不仅影响当地政府对干预企业发展的动机，也会影响企业尤其是国有企业治理结构的安排（余耀东、李景勃，2010）。一个地区市场化进程越高，企业作为市场主体发展得越充分，公司治理结构更加完善，也有利于职业经理人竞争市场的形成。这样，不仅约束了大股东对中小股东利益的侵占，也有利于减少委托—代理成本（高雷、宋顺林，2007）。在一些落后地区，有些官员利用手中权力或通过频繁地施加不必要的管制手段来干预甚至掠夺私有企业（Hellman and Kaufmann，2003；余明桂、潘洪波，2008）。国有及其控股企业的大股东对中小股东利益的攫取行为更易受到政府干预程度的影响。政府对企业的干预程度越低，则大股东对公司资产的掏空可能性越小（周中胜，2007）。

一个地区法治水平在一定程度上决定了企业治理结构的安排及其完善性。法治水平低的环境下，不仅企业股东的合法权益得不到保护，而且通过研发活动获得的知识成果得不到有效保护，容易被竞争对手剽窃，抑制了企业的创新欲望。在法治水平较高的地区，能有效地保护投资者的产权并使中小股东的合法权益不被掠夺（La Porta et al.，1999）。公司治理结构更加完善，高层管理人员的激励与约束机制健全，股东大会、董事会和监事会各司其职，充分发挥各自作用，为企业创新活动的顺利开展提供了强有力的内部保障。此外，在金融发展水平落后的地区，银行信贷资金的市场化配置水平较低，企业的融资权利和渠道受到较大的限制（罗党论、唐清泉，2009），这无疑不利于研发费用巨大的创新活动的开展。

此外，产品市场竞争环境对企业来说也是重要的外部治理环境，对企业的经营活动也有显著影响。产品市场竞争通过信息与声誉机制监督与激励经理人努力工作，改善企业绩效（Hart，1983）。而且，在激烈的产品市场竞争中，经理人自觉努力工作，降低股东监督的边际成本，对企业的绩效产生影响（Bettignies and Baggs，2007）。

为了更好地促进企业创新活动的开展以及利益相关者对创新成果的共享，需要实现企业内外部治理环境的协同发展。政府减少对企业的干预，出台政策大力发展地方经济，为企业的发展创造良好的法律环境和金融环境。企业针对外部环境现状，推动企业内部治理结构的完善，最终形成"股东会、董事会、监事会和经理层各司其职、协调运转、有效制衡的公司法人治理结构"。可见，企业内外部治理环境的协同发展，不仅有利于企业治理结构的完善，也是包容性创新实现的重要途径。

四 提高政治战略和市场战略的互动与融合

转型时期，企业在经营过程中不仅受产品与服务、营销渠道、供应链，以及价格等市场因素的影响，还受政府的干预和政策、社会公众的支持、利益相关者，以及新闻媒体介入等非市场因素的影响，市场因素和非市场因素共同影响企业的生存发展，是企业获取竞争优势的重要来源（Bronn and Bronn，2002）。市场因素是企业、供应商、分销商和消费者等通过市场交换或契约性关系在自愿性交易行为基础上形成的相互作用机制（Baron，1995）。而非市场因素中，企业与政府机构、社会公众，以及利益相关者之间的关系不是由市场调节的，但是对市场交易有显著影响，属于企业非市场环境的内容（周海炜、薛红霞，2007）。针对市场因素和非市场因素分别制定的战略是市场战略和非市场战略。

企业市场战略的目标是追求利润最大化，通过识别市场机会、挖掘机会以及利用机会来获取企业持续的竞争优势。转型时期，政府掌握着企业生存发展所需的市场进入许可、信贷资金、土地、技术等的审批权,由于正式制度的落后,企业不得不寻找非正式制度作为正式制度的替代机制,进而导致非市场行为的发生。企业通过非市场战略不仅能够获取企业所需的关键性资源,还能提升企业的经营合法性,维持企业的竞争优势。无论是市场战略还是非市场战略,均是企业之间竞争的一种手段,只执行一种战略不足以满足企业发展的需要,只有两种战略结合起来才能有助于企业获取超额的利润（Baron,2001）。市场战略与非市场战略之间的包容表现为一种战略的效应会正向外溢到另一种战略,即二者间存在互动性激励的正向外部性。同时,两种战略之间的有效包容所产生的效益大于任何单一战略所不能及的限度（谢佩洪、王志成、朱海华,2008）。非市场战略与市场战略之间的互动性说明了企业在制定竞争战略时不仅考虑市场因素的影响,还需要考虑非市场因素的影响（谢佩洪、何晓光、阎海燕,2010）。

政治战略的最终目的是为企业市场战略服务的,市场战略是根本（Mae Millan et al.,1985）。因而现实中的企业往往都会一手抓市场,一手抓"市长",双管齐下。在推行市场战略的同时,不遗余力地实施政治战略。总之,市场战略与非市场战略之间的包容,不仅能够使企业获取关键性资源,为创新活动的开展提供基本保障,还能最终有利于包容性创新的实现。

第四节　本章小结

本章首先论述了本书的相关研究理论基础,对包容性增长理论的渊源、现实背景、基本内涵等做了详细的阐述;对资源依赖理论和委托—代理理论均做了论述,并且阐述了它们对企业创新研究的影响机理。随后阐释了制度悖论和包容性创新两个新的概念。详细论述了制度的定义,制度变迁的动力、方式以及经济的影响,在制度变迁和制度安排过程中出现的制度非理性与理性,结合我国目前正式制度存在的问题,推论出我国目前存在着制度悖论的现象。并且结合前文对包容性增长理论的产出,指出包容性创新的概念,认为包容性创新是包容性增长的延伸,是实现包容性增长的最佳途径。

本章从制度悖论的视角提出实现包容性创新的有效途径：

路径一：创新要素的协同配置；

路径二：内外部治理机制协同发展；

路径三：企业市场战略和非市场战略的互动与包容。

上述论述有助于更清楚地理解制度悖论的概念、包容性创新实现的有效途径，也为后续开展对企业包容性创新的实证研究做好了铺垫。

第三章 制度悖论与企业创新绩效关系的实证研究

本章着力分析制度悖论是否存在以及在创新过程中不同产权性质企业所享受的政策待遇是否平等，从政府补贴的视角考察，政府补贴力度是否相同，政府补贴在国有企业和非国有企业的创新过程中扮演的角色是否相同，机会是否均等。本章基于理论分析提出研究假设，并建立实证模型来验证政府补贴对不同所有制企业的自主创新所产生的效应是否相同，以及内部治理结构对政府补贴和企业自主创新之间的调节效应是否存在。

第一节 问题聚焦

众所周知，企业研发投入大，周期长，结果具有很大的不确定性。仅靠企业自身力量难以为继，政府有必要提供一定的外部支持来减少企业的研发成本，降低企业的创新风险。恰逢其时的是，近年来随着官员升迁考核的标准由过去以政治表现为主转变为以个人领导素质和当地经济绩效为主，使得政府官员开始关注当地企业的发展。由于创新直接决定了企业的成败，因而各地政府都积极制定相关政策去鼓励企业进行自主创新。2008年7月，我国正式颁布新修订的《中华人民共和国科技进步法》，新增"企业技术进步"专章。明确企业在创新中的主体作用，同时规定国家要通过税收政策、产业政策、信贷政策、科技中介服务体系等引导和扶持企业从事自主创新（安同良、周绍东、皮建才，2009）。然而，尽管"企业技术进步"专章给企业从事自主创新活动增添了一道"护身符"，但是，在尚未形成产品原型的研究开发阶段，创新活动蕴藏的技术风险和市场风险较高。此时，企业往往很难从外部获得资金支持，于是很多企业由于资金周转紧张，面对日新月异的技术进步和激烈的市场竞争只能是"望洋兴叹"。此时，需要各级政府积极伸出"扶持之手"，协助企业渡过难关。近年来，我国政府的公共 R&D 支出也在不断增长，给企业 R&D 补贴和税收优惠的力度也在不断增加，1980—2011 年，国家财政科技拨款从 64.59 亿元增长到 8610 亿元，年均增长率为 16.52%，2011 年已经占国内生产总值（GDP）的 1.83%（国家统计局、科学技术部，2012）。政府的补贴政策为创新资金匮乏企业带来了福音，给那些想从事创新的企业注入了一支"强心剂"。但是政府补贴对企业自主创新究竟产生了怎样的影响？效果如何呢？

从事物发展的本质看，内因是事物发展的根本原因，外因通过内因而起作用。因而影响企业自主创新行为及其成效的不仅仅是政府补贴，更重要的是公司内部治理机制。作为企业三大财务管理决策之一的创新投资决策主要由公司董事会讨论制定，企业的经营管理者负责具体实施。因而，公司治理结构作为一种企业制度安排，毫无疑问会影响利益相关者诸如股东、企业高管等的创新决策和行为（冯根福、温福军，2008）。一般的经营活动在短期内可以确定是否盈利，而创新活动不仅需要高额的资金投入，而且收益具有跨期性、不确定性。倘若失败不但会导致"竹篮打水一场空"，还会给公司日常资金的周转带来压力。加之高管的职位升迁、薪酬主要依赖企业当前的经营绩效。因而在缺乏足够的激励来弥补创新所带来的职业风险时，企业管理者往往就会采取风险规避策略放弃创新活动，选取那些风险较低可以短期获益的项目。这样就会导致由于管理者激励不充分造成企业自主创新不积极的局面出现。为了克服这种困境，很多企业采用高管持股计划，将股东利益与管理者利益捆绑在一起。然而，股权激励作为解决企业激励问题的"金手铐"，能否提高企业内部治理效率、激励管理者集聚企业内外部资源，强化自主创新活动呢？为了提高公司治理的科学性和有效性，减少内部人控制现象出现，我国上市企业基本效仿了西方国家的独立董事制度。但是，外部独立董事的引入促进企业自主创新了吗？

国有企业肩负着提供财政收入、稳定就业、实现国家发展战略、提供社会福利和社会保障等多项政策目标和社会职能，因而政府在实施补贴行为时不可避免地会向国有企业倾斜。之前，虽然有些官员矢口否认国有企业获得了巨额的政府补贴，但是转型时期政府对国有企业独特的"父爱主义"是一个无可争辩的事实（高艳慧、万迪昉、蔡地，2012）。1994—

2006年，我国政府用于国有企业亏损的财政补贴达到3000多亿元。尽管2007年由于加入WTO协议约束，表面上亏损补贴已经取消，但是对国有企业的隐性补贴仍然存在，比如2007—2009年，在获取巨额利润情形下，两大石油垄断巨头——中石油和中石化仍然获得700多亿元的财政补贴。而2008—2009年，两家航空企业、五家电力集团和两家电网公司获得国资委的注资约160亿元（高明华，2011）。这直接导致了2012年在中美战略与经济对话上，以财长盖特纳为代表的美国官方强烈要求我国政府对此做出相应的改革。我国政府迫于国际国内各种压力也承诺为不同产权性质的企业创造公平、平等的市场竞争环境，在银行贷款、政策扶持和市场监管等方面对不同产权性质企业一视同仁。人们不禁会产生这样的疑问：对国有企业这么多的补贴，其功效如何呢？有无促进国有企业的自主创新？与国有企业相比，对民营企业的补贴怎样？二者是否存在显著差异？对这些问题的回答，不仅在理论上有助于完善和解释政府补贴、公司治理与企业自主创新之间的关系，而且对于政府如何制定切实可行的创新补贴政策，促进各种类型企业自主创新活动的深入开展，也有着重要的现实意义。

第二节 理论分析与研究假设

关于自主创新的研究最早可追溯到内生经济增长理论（Arrow，1962），但是，自主创新作为一个概念最早是由我国学者提出的，国外没有完全相同的概念。目前关于自主创新的定义较多，但最具代表性当属傅家骥（1998）的研究。他认为，企业自主创新是"企业通过自身努力和探索产生技术突破，攻破技术难关，并在此基础上依靠自身的能力推动创新的后续环节，完成技术的商品化，获取商业利益，达到预期目标的活动"。可见，企业自主创新是一个综合概念，涉及研究开发、产业化应用和市场运作等环节（Lafley and Charan，2008）。因此从创新行为（自主R&D投入）与创新结果（创新绩效）综合的视角考察企业的自主创新，得到的结论才会更加令人信服。

一 股权性质、政府补贴与企业自主创新

国有及其控股企业的终极所有者和控股股东是各级地方政府或中央政

府，与政府"一家亲"的亲密关系，决定了国有企业追求的目标与民营企业存在很大差异。除了追求利润最大化的目标之外，国有企业还承担着其他的社会责任目标，如发展地方经济、增加就业和维护社会稳定，为其他性质经济提供稳定器（雎国余、蓝一，2004）。如果两种目标发生冲突，追求利润目标必须服务于企业的社会福利目标（郝书辰、陶虎、田金方，2011）。价值取向的差异直接决定了国有企业和民营企业对待创新态度的不同。

国有企业高管一般是由政府选拔和组织任命，高管人员的职位升迁不仅看企业的经营绩效，更重要的看是否完成了政治性目标。而创新活动需要巨额的资金投入，收益具有跨期性，结果存在很大的不确定性。失败就是给自己找麻烦，因而一般情况下国有企业高管没有足够热情从事创新活动。此外，生存下来的国有企业基本都属垄断性行业，垄断性和行业进入壁垒，使得它们面对激烈的竞争市场能够"稳坐钓鱼台"。并且能享受到政府给予的各种好处，如政府政策性采购、各种优惠政策及盈利机会（李丹蒙、夏立军，2008；余明桂、回雅甫、潘红波，2010），即使不从事创新活动，也能获得丰厚的利润。

而非国有企业上市公司资本大多为私人所有，企业追求的目标是利润最大化。面对国内市场竞争的白热化必须不断进行创新。创新活动一旦成功，不仅能够获取诱人的利润，还有利于企业获取核心竞争力，维持企业的生存和长远发展。因而，与国有企业相比，民营企业的创新积极性较高。所以，有理由相信股权性质与企业的自主创新之间存在必然的内在联系。

围绕着股权性质与企业自主创新之间的关系，已有学者进行了大胆探讨。但是目前已有的成果大多都是从股权性质所提供的激励制度安排来展开的。Lee（2004）研究了企业所有权和创新绩效的关系，认为不同的所有权结构导致了不同的创新绩效。徐向艺、徐宁（2010）的实证研究发现股权激励与创新的关联性受到企业股权性质的影响。阿吉翁等（Aghion et al.，2009）使用美国803个上市公司的面板数据，检验了机构所有权对创新（由引用加权的专利数测度）是否存在影响，他们发现，上市公司所有权与创新显著正相关。即机构所有权每提高10%，则上市公司获取一个经引用加权的专利创新的概率提高5%—10%。Lin等（2011）研究发现，民营企业内部的激励机制可以显著地提高民营企业的创新活动，但是却未回答国有企业的激励机制是否影响了创新活动。吴延兵（2012）针对国有企业进行研究后指出，创新结果具有不确定性以及收益的跨期性，而对国有企业高层管理者的绩效考核主要是基于短期的经营效益和社会功能目标的实现，由于国有企业的监督和激励机制存在缺陷，从而导致国有企业高层管理者只关注短期收益和政治目标，致使国有企业存在严重的创新效率损失问题。鉴于以上分析，提出本书的第一个假设：

H1：在不同股权性质的企业中，政府补贴对企业自主创新的影响不同，即政府补贴对企业自主创新的影响在民营企业与国有企业存在显著差异。

二 政府补贴与企业自主创新

随着体制改革的不断深入，政府官员升迁考核的指标已不再仅仅是其政治表现，还与当地经济发展所取得的成绩紧密挂钩，这促使地方官员开始关注企业的发展状况。为了有效地促进本地企业健康可持续地发展，地方政府积极改进体制、建立市场、制定相关政策，以争取处于不断流动中的稀缺资源向创新领域集聚（Sun, 2000；唐清泉、罗党论，2007），从而为当地企业的创新活动提供有效的资源支撑。但是从企业的角度看，创新活动不仅仅是投入大、风险高的问题，而且还存在外部性问题。创新的外部性不仅会导致那些投入巨大资金从事创新活动的企业无法享受到创新成果所带来的全部好处，反而会催生出更多的竞争对手。这使得企业的创新投资往往低于社会所期望的最优水平（Arrow, 1962；Hall and Bagchi - Sen, 2002）。为了解决外部性给企业创新带来的负面影响，最直接的方法就是政府对企业的创新活动进行补贴，以弥补创新活动因外部性所带来的成本（朱平芳、徐伟民，2003）。政府对企业创新活动的补贴一方面可以弥补由于外部性所增加的成本、解决创新资金不足问题；另一方面政府补贴也可能会产生一些额外行为（Buisseret et al., 1995；Hewitt and Roper, 2010），如对企业创新产生"激励效应"、"种子效应"等，从而有助于提高企业从事创新活动的积极性（Hinloopen, 1997；郭晓丹、何文韬、肖兴志，2011）。因此提出如下假设：

H2：在控制其他相关因素之后，政府补贴正向影响企业自主创新，即政府补贴越多，越能激励企业增加自主创新的R&D投入，企业的创新绩效也越好。

由于本书对国有企业和民营企业进行了分组研究，因而根据上述假设可以提出两个分假设（后文中的分假设提出与此类同，不再赘述）：

H2a：在控制其他相关因素之后，政府补贴正向影响民营企业的自主创新，即政府补贴越多，越能激励民营企业增加自主创新的 R&D 投入，企业的创新绩效也越好。

H2b：在控制其他相关因素之后，政府补贴正向影响国有企业的自主创新，即政府补贴越多，越能激励国有企业增加自主创新的 R&D 投入，企业的创新绩效也越好。

三 公司治理结构的调节作用

（一）高管持股

基于两权分离的现代公司治理制度，使得股东和管理者之间演变成为委托—代理关系，二者的利益不完全一致，导致二者在面对创新决策时的态度不尽相同（林浚清、黄祖辉、孙永祥，2003）。高管主要关心的是个人财富、任期、晋升、权力威望以及在职消费等（Wright et al.，1996）。创新活动虽然可能会在未来时期为企业创造利润，但是也存在失败的风险，一旦失败则可能使他们面临辞职、降薪等风险。所以考虑到自身利益，高管缺乏承担风险较大的创新决策的内在积极性，宁愿选择风险较小的战略，而放弃未来可能会获得巨额利润的创新决策。与管理者不同的是，股东的目标是追求企业利润最大化。尽管创新的风险大，但利润高且有利于企业的长远发展，因而股东往往更愿意为之承担风险并享受企业可持续发展带来的好处而选择创新决策（刘运国、刘雯，2007）。面对委托—代理与企业创新之间的问题，解决问题的核心是激发企业高管的热情，使他们像股东一样积极从事创新活动。最有效的办法就是对企业高管进行剩余索取权激励，但是两权合一又会带来其他一系列问题，在实际操作中行不通（冯根福、温福军，2008），因而上市公司往往会选择剩余索取权激励的替代方式——股权激励来实行，曾被誉为企业激励的"金手铐"（叶建芳、陈潇，2008）。高管持股使管理者和股东的利益趋于一致（Miller et al.，2002），可以有效防止管理者短视行为，进而提高经营管理者进行创新活动的积极性（刘运国、刘雯，2007）。

H3：在控制其他相关因素之后，高管持股对企业自主创新具有正向影响，即高管持股有助于促进企业自主 R&D 投入的增加，提高企业的创新绩效。

H3a：在控制其他相关因素之后，高管持股对民营企业自主创新具有正向影响，即高管持股有助于促进民营企业自主 R&D 投入的增加，提高民营企业的创新绩效。

H3b：在控制其他相关因素之后，高管持股对国有企业自主创新具有正向影响，即高管持股有助于促进国有企业自主 R&D 投入的增加，提高国有企业的创新绩效。

高管持股不仅会对企业的自主创新有正向促进作用，而且也会影响政府补贴与企业自主创新之间的关系。现实中，政府补贴作为一种无偿的转移支付，不是对所有企业"一刀切"。政府补贴及补贴强度的重要依据就是企业的自主创新投入（如 R&D 活动人员数量、R&D 物质资本投资）。换句话说，只有当企业释放出"创新类型"和"创新规模"等信号后，政府才会给予相应的补贴，补贴是有条件限制的，甚至可能是间接的税收优惠等（安同良、施浩、Ludovico Alcorta，2009）。已有研究表明，只有政府认为企业的生产经营活动有助于国家层面战略的实现或者有助于提高全社会福祉时，才会产生补贴行为。从结果导向和带动效应角度看，只有当政府认为企业从事的是有技术前景的创新活动并且取得积极成效的可能性较大时，才会伸出"扶持之手"（唐清泉、罗党论，2007），对企业进行补贴。而高管持有企业的股票越多，与股东的利益越一致，就会重视企业的长远目标，积极寻找创新机会，增加创新投入的动机就越强烈，企业释放出来的创新信号也就越强，获得政府补贴的可能性也就越大。所以当高管持股时，股东、管理者和政府，三者就会"心往一处想，劲往一处使"，从而有助于企业不断进行自主创新。相反，当管理者持股比例较少或没有时，管理者可能从自身利益出发，选择规避风险。因此，我们提出如下假设：

H4：在控制其他相关因素之后，高管持股调节政府与企业自主创新之间的关系，即政府补贴对企业自主 R&D 投入和创新绩效的影响在高管持股比例多的企业比高管持股比例低的企业更强。

H4a：在控制其他相关因素之后，高管持股调节政府补贴与民营企业自主创新之间的关系，即政府补贴对民营企业自主 R&D 投入和创新绩效的影响，在高管持股比例多的企业比在高管持股比例低的企业更强。

H4b：在控制其他相关因素之后，高管持股调节政府补贴与国有企业自主创新之间的关系，即政府补贴对国有企业自主 R&D 投入和创新绩效的影响，在高管持股比例多的企业比在高管持股比例低的企业更强。

（二）独立董事

企业的创新决策需要董事会投票表决，而董事会的职能在于代表股东利益对管理者的决策进行质疑和监督。如果企业股权过度集中，就会出现"一股独大"现象。在决策表决时往往会出现"一边倒"趋势，导致董事会成员"用脚投票①"而不是"用脑投票"，这不仅不利于决策质量的提高，也会使一些对企业长期发展目标有益的决策夭折。因此，如何提高董事会的独立性成为公司治理的关键，外部独立董事的引入在一定程度上可以解决这一难题。拥有不同知识背景和技能经验的独立董事聚集起来，各种思想火花碰撞在一起，不仅有助于发现具有良好前景的创新机会，而且也有利于提高董事会创新决策的质量（郭强、蒋东生，2003；冯根福、温福军，2008）。此外，独立董事一般都是具有一定社会名望的资深或者专业人士担任，鉴于独立董事本身所具有的独立性以及考虑自身的声誉，有理由相信独立董事能够客观、公正代表股东利益，有效监控执行董事和管理层（Fama and Jensen，1983）行为，从而有助于促进企业进行创新活动。

H5：在控制其他相关因素之后，独立董事比例对企业自主创新存在正向作用，即独立董事有助于促进企业自主 R&D 投入的增加，提高企业的创新绩效。

H5a：在控制其他相关因素之后，独立董事比例对民营企业自主创新存在正向作用，即独立董事有助于促进民营企业自主 R&D 投入的增加，提高民营企业的创新绩效。

H5b：在控制其他相关因素之后，独立董事比例对国有企业自主创新存在正向作用，即独立董事有助于促进国有企业自主 R&D 投入的增加，提高国有企业的创新绩效。

我国上市公司外部独立董事主要来自其他企业的高层管理者、银行界人士、会计师、律师、教授、政府退休官员以及社会知名人士等，他们拥有一定的名望和社会地位，通常也掌握公司所需要的人脉、审批、资金等资源。企业在引入外部独立董事的同时，也引入了这些人员的人际关系网络（谢绚丽、赵胜利，2011）。外部独立董事的引入不仅有助于提高公司战略决策的质量，也可以为企业带来额外收益。例如，可以为企业带来专家意见，如财务、法律、金融等方面的管理建议和意见（Lorsch and Ma-

---

① 如果"一股独大"现象出现，迫于压力，董事会成员只能是用"脚"跟随在大股东的后面，按照大股东的想法行事。

clver，1989；Mintzberg，1983）；有助于构建外部组织的信息交流渠道，使得公司与股东或供应商等能更好地建立联系；通过发动和控制与外部环境的重要人际关系、资产纽带等来给企业增添价值（Gabrielsson and Huse，2005）；帮助公司树立正面的公众形象（谢绚丽、赵胜利，2011）。因此，外部独立董事的引入有利于配置更多资源于创新活动和创造有利于创新的社会关系（John and Zahra，1991）。通过独立董事的沟通桥梁作用，企业更易得到创新所需的资源，有了这些资源作基础，创新就会变得相对容易。并且，独立董事存在的目的就是促进董事会独立运作，从长远发展的角度来提升企业的价值，而创新活动与企业长远发展密切相关，因而备受独立董事的深切关注（Roberts et al.，2005）。因此，独立董事所占比例越多，企业从外部获取创新资源也越便捷，企业的自主 R&D 投入也越多，创新绩效也越好。

因此，本书提出如下假设：

H6：在控制其他相关因素之后，独立董事调节政府补贴与企业自主创新之间的关系即政府补贴对企业自主 R&D 投入和创新绩效的影响，在外部独立董事比例多的企业比外部独立董事比例低的企业更强。

H6a：在控制其他相关因素之后，独立董事调节政府补贴与民营企业自主创新之间的关系，即政府补贴对民营企业自主 R&D 投入和创新绩效的影响，在外部独立董事比例多的企业比在外部独立董事比例低的企业更强。

H6b：在控制其他相关因素之后，独立董事调节政府补贴与国有企业自主创新之间的关系，即政府补贴对国有企业自主 R&D 投入和创新绩效的影响，在外部独立董事比例多的企业比在外部独立董事比例低的企业更强。

第三节 研究设计

一 样本和数据选择

本书选取深圳证券交易所上市的主板企业和中小企业为研究对象，以这些上市企业 2010 年的年报为数据基础。虽然上市企业公开披露的资料很全面，但是企业创新投入—产出指标是非指定公开披露信息，这些资料和数据零散分布于大堆文件中，没有汇总的资料，只能从上市公司的公开信息如招股说明书、财务报告、日常信息披露资料以及公司网站等搜集整理。创新投入主要披露在财务报告附注"支付其他与经营活动有关的现金流量"以及"管理费用"项目中，通常的名称包括：研发费、研究开发费、技术研究费、技术开发费、科研费、咨询及技术开发费等，这些数据都是通过手工搜集完成的。

具体样本的选择过程如下：（1）考虑极端值对统计结果的不利影响，剔除业绩过差的 ST 和 PT 公司以及被注册会计师出具过保留意见、拒绝表示意见、否定意见等审计意见的上市公司；（2）剔除金融、保险类上市公司，剔除当年 IPO 的上市公司，剔除信息披露不充分或没有披露相关指标的上市公司；（3）剔除年报及财务报表附注里研发费用缺失的企业，剔除缺乏政府补贴的企业以及 2008 年之后上市的企业（2008 年之后上市的公司，很多无法收集到 2010 年的年报）。经过上述筛选之后得到 974 个样本，所属行业主要为制造业和电子信息技术六类行业，其中国有及控股企业 329 个，民营企业 645 个，具体样本信息如表 3 – 1 所示。

表 3 – 1　　　　　　　　样本结构的描述性特征

	样本特征	样本数（个）	比重（%）		样本特征	样本数（个）	比重（%）
员工人数	<300 人	23	2.36	企业性质	国有控股	329	33.78
	300—2000 人	505	51.85		民营	645	66.22
	≥2000 人	446	45.79	行业类型	金属非金属	128	13.14
企业年限	<10 年	158	16.22		电子	115	11.81
	10—20 年	753	77.31		信息技术	110	11.29
	20—30 年	56	5.75		机械设备	311	31.93
	≥30 年	7	0.72		石化塑胶	203	20.84
					医药生物	107	10.99

二　变量的测量

（一）自变量

政府补贴（Subs）。用政府补贴/主营业务收入来表示。政府补贴来自上市企业年报附注"营业外收入"科目里的"政府补助"。政府补助明细科目主要是"科技成果转化项目补助资金"、"科技奖励"、"专利申请项目奖励"、"技术创新项目"等子科目。这一方法得到唐清泉、罗党论

(2008)，姜宁、黄万等（2010）广泛使用，具有较强的有效性。

（二）因变量

1. 自主 R&D 投入强度

一般采用当年研发费用支出占销售收入总额的比值衡量，如 Hu（2001）；Zhang 等（2003）；池仁勇、虞晓芬、李正卫（2004）；官建成（2005）；安同良、施浩、Alcarta 等（2006）均采用这一方法，并显示出较强的有效性。

2. 创新绩效

在参考世界经济与发展组织（OECD）和欧盟创新调查委员会（CIS）以及学者 Fischer（2001）、Negassi（2004）和官建成（2004）研究的基础上，本书采用新产品销售收入占销售收入总额的比例来衡量创新绩效。

（三）调节变量

1. 高管持股（Shar）

高管持股数量为上市公司董事、经理、监事等高级管理人员持股数的加总。高管持股数量占公司总股数的比例用来表示高管持股比例。这一方法得到唐清泉、易翠（2008）；刘伟、刘星（2007）；冯根福、温福军（2008）等采用。

2. 独立董事比例（Ddir）

一般用独立董事人数占董事会总人数比例来衡量，如 Borokhovich、Parrino 和 Trapani（1996）、Gani 和 Johnny（2006）等均采用这一方法，本书参照此方法。

（四）控制变量

1. 行业属性（Indus）

不同行业对创新的需求不同，其自主创新的行为和结果也必然存在较大差异。行业类型按证监会的分类标准（除制造业继续划分为小类外，其他行业以大类为准），有效样本涉及 6 个行业，以金属非金属行业为参照，设立 5 个虚拟变量。

2. 企业规模（Size）

通常情况下，企业规模越大，创新投入越多，创新绩效越明显（杨勇、达庆利、周勤，2007）。周黎安、罗凯等（2005）也发现企业规模对企业创新的正向影响关系。一般来说，企业规模主要用员工总数、资产规模或者销售收入衡量。本书以企业总资产的自然对数值作为公司规模衡量指标。

3. 企业年龄（Age）

企业年龄采用"2011减去注册年份"，企业成立时间越久，公司的技术实力经过长久的沉淀和积累越深厚。但由于管理的惯性或者经营稳定，创新的主动性和积极性不佳。

4. 广告强度（Adv）

Connolly 和 Hirschey（2005）通过实证研究，证实广告强度与企业的创新绩效有显著的正向关系。因此，本书认为，广告强度是影响企业创新绩效的一个重要因素，用广告费用/销售收入比例来表示广告强度。由于尚无研究表明广告强度与企业自主 R&D 投入存在显著相关关系，因而在分析政府补贴对企业自主 R&D 投入的影响时，没有把广告强度放入模型。

5. 财务杠杆（Levs）

一般来说，企业负债越少，即财务杠杆率越低，增加 R&D 投入的可能性越大（王任飞，2005）。本书用总负债占总资产比例衡量，资产负债率大于1的企业，原则上是已经破产的企业，本书采用的样本企业财务杠杆均小于1。

第四节 实证结果分析

在此进行变量的数字特征及其相关性检验。

（一）样本的描述性统计

表3-2对关键变量进行分组描述性统计，并用"独立样本 t 检验"比较各个变量的均值在两组之间的差异，结果表明，民营企业的自主 R&D 投入在10%的水平上显著大于国有企业组，初步支持了研究假设 H1；而且民营企业在创新绩效、高管持股比例上都显著大于国有企业组，政府补贴、独立董事比例的均值在两组之间无显著性差异。民营企业的政府补贴平均水平是1.061%，大于国有企业的0.940%。这可能与财务报表所反映的信息有关，因为我们统计的政府补贴是政府对企业显性补贴，主要是针对创新而得到补贴，而国有企业一般为传统制造业，绝大部分都属垄断性行业，创新活动要落后于民营企业，所以从政府那里获得的补贴少于民营企业就不足为奇了。事实上，除了显性补贴之外，还有很多

"暗"补惠泽于所有国有企业。比如，国有企业长期不向政府分红，即使分红，比例也很少；国企比民企更容易获得贷款等。但是，本书研究没有统计这些信息。民营企业高管持股均值是 10.377%，高于国有企业均值 7.293%。这说明不同股权性质企业，股权激励的程度不同，高管持股比例存在显著差异。

表 3-2　　　　　　　　　样本的描述性统计

	民营企业			国有企业			均值比较
	平均值	最小值	最大值	平均值	最小值	最大值	t 值
Rd	0.033813	0.000100	0.209700	0.026916	0.000046	0.189360	0.902 *
Inper	0.281485	0.031800	0.766690	0.227838	0.08225	0.570575	3.183 **
Subs	0.010611	0.000020	0.098906	0.009047	0.000003	0.108906	1.011
Shar	0.103766	0.000000	0.771613	0.072930	0.000000	0.640000	7.898 ***
Ddir	0.365992	0.111000	0.571400	0.328580	0.25000	0.666700	1.389

注：***、**、* 分别表示双尾检验在 1%、5%、10% 的水平上显著。

上市公司在引入外部独立董事方面也存在显著差异，无论从均值（36.592%）还是最大值（66.670%）看，民营企业引入的外部独立董事人数要高于国有企业引进的人数，这说明我国民营企业公司治理结构更加完善，管理更加规范。而国有企业由于产权主体的虚置，政府的干预以及"一股独大"，内部人控制严重。描述性结果比较直观地展现了民营企业与国有企业在各个变量均值上的差异性，并初步支持了本书的假设 H1；若要得到可靠的研究结果，以及验证假设 H2、假设 H3 和假设 H4，还需做进一步多变量回归分析。

表 3-3　　　　　　　　　总样本皮尔逊相关系数分析

	自主 R&D 投入	创新绩效	政府补贴	高管持股	独立董事
自主 R&D 投入	1.00				
创新绩效	0.247 **	1.00			
政府补贴	0.024 **	0.048	1.00		
高管持股	0.161 **	0.233 **	0.026	1.00	
独立董事	0.008	0.027	0.049	0.067	1.00

注：*、** 分别表示在 $p<0.05$、$p<0.01$ 水平上显著（双尾检验）。

在进行回归分析之前,需事先检验变量之间的相关性。表 3-3 表明:企业自主 R&D 投入与创新绩效（r = 0.247,p < 0.01）、高管持股（r = 0.161,p < 0.01）以及政府补贴（r = 0.024,p < 0.01）具有较强的相关性。高管持股（r = 0.233,p < 0.01）与企业创新绩效显示出相关性,而政府补贴（r = 0.048,p > 0.10）与企业创新绩效显示出无关性。此外,独立董事（r = 0.008,p > 0.10）、（r = 0.027,p > 0.10）和企业自主 R&D 投入及创新绩效显示出无相关性。

（二）政府补贴与民营企业自主创新的回归分析

表 3-4 从创新投入角度分析各模型对假设 H2a 至假设 H4a 检测的结果。模型 1 纳入行业类型、企业年龄、企业规模、财务杠杆,作为研究的控制变量。结果显示:（1）企业规模对民营企业 R&D 投入影响是负向的,即在上市公司中,规模越大的企业,创新投入占销售收入的比值越小。这从一个侧面解释了我国民营企业为什么很难做强做大的实际情况。（2）创新活动也可以理解为一种投资行为,其背后的动力是资金。在企业资本结构中,债权比例的高低会影响企业管理者对创新的投入。当债务比例低时,企业就会有更多的内源资金和外源资金进行创新活动。当债务比例高时,企业就会由于债务危机,放弃创新投资机会。因而,财务杠杆与企业创新投入显著负相关。（3）企业年龄与创新的关系不显著,可能是由样本选取造成的。上市公司与其他公司相比,都是创新需求较强的企业,样本并不能很好地代表所有的企业,使得不同年龄企业的创新需求差距不明显。

表 3-4　政府补贴对民营企业自主 R&D 投入影响的多层回归分析

	模型 1	模型 2	模型 3	模型 4	模型 5	模型 6
Intercept	0.000 (-0.139)	0.000 (-0.356)	-0.001 (-0.862)	0.000 (-0.350)	-0.001 (-0.816)	-0.001 (-0.268)
Size	-0.129*** (-3.443)	-0.039** (-2.287)	-0.070** (-1.934)	-0.083** (-2.256)	-0.070** (-1.923)	-0.076** (-2.063)
Age	-0.024 (-0.676)	0.005** (0.144)	0.022 (0.639)	0.007 (0.200)	0.022 (0.646)	0.008 (0.233)
Lev	-0.159*** (-3.885)	-0.118*** (-2.925)	-0.106*** (-2.660)	-0.118*** (-2.923)	-0.106* (-2.662)	-0.117*** (-2.899)

续表

	模型1	模型2	模型3	模型4	模型5	模型6
Subs		0.271*** (7.478)	0.262*** (7.239)	0.272*** (7.442)	0.265*** (7.052)	0.283*** (7.048)
Shar			0.157*** (4.490)		0.159*** (4.472)	
Ddir				-0.015 (-0.416)		-0.012 (-0.338)
Subs × Shar					0.013** (0.351)	
Subs × Ddir						-0.043 (-1.192)
Indus	控制	控制	控制	控制	控制	控制
调整的R^2	0.185	0.246	0.268	0.244	0.267	0.244
F值	30.454***	36.006***	34.274***	30.492***	26.963***	26.876***
N	645	645	645	645	645	645

注：*$p<0.10$、**$p<0.05$、***$p<0.01$，括号中的数字为双尾侧检验的t值。

模型2将政府补贴对民营企业自主R&D投入进行回归，结果显示，政府补贴对民营企业R&D投入有显著的正向影响，假设H2a得到部分验证；模型3将高管持股纳入模型，高管持股对民营企业自主R&D投入有显著的正向影响；模型4将独立董事纳入模型，结果显示独立董事对企业自主R&D投入不存在显著性影响，即外部独立董事占董事会总人数比例的大小对民营企业自主创新行为没有显著影响；模型5和模型6分别检验了高管持股和独立董事对政府补贴与民营企业自主R&D投入之间的调节作用。高管持股与政府补贴的交互项对民营企业自主创新投入有显著影响，说明民营企业中高管持股在政府补贴与企业自主创新之间起显著调节作用，假设H3a得到部分支持；而独立董事与政府补贴的交互项对民营企业R&D投入的影响不显著，表明独立董事在政府补贴与民营企业R&D投入之间没有起到显著的调节作用，假设H4a未能通过检验。

表3-5　　政府补贴对民营企业创新绩效影响的多层回归分析

	模型1	模型2	模型3	模型4	模型5	模型6
Intercept	-0.001 (-0.140)	0.001 (0.068)	0.001 (0.067)	0.001 (0.096)	0.000 (-0.102)	0.001 (0.98)
Size	0.055 (1.089)	0.056 (1.084)	0.057 (1.083)	0.054 (1.041)	0.063 (1.236)	0.054 (1.042)
Age	-0.065 (-1.348)	-0.057 (-1.152)	-0.058 (-1.153)	-0.059 (-1.183)	-0.048 (-0.961)	-0.059 (-1.181)
Adv	0.565*** (11.043)	0.554*** (1.661)	0.555*** (1.661)	0.553*** (10.610)	0.539*** (10.335)	0.553*** (1.610)
Subs		0.051** (1.029)	0.052 (1.028)	0.502 (1.047)	0.308*** (1.962)	0.501 (1.048)
Shar			0.396*** (7.553)		0.390*** (7.496)	
Ddir				0.019 (0.374)		0.019 (0.374)
Subs × Shar					0.362** (1.974)	
Subs × Ddir						-0.053 (-1.058)
Indus	控制	控制	控制	控制	控制	控制
调整的 R^2	0.541	0.537	0.538	0.535	0.544	0.535
F值	47.999***	38.493***	38.942***	32.863***	34.060***	32.871***
N	645	645	645	645	645	645

注：$*p<0.10$、$**p<0.05$、$***p<0.01$，括号中的数字为双尾侧检验的 t 值。

表3-5从创新结果，即创新绩效角度对H2a—H4a进行检验。模型1纳入企业的行业类型、企业年龄、企业规模、财务杠杆和广告强度，作为研究的控制变量。广告强度对企业创新绩效的影响显著。尤其是广告强度的正向影响，说明现在"酒香也怕巷子深"，广告推广做得好，新产品和服务才能更容易被消费者接受和认可，企业的创新绩效也会更好。模型2、模型3、模型4、模型5以及模型6回归结果与自主R&D投入基本一致，即假设H2a得到验证，假设H3a得到支持，假设H4a未能通过检验。

从图 3-1 可知，在民营企业中，高管持股比例高的企业，政府补贴越多，企业自主 R&D 投入也会越多；反之则不然，即高管持股比例低的企业，无论政府补贴多或少，企业都不一定增加自主 R&D 投入。尤其值得注意的是，红线是一条水平线，表示该条线的斜率系数不显著，但是斜率在调节变量的高低组间的差异是显著的。图 3-2 显示，政府补贴对民营企业自主创新绩效的影响，在高管持股比例高的企业比在高管持股比例低的企业更强。高管持股对政府补贴和创新绩效的调节作用得到验证。

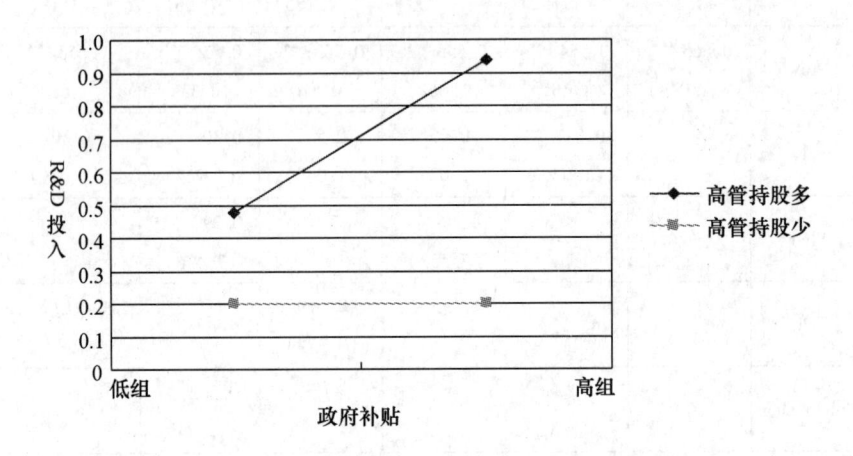

图 3-1 高管持股在政府补贴和 R&D 投入之间的调节效果

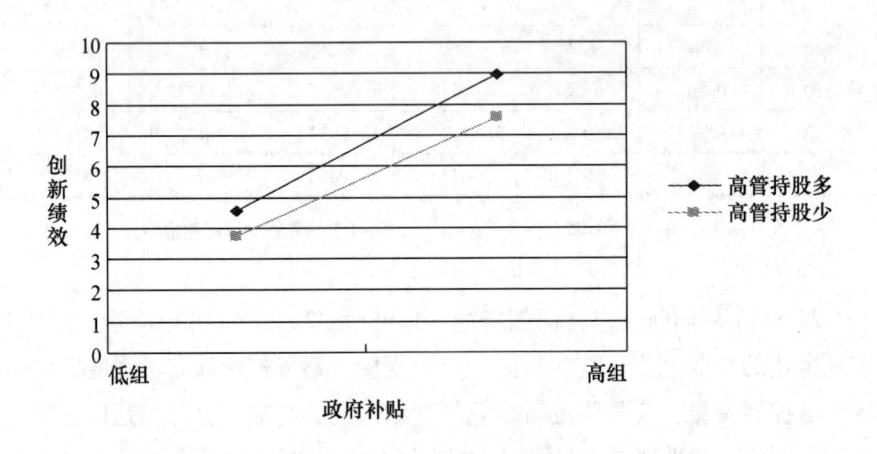

图 3-2 高管持股对政府补贴和创新绩效的调节效果

（三）政府补贴与国有企业自主创新的回归分析

表 3-6 是从创新行为角度对假设 H2b 至假设 H4b 的检验结果。模型

1 纳入行业类型、企业年龄、企业规模、财务杠杆，作为研究的控制变量。企业年龄与国有企业 R&D 投入无显著的相关性，这可能与国有企业自身特性有关，能够生存下来的国有企业基本都属于垄断性行业，而且成立的时间都比较久远，企业规模都较大。所以，企业规模以及年龄没有多大区别，导致结果不显著。财务杠杆对企业自主 R&D 投入有显著影响，这与民营企业中财务杠杆对自主 R&D 投入具有显著的负相关性一致。说明无论是民营企业还是国有企业，要想从事创新活动，资金至关重要。

表3-6　政府补贴对国有企业自主 R&D 投入影响的多层回归分析

	模型1	模型2	模型3	模型4	模型5	模型6
Intercept	-0.001 (-0.341)	0.000 (-0.086)	0.003 (0.573)	0.004 (0.582)	0.003 (0.582)	0.000 (-0.091)
Size	0.043 (0.731)	0.039 (0.672)	0.046 (0.767)	0.038 (0.768)	0.046 (0.769)	0.038 (0.639)
Age	-0.093 (-1.655)	-0.008 (-1.516)	-0.077 (-1.317)	-0.085 (-1.234)	-0.074 (-1.234)	-0.081 (-1.409)
Lev	-0.206*** (-3.318)	-0.190*** (-2.955)	-0.189*** (-2.890)	-0.187*** (-2.892)	-0.189*** (-2.892)	-0.185*** (-2.856)
Subs		0.036 (0.641)	0.035 (0.618)	0.036 (4.125)	0.052 (0.491)	0.040 (0.707)
Shar			0.054 (0.945)		0.056 (0.961)	
Ddir				-0.023 (-0.418)		-0.023 (-0.424)
Subs × Shar					0.020 (0.189)	
Subs × Ddir						-0.054 (-0.975)
Indus	控制	控制	控制	控制	控制	控制
调整的 R^2	0.046	0.045	0.043	0.043	0.040	0.043
F 值	4.110***	3.551***	3.022***	3.061***	2.641***	2.797***
N	329	329	329	329	329	329

注：* $p<0.10$、* * $p<0.05$、* * * $p<0.01$，括号中的数字为双尾侧检验的 t 值。

模型 2 将政府补贴对 R&D 投入进行回归，结果显示，政府补贴对国有企 R&D 投入的影响不显著，假设 H2b 未得到验证；模型 3 将调节变量高管持股纳入模型，高管持股对国有企业自主 R&D 投入无显著影响；模型 4 将独立董事纳入模型，结果显示独立董事对企业自主创新的 R&D 投入不存在显著性影响；模型 5 和模型 6 分别检验了高管持股和独立董事对政府补贴与企业自主 R&D 投入的调节作用。高管持股与政府补贴的交互项对国有企业自主创新投入的影响不显著，说明高管持股在政府补贴与国有企业自主 R&D 投入之间没有起到显著的调节作用，假设 H3b 未通过检验；而独立董事与政府补贴的交互项对企业 R&D 投入的影响也不显著，与民营企业结论一致，假设 H4b 未能通过检验。

表 3-7　政府补贴对国有企业创新绩效影响的多层回归分析

	模型 1	模型 2	模型 3	模型 4	模型 5	模型 6
Intercept	0.004	0.004	0.029	0.004	0.107	0.004
	(0.385)	(0.348)	(1.557)	(0.366)	(0.876)	(0.377)
Size	-0.067	-0.016	-0.004	-0.018	-0.011	-0.015
	(-0.941)	(-0.226)	(-0.052)	(-0.263)	(-0.160)	(-0.217)
Age	0.010	0.000	0.016	0.001	0.010	0.004
	(0.149)	(-0.004)	(0.246)	(0.009)	(0.164)	(0.066)
Adv	0.394***	0.380***	0.385***	0.376***	0.397***	0.377***
	(5.741)	(5.710)	(5.803)	(5.662)	(5.977)	(5.615)
Subs		0.268	0.242	0.273	0.254	0.277
		(4.096)	(3.601)	(4.125)	(3.781)	(4.120)
Shar			0.113		0.076	
			(1.662)		(1.061)	
Ddir				-0.037		-0.032
				(-0.565)		(-0.471)
Subs × Shar					0.112	
					(1.651)	
Subs × Ddir						-0.024
						(-0.348)
Indus	控制	控制	控制	控制	控制	控制
调整的 R^2	0.315	0.382	0.389	0.379	0.396	0.375
F 值	15.512***	16.846***	14.898***	14.419***	13.530***	12.556***
N	329	329	329	329	329	329

注：*$p<0.10$、**$p<0.05$、***$p<0.01$，括号中的数字为双尾侧检验的 t 值。

表3-7是从创新结果即创新绩效角度对假设 H2b—H4b 的检验结果。模型1纳入企业的行业类型、企业年龄、企业规模、财务杠杆和广告强度作为研究的控制变量。结果显示,财务杠杆和广告强度对企业创新绩效有显著影响。模型2将政府补贴对创新绩效进行回归,结果显示,政府补贴对国有企业创新绩效无显著影响,假设 H2b 没有通过验证;模型3将调节变量高管持股纳入模型,显示高管持股对国有企业创新绩效无显著影响;模型4将独立董事纳入模型,结果显示独立董事占董事会总人数比例的大小对国有企业创新绩效不存在显著影响;模型5和模型6分别检验了高管持股和独立董事对政府补贴与国有企业自主 R&D 投入的调节作用。高管持股与政府补贴的交互项对国有企业创新绩效影响不显著,没有起到显著的调节作用,假设 H3b 未通过检验;独立董事与政府补贴的交互项对国有企业创新绩效影响亦不显著,假设 H4b 未能通过检验。

从民营企业和国有企业两组样本回归分析结果可知,在民营企业中假设 H2a、假设 H3a 得到验证,H4a 未通过验证。表明政府补贴对民营企业自主 R&D 投入、创新绩效均有显著影响;高管持股不仅对民营企业的自主创新投入、创新绩效有正向直接作用,而且还对政府补贴与民营企业的自主创新投入、创新绩效起到了正向的调节作用。而在国有企业中,假设 H2b、假设 H3b、假设 H4b 均没有通过验证,即政府补贴对国有企业自主 R&D 投入、创新绩效均无显著影响;高管持股、独立董事对国有企业的自主 R&D 投入、创新绩效没有显著的直接影响,亦没有显著的调节作用。可见,企业性质不同,政府补贴对企业自主创新的行为与结果影响存在显著差异,即假设 H1 得到了进一步验证。

第五节 稳健性检验

为了验证研究过程中的统计效度,本书进行稳健性检验。由于销售毛利率是产品生命力和竞争力的重要体现,是决定创新绩效的关键因素,因此我们用销售毛利率作为创新绩效的替代衡量指标进行稳健性检验。同时,也对其他变量进行了替换,自主 R&D 投入用研发费用与主营业务收入的比例表示,广告强度用广告费用/主营业务收入的比例表示,企业规模用销售收入的自然对数取值表示。以上稳健性检验回归结果显示,除极个别差异外,并无实质性不同,高管持股和独立董事的调节作用亦与前文结果吻合,就进一步证实了本书结论的可靠性。

表3-8 稳健性检验

	民营企业				国有企业			
	自主 R&D 回归		创新绩效回归		自主 R&D 回归		创新绩效回归	
	模型1	模型2	模型3	模型4	模型5	模型6	模型7	模型8
Constant	0.032*** (13.923)	0.032*** (13.915)	0.257*** (32.274)	0.266*** (29.261)	0.073 (0.606)	0.110** (1.737)	0.059*** (8.080)	0.054*** (13.775)
Size	-0.047 (-0.686)	-0.061 (-0.880)	0.063 (1.236)	-0.036 (-0.622)	-0.067 (-0.765)	-0.063 (-0.714)	-0.002 (-0.026)	-0.030 (-0.367)
Age	0.094 (1.426)	0.080 (1.187)	-0.048 (-0.961)	-0.090 (-1.589)	0.017 (0.209)	0.022 (0.266)	0.029 (0.372)	0.005 (0.065)
Lev	-0.242*** (-3.561)	-0.261*** (-3.769)			-0.107 (-1.180)	-0.104 (-1.136)		
Adv			0.539*** (10.335)	0.636*** (10.980)			0.285*** (3.542)	0.253*** (3.094)
Subs	5.877*** (2.845)	0.281 (3.089)	8.308** (1.962)	0.490 (2.760)	0.040 (0.701)	0.008 (0.098)	0.093 (1.124)	0.123 (1.516)
Shar	0.153** (1.473)		0.390 (7.496)		0.033 (0.360)		0.100 (1.675)	
Subs × Shar	5.938*** (2.855)		8.362** (1.974)		0.005 (0.061)		0.138 (1.675)	
Ddir		-0.037 (-0.548)		0.038 (0.661)		0.003 (0.030)		-0.143 (-1.753)
Subs × Ddir		-0.053 (-0.790)		-0.053 (-0.944)		-0.001 (-0.010)		0.061 (0.732)
Indus	控制	控制	控制	控制	控制	控制	控制	控制
调整的 R^2	0.215	0.183	0.544	0.417	0.040	0.044	0.094	0.077
F 值	8.589***	6.997***	34.060***	22.369***	3.460***	3.015	3.259***	2.819***
N	645	645	645	645	329	329	329	329

注:*p<0.10、**p<0.05、***p<0.01,括号中的数字为双尾侧检验的 t 值。

第六节 本章小结

本章经过对974家上市企业数据的收集、整理和分析，分组检验了政府补贴在不同产权性质企业的创新过程中所产生的效应是否相同，不同所有制企业是否平等享受政府优惠待遇。实证研究发现，政府补贴对民营企业的自主创新投入和创新绩效影响显著，政府补贴在民营企业自主创新过程中发挥着"引导之手"的积极作用。但是政府补贴对国有企业自主创新投入和创新绩效的影响不显著，政府补贴在国有企业自主创新过程中扮演着"纵容之手"的消极作用；民营企业中高管持股会产生利益"趋同效应"，从而对政府补贴与民营企业自主创新起到显著调节作用，而在国有企业却没有起到显著的调节效果；虽然从理论上看，独立董事的引入有利于配置更多资源于创新活动和创造有利于创新的社会关系，但本书研究结果发现，无论是国有企业还是民营企业，独立董事对政府补贴与企业自主创新之间的调节作用都不显著，都存在着"形式主义"陷阱。

从本章实证结果可知，国有企业和民营企业在创新过程中享受的优惠政策机会不均等，导致创新绩效不尽相同。尽管政府补贴以及各种政策优惠对国有企业倾斜，使其在创新活动过程中享受着政府提供的"超国民待遇"，但是创新绩效却落后于民营企业，不仅不利于社会生产要素资源的优化配置，也没有实现创新过程中各单位主体的平等参与，创新成果的共享，因而没有实现真正意义上的包容性创新。只有国有企业和非国有企业在公开、平等、透明的市场条件下参与创新，即不同产权性质企业在竞争的市场环境下平等竞争、协同发展，才有利于成果的共享和社会和谐的发展，最终有利于包容性创新的实现。

第四章 制度悖论视角下企业自主创新的案例研究
——"尚德模式"反思

第一节 自主创新的"尚德模式"

一 "尚德模式"概述

无锡尚德太阳能电力有限公司成立于2001年1月,是一家集研发、生产、销售为一体的外商独资高新技术光伏企业,主要从事晶体硅太阳能电池、组件、光伏系统工程、光伏应用产品的研究、制造、销售和售后服务。

2000年,施正荣初到无锡时,除了一台笔记本电脑、几页商业计划书外,就只剩下对资本的渴求。6年之后,一位所谓的"中国首富"伴随着尚德电力(NYSE:STP)市值达到40亿美元而诞生了。除了施正荣本人的创业精神、新能源概念,在这个耀眼的财富故事背后,还有一个不容忽视的角色——无锡市政府。

无锡政府主导的风险投资在尚德获得了成功。施正荣创业之初,政府出资600万美元,成为大股东,施正荣依靠技术和一些积蓄入股。难能可贵的是,政府资金在尚德上市之前选择了退出。

在无锡,政府这样的创业扶持并非仅对尚德一家。当整个中国,从政府到企业都在为自主创新的具体路径寻寻觅觅、上下求索之时,尚德明星般的崛起让我们注意到在无锡这个江苏中等城市,一种尚未完全发育成熟的、支持高科技企业自主创新的模式已然浮现——不妨为它简单命名为"尚德模式"。对"尚德模式"的简单理解是:一个开明的政府,找到具有资本和商业管理意识,且有名望的人或组织来代表"政府",把各种资源，包括政策、资本、技术、市场整合在一起，支持企业，然后功成身退（何伊凡，2006）。

"尚德模式"只是苏南模式在企业创新领域的具体应用。"苏南模式"的实质，其实就是地方政府主导并推动经济发展的模式。早期苏南模式的形成，就与政府对经济的深度介入密不可分。农村蓬勃崛起的乡镇企业，就是地方政府与农民"合谋"对付僵化的计划经济的体制外产物；在城市则表现为亦官亦商的"红顶商人"，地方政府的"公司主义"的双重角色十分明显，其突出的特征就是"模糊产权"。这在当年推动了苏南经济的超常规发展，但也留下了地方政府介入微观经济成为一种定势这一隐患。

进入20世纪90年代，随着产权制度改革，苏南各地政府开始从微观经济中抽身，转而把目光投向地区经济，关注产业发展，注重在招商引资中比拼优惠政策。这既促进了各地优势产业的崛起，创造了尚德等无数神话，也造成了产业同构化甚至严重重复建设的弊端。

到苏南发展的第三阶段，各地政府竞争重点转移到优化服务环境上。大家认识到优惠政策只是投资环境的一部分，而政府的优质服务才更具有竞争力，政府逐渐回归本位。但这在很大程度上是加入世界贸易组织后国际惯例"倒逼"机制和市场经济不断完善作用的必然结果，并且面临地方政府主导并推动经济发展惯性的巨大阻力。例如，目前苏南官员普遍熟悉传统产业，抓工业经济在行，但缺乏懂得大跨度技术创新型产业、现代服务业、创业投资的人才，这与政府主导的苏南经济发展过程中形成的长于工业制造、疏于商贸流通和资本经营的传统相对应。

二 尚德太阳能电力有限公司大事记

2001年1月，施正荣创立无锡尚德，无锡尚德是一家集研发、生产、销售为一体的外商独资高新技术光伏企业。

2002年9月，无锡尚德第一条年产10兆瓦的太阳能电池生产线正式投入生产，产能相当于此前中国光伏电池产量4年的总和，将中国与国际光伏产业的差距缩短了整整15年。

2005年12月，无锡尚德成功登陆纽交所，而这一刻也称得上是中国光伏产业发展过程中的历史性一刻。这不仅是因为其开创了中国内地民营企业赴美IPO直接登陆纽交所的先河，并创下内地民营企业在美国证券市场首次融资的最高纪录。更值得注意的是，无锡尚德在美国的成功发行对国内的其他光伏企业起到了良好的示范效应，以致日后出现十多家中国光伏企业集体登录北美证券市场的壮举。

2006年12月，尚德电力的股价达到40美元以上，施正荣也以23亿美元身家成为当年的中国新首富，尚德电力成为中国最大的光伏企业。

2007年，尚德电力投入3亿美元建非晶硅薄膜电池生产线，称薄膜电池是中国企业的救命稻草，计划在2010年形成400兆瓦产能。

2010年，非晶硅薄膜电池生产线停产，工厂关闭，尚德电力亏损5000万美元，只产出几十兆瓦。

2011年年底，多晶硅价格暴跌，尚德电力不得不取消与美国MEMC签订的十年期购货长单，并为此赔付2.12亿美元。

2012年年底，尚德电力银行贷款由2005年末的0.56亿美元增至37亿美元。

下面介绍尚德电力破产重点事件：

2012年7月30日，尚德公告称正在对环球太阳能基金管理（GSF）相关方提供的反担保展开调查。GSF管理者GSFCapital向尚德提供的5.6亿欧元等值的德国政府债券担保存在瑕疵，可能系伪造而根本不存在。

2012年8月1日，美国投资机构MaximGroup下调尚德目标价至0美元。

2012年8月15日，施正荣辞去尚德CEO职务，仍继续担任董事长；金纬担任CEO职务。

2012年9月24日，尚德发公告称因收盘均价连续30天低于1美元，收到纽交所退市警告。尚德有6个月缓冲期用于提振股价。

2012年10月10日，尚德电力首席财务官丁怀安辞职，尚德高管离职潮爆发。

2013年1月14日，尚德电力连续30个交易日平均收盘价高于1美元，在美退市风险解除。

2013年1月15日，尚德员工不满公司取消年终奖，发公开信要求CEO金纬辞职。

2013年3月4日，施正荣辞去尚德董事长职位，继续留任董事。

2013年3月11日，尚德电力发布公告称，与超过60%的可转债券持有人签订了债务延期协议，获得两个月延缓时间。

2013年3月12日,40%未与尚德电力签订延期协议的债券持有人表示,尚德必须在3月15日到期时,按时偿还可转债,否则将向法院起诉。

2013年3月18日,尚德电力发公告承认债务违约:公司收到3%可转债托管人的通知,即2013年3月15日到期的可转债,仍有5.41亿美元的未支付金额,已经违约并要求尽快付款。

2013年3月19日,尚德电力发布公告称,任命无锡国联集团周卫平为尚德执行董事兼总裁,即刻生效。

2013年3月20日,无锡中院裁定,对无锡尚德实施破产重整。

三 尚德公司经营状况分析

无锡尚德公司2009年发货量增长42%,达到704MW。2009年全年销售收入达到16.93亿美元,和2008年同期相比降低12%。另外,2009年毛利率水平小幅提高2.17%,达到20%,净利率水平则提高到5.40%。其中,四季度收入5.63亿美元,环比增长23.4%。

表4-1　无锡尚德太阳能电力有限公司2009年经营状况

经营指标	总资产（百万美元）	资产增长率（%）	主营业务收入（百万美元）	主营业务收入增长率（%）
	3989.56	1.45	1693.35	-11.96

资料来源:公司报表。

负债率过高、短期债务危机、遭遇反担保欺诈,是压垮无锡尚德的三根重梁。2011年第四季度公司负债总额为36亿美元,负债率79%;短期债务已对运营和现金流造成巨大影响。2011年底,尚德短期借债从2007年的3.21亿美元攀升至15.73亿美元,现金及现金等价物由5.21亿美元降至4.92亿美元。现金和短期借债比由1.62急剧下降至0.31;7月底曝光的担保欺诈案,将使公司财务濒临崩溃,该公司必须在明年偿还约5.4亿美元的债务,如果被迫履行所有的贷款担保,该公司还将进一步欠下近6.8亿美元的债务。

雪上加霜的是,2012年5月17日,美国商务部宣布的反倾销调查初裁结果,称中国晶体硅光伏电池及组件生产商或出口商在美国销售过程中存在倾销行为,倾销幅度达31.14%—249.96%。

表 4-2　　　　2006—2009 年无锡尚德太阳能电力有限公司
　　　　　　　　　　　　财务指标变化情况

	2009 年	2008 年	2007 年
盈利能力			
净利率（%）	5.40	4.58	12.70
毛利率（%）	20.00	17.83	20.33
偿债能力			
资产负债率（%）	59.43	66.67	54.62
流动比率	1.42	1.35	2.63
发展能力			
资产增长率（%）	1.45	64.73	78.24
主营业务收入增长率（%）	-11.96	42.66	125.13

资料来源：公司报表。

太阳能是高科技企业的代表，政府不可能抛弃对高科技的支持。但是发展高科技，需要的是民间投资，是真正的形成上下游链条的风险投资，而不是国资银行，也不是政府补贴上市圈钱。如果说美国等国是用风险投资，全民办高科技，那么我国目前的体制是政府国有银行出钱，办高科技，这样的举国体制成本高、风险不可控，即使产生一两个高科技企业，最后成为形象工程的可能性极大，仅供观赏（叶檀，2012）。

第二节　光伏产业的市场环境约束

一　全球太阳能电池市场供求态势

从全球太阳能电池产业发展看，一方面，随着多晶硅等上游原料供给情况逐步好转，太阳能电池产量保持较高增速；另一方面，欧美等发达国家不断提高补贴力度，促使光伏产业快速发展又带动了太阳能电池的大量需求。综合两方面的发展看，全球太阳能电池供需基本平衡。

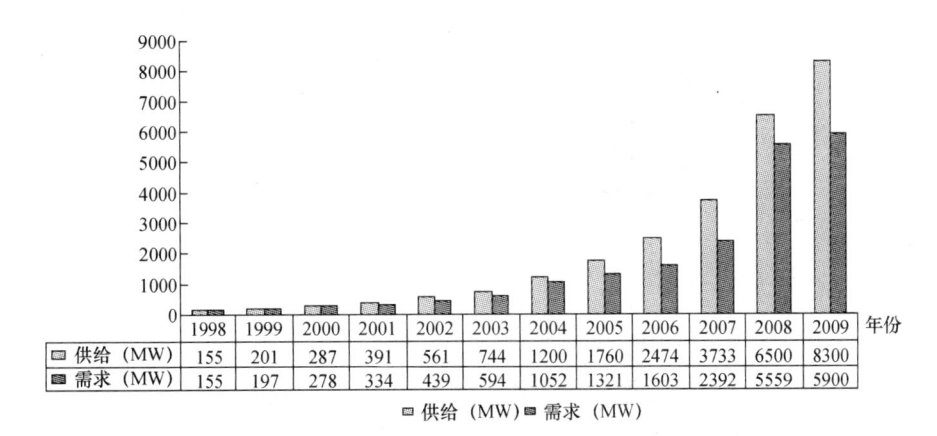

年份	1998	1999	2000	2001	2002	2003	2004	2005	2006	2007	2008	2009
供给 (MW)	155	201	287	391	561	744	1200	1760	2474	3733	6500	8300
需求 (MW)	155	197	278	334	439	594	1052	1321	1603	2392	5559	5900

图 4-1　全球太阳能电池供需平衡走势

资料来源：《2010 年太阳能电池行业风险分析报告》。

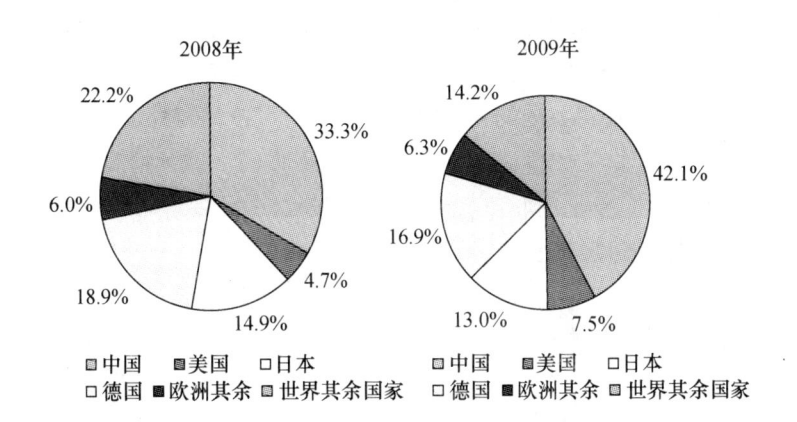

2008年：中国 33.3%，美国 4.7%，日本 14.9%，德国 18.9%，欧洲其余 6.0%，世界其余国家 22.2%

2009年：中国 42.1%，美国 7.5%，日本 13.0%，德国 16.9%，欧洲其余 6.3%，世界其余国家 14.2%

图 4-2　2008—2009 年全球主要国家太阳能电池生产地分布

资料来源：《2010 年太阳能电池行业风险分析报告》。

应该看到，全球太阳能产业总体供需平衡的同时，产地和应用地不匹配造成的区域不平衡矛盾并未缓解。目前太阳能生产以中国、日本为代表的亚洲国家为主，但是市场应用以西班牙、德国为代表的欧洲国家为主。这种生产地和使用地之间的差异性造成了局部的供需失衡，但是总体看这种局部供需失衡并不会影响产品价格，给产业发展带来太大的风险。

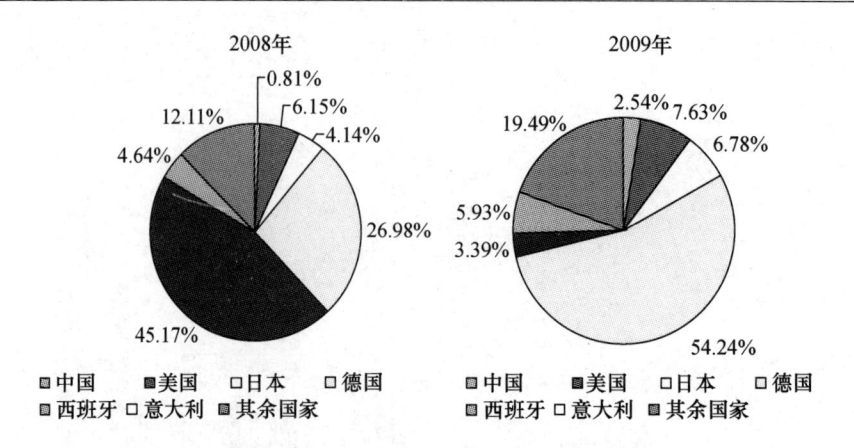

图 4-3 2008—2009 年全球太阳能电池需求市场份额分布

资料来源：《2010 年太阳能电池行业风险分析报告》。

二 中国太阳能电池市场供求态势

我国从 2007 年开始已经成为太阳能电池的第一生产大国，与此同时，我国光伏产业需求增长较慢，2008 年以前每年光伏装机量在 100 万千瓦以下。虽然 2009 年装机量达到 150 万千瓦，但是同时我国太阳能电池产量在 2009 年已经达到 3500 万千瓦，国内需求量仅占当年产能的 4%，大量的光伏产品依靠出口，使得我国的太阳能电池产业过度依赖海外市场。

总体看，我国本国太阳能电池供需严重不平衡。这种情况使得我国太阳能电池对于国外产业政策和汇率等因素敏感度过大，是我国太阳能电池发展的重大风险来源。

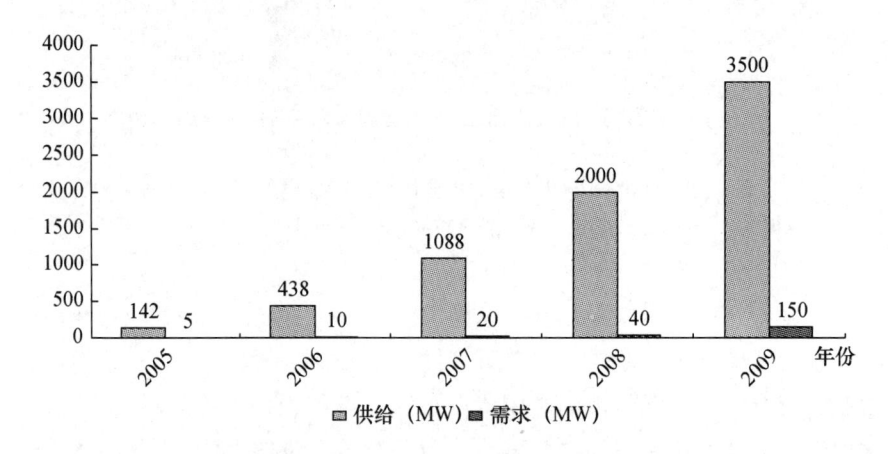

图 4-4 中国太阳能电池供需平衡走势

第三节 光伏产业相关政策演变

一 世界各国光伏发展政策

目前情况下,完全商业化运作的并网光伏发电上网电价成本约为火力发电价格的十几倍,价格上无法与火电竞争。因此,光伏发电市场现阶段仍然是一个政策性很强的市场。对太阳能扶持的政策主要集中在立法指引、购电补偿、税收抵扣或投资补贴等方面。可以将其发展模式归结如图4-5。

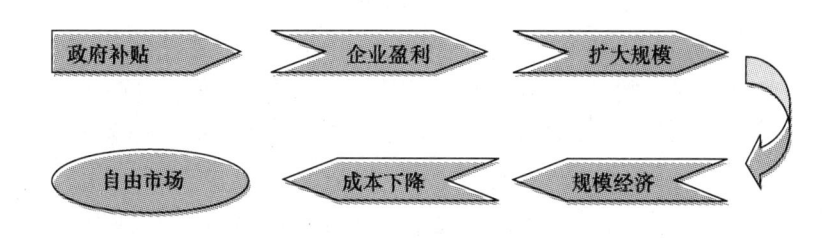

图4-5 光伏产业发展模式

资料来源:《2011年中国及海外太阳能光伏产业发展报告》。

世界各国近期都出台了多项鼓励国内光伏产业发展的政策。预计2010年,美国、法国、意大利、日本和中国将成为主要的光伏新增市场。

（一）美国

美国《能源政策法》最早实施于1992年。到2005年8月,布什政府宣布《能源政策法》修正案,其中光伏投资税减免政策与2008年底到期,美国参议院于2008年9月通过了将该政策延期2—6年的决议。具体包括:商用光伏项目的投资税收减免延长8年,住宅光伏项目的投资税减免政策延长2年;取消每户居民光伏项目2000美元的减税上线。2010年1月8日,美国总统奥巴马宣布针对绿色能源制造业提供23亿美元的税收优惠。这笔税收优惠将发放给132家美国企业中的183个绿色能源项目。此外,白宫还在和国会磋商增加50亿美元的税收优惠计划。

（二）法国

2010年6月1日,法国政府对BIIPV光伏系统的补贴政策支持分为普遍集成系统和高审美集成系统。高审美度集成系统补贴政策60.2美元ct/kWh的补贴额。另外，发电容量3千瓦的装置也可获得60.2美元ct/kWh的补贴，低于此标准33.8美元ct/kWh。政府的长期目标是，到2015年，国内太阳能市场容量为5GW。按照下调后的电价计算，法国建设屋顶光伏项目的IRR将超过15%，项目投资非常具有吸引力。

（三）西班牙

制订2011—2020年可再生能源计划。西班牙工业部制订2011—2020年可再生能源计划草案，西班牙初步计划未来可再生能源消费量将占总能源消费量的22.7%，清洁能源发电占总发电量的42.3%。该目标略微领先于欧盟的目标，后者目标比率分别为20%和40%。

（四）德国

2010年7月，德国联邦参议院通过可再生能源法光伏发电上网补贴修订案，7月1日后在德境内建造光伏发电系统补贴额减少13%，原非电站用地改成电站用地补贴额减少8%，其他地区补贴额减少12%。到2010年10月1日，补贴额将在7月1日基础上再减少3%，传达出德国政府逐步放手，试探并鼓励光伏产业降低成本、自主发展的意图。

（五）意大利

2011年，太阳能电价买回新补助案每4个月下调补助费率，一直降到30%；2012—2013年，新的太阳光电系统安装则采取一次性下调6%补助费率，未来3年的安装上限为30亿瓦。

（六）日本

1993年制订了"新阳光"计划，该计划的基本目标是将新能源作为国家重要能源供应方式加以支持。在该计划下，日本政府规定，自1994年起居民安装光伏发电系统由政府提供补贴，额度为50%（以后逐年递减至零），光伏系统所发的电力由政府以电网售电价格收购。2006年制定《新国家能源战略》。该战略定制的主要意图是改变其严重依赖石油的传统能源结构，增强能源结构的安全。另一个重要的政策是，2008年7月日本内阁通过的《低碳社会行动计划》。计划提到，到2020年，将太阳能发电量提高到2005年基础的10倍，2030年时提高到40倍，即2020年装机容量达到约14GW，2030年达到约50GW。

表 4-3　　　　　　　　全球主要国家光伏产业相关政策

国家	政策/计划	装机目标
德国	《可再生能源法》：2000 年制定，2004 年修订，将法规适用范围从个人、企业扩大到政府机关。确定购电政策（Feed-in-tariff），根据太阳能发电形式，政府补贴 20 年，每年 5%—6.5% 递减。2007 年再度修订后的最新补贴政策为：开阔地，0.3796 欧元/度电；建筑/音障面，<30kWp 为 0.4921EU/kWh；30kWp—100kWp 为 0.4682 EU/kWh；>100kW 为 0.463EU/kWh	2010 年可再生能源发电量达到总发电量的 12.5%，2020 年达到 28%
日本	"Alternative Energy Law"：1980 年制定，1992 年修订，为替代能源发展提供法律框架 "Basic Guidelines for New Energy Introduction"：1994 年制定，为日本光伏产业和市场之后 15 年发展奠定长期稳定明确的框架 "New Energy Law"：2001 年制定，目的为加速新能源发展 "Renewable Portfolio Standard"：2003 年生效，规定电力公司供应必须有一部分为新能源 "Science and Technology Policy 2006"：计划在接下来的 5 年中投资 25 万亿日元增强科技全球竞争力。高效低成本光伏技术是 14 个战略目标之一	电装机总容量 4820MW（截至 2007 年约 2GW），2020 年总装机容量 28700MW，2030 年总装机容量达 82800MW
美国	"Federal Energy Policy Act"：2005 年制定，其中商用系统 30% 税收抵扣 2 年，之后为 10%；居民用系统 30% 税收抵扣 2 年，2000 美元封顶 "President's Solar America Initiative"：增加研发费用至 1.48 亿美元 "California Solar Initiative"：总预算 32 亿美元，计划 10 年安装 1 万个太阳能发电系统，从 2007 年开始，<100kWp 的系统，纳税机构和个人享受 \$2.5/Wp 的补贴，并有联邦政府税收抵扣，政府和非政府组织享受 \$3.25/Wp 的补贴；>100kWp 的系统，纳税机构和个人享受 \$0.39/Wp 的补贴，政府和非政府组织享受 \$0.5/Wp 的补贴	2017 年加州总装机容量达到 3000MW 以上；新泽西州目标 2011 年达到 1500MW，预计 2020 年全国合计装机总量 7000MW
西班牙	"Real Decreto"，2004 年实施，2006 年修订，2007 年再度修订购电补偿方法：<100kWp 为 0.44EU/kWh（平均电价的 5.75 倍），25 年后 0.3523EU/kWh；100kWp—10MW 为 0.4145EU/kWh，25 年后为 0.332WU/kWh；>10MW 为 0.23EU/kWh（平均电价的 3 倍），25 年后为平均电价的 2.4 倍	预计 2010 年再生能源占能源消费 12%

续表

国家	政策/计划	装机目标
意大利	"Conto Energia"：2005 年实施，2007 年修订，新购电补偿方法：20 年有效，每年递减2% 装机容量　　　非集成　　　部分集成　　　建筑集成 1—3kWp　　0.40Eu/ kWh　0.44Eu/ kWh　0.49Eu/ kWh 3—20kWp　0.38Eu/ kWh　0.42Eu/ kWh　0.46Eu/ kWh >20kWp　　0.36Eu/ kWh　0.40Eu/ kWh　0.44Eu/ kWh	总装机量目标由 2015 年达到2000MW 调整为 2016 年达到3000MW

资料来源：http：//blog. sina. com. cn/s/blog_ 78dc11c70100pokp. html。

二　中国光伏发展政策

中国目前支持光伏发展的主要政策框架体现在两方面，一方面是国家能源发展规划，包括"十一五"规划及可再生能源中长期发展规划；另一方面是从2006年开始实施的《可再生能源法》。此外，光伏在扶贫及实现能源普遍服务等方面也有着巨大的贡献。截至2010年年底，国内主要光伏相关政策如表4－4所示。

表4－4　　　　　　　　国内主要光伏产业相关政策

	颁布实施时间	相关内容
《可再生能源法》	2006 年1 月（全国人大）	明确鼓励和支持可再生能源并网发电；规定电网公司必须购买区域内可再生能源发电项目所发出电力；鼓励单位及个人安装太阳能光伏发电系统
《国家中长期科技发展规划纲要》	2006 年2 月（国务院）	将高性价比太阳能光伏电池及利用技术、太阳能建筑一体化技术列入重点优先领域；太阳能电池相关材料及关键技术被列入重点研究领域
《国家"十一五"规划》	2007 年4 月（全国人大）	列入积极开发利用的再生能源行列，仅次于风能、生物质能的优先度（并网风电和生物质能电力在规划期内的装机规模将分别达到5GW 和5.5GW）
《能源发展"十一五"规划》	2007 年4 月（国家发改委）	明确发展重点为资源潜力大、技术基本成熟的风电、生物质能和太阳能利用等再生能源，以规模化建设带动产业化

续表

	颁布实施时间	相关内容
《中国应对气候变化国家方案》	2007年6月（国务院）	全面落实可再生能源法，并制定国家和地方的相关配套法规政策；积极发展太阳能发电，在偏远地区推广户用光伏发电系统或建设小型光伏电站，在城市推广普及太阳能一体化建筑；重点研究低成本规模化的高性价比光伏电池及利用技术，太阳能建筑一体化技术
《可再生能源中长期规划》	2007年9月（国家发改委）	规划太阳能发电总容量在2010年达到300MW，2020年达到1800MW
《能源法》（征求意见稿）	2007年12月（全国人大）	对鼓励发展的太阳能等新能源依法实行激励型价格政策；根据能源战略、规划的需要，设立可再生能源、农村能源发展专项资金
《加快推进太阳能光电建筑应用的实施意见》	2009年3月23日（财政部、住房和城乡建设部）	为有效缓解光电产品国内应用不足的问题，在发展初期采取示范工程的方式，实施我国"太阳能屋顶计划"，加快光电在城乡建设领域的推广应用
《太阳能光电建筑应用财政补助资金管理暂行办法》	2009年3月23日（财政部）	目前国际上对光伏产业的补贴具有两种模式，一种是德国模式，通过提高光伏发电上网电价补贴；第二种为美国模式，采取抵税法案，光伏项目可享有30%的税收抵免，财政部的"太阳能屋顶计划"相当于采用了第二种模式
《关于实施金太阳示范工程的通知》	2009年7月（财政部、科技部、能源局）	公布"金太阳工程"的具体补贴细则，其中，并网光伏发电项目原则按光伏发电系统及其配套输配电工程总投资的50%给予补助，偏远无电地区独立光伏发电系统的补贴则可以进一步提高到总投资的70%
"38号文件"	2009年9月（国务院）	从市场准入、环境监管、工地用地、金融、项目审批管理、企业兼并重组、信息发布制度、实行问责制、深化制度改革九个方面对产能过剩行业严格把关，坚决抑制产能过剩和重复建设势头
《能源产业振兴的规划》	2010年年初（国家能源局）	通过太阳能屋顶计划等措施，实现2020年1000万千瓦

资料来源：http://blog.sina.com.cn/s/blog_78dc11c70100pokp.html。

（一）边远地区光伏补贴政策

根据提供电力普遍服务原则，中国政府对利用光伏发电解决边远地区居民的用电问题给予补贴，主要补贴方式有项目补贴、用户补贴和工程补助等，补贴的资金来源主要是中央财政、地方财政和国际援助等资金。中国政府在过去10多年间，组织了许多推广光伏发电的项目，主要是：

1996—2000年以解决无电县为目标，建设集中光伏发电系统，在西藏建立10多座光伏电站，为西藏无电的县城解决了照明等主要生活用电问题。

中国政府在1997年启动了光明工程先导计划，在青海、新疆、内蒙古等地开展了以光伏发电技术为主体，以解决农牧民生活用电为主要目标的工程项目，其资金主要通过国际援助、地方财政补贴方式，为农村的中小学、卫生院以及农牧民提供光伏发电装备。

中国政府在全球环境基金援助下，通过世界银行，实施了中国可再生能源发展项目，主要是为西部九个省区（内蒙古、西藏、青海、甘肃、新疆、陕西、云南、宁夏和四川西部）推广光伏发电的户用系统。

2002—2004年，中国政府启动以光伏发电为主的送电到乡工程，中央财政投资20亿元，地方配套10多亿元，解决700多个村镇、20多万户、接近100万人的用电问题。

此外，各地还通过各种方式对边远地区农牧民使用光伏发电给予大量补贴，例如新疆和青海，分别给予每套光伏发电系统100—200元的补贴，支持用户使用光伏发电。

上述项目的实施帮助维持了中国光伏发电产业的发展，为此后发展奠定了基础。

（二）研发支持计划

中国政府还对光伏产业的技术研发和产业化发展给予了大量支持，支持途径主要有：

基础研究计划，又称"973"计划：对光伏发电技术中的前瞻性技术给予支持，先后支持了薄膜电池、染料敏化电池等新型电池技术和原理的研究。

高技术研究计划，又称"863"计划：重点支持接近商业化发展的光伏发电技术的研究与开发，先后支持了光伏发电基础装备和材料、碲化镉、硒铟铜、薄膜硅电池等技术的研究。

攻关计划（2006年改称支撑计划）：在第六个五年计划开始，中国政府就在攻关计划中安排了一定数量的资金，通过支持光伏发电技术产业化中关键技术问题的研究，奠定了光伏发电技术产业化的基础。

产业化计划，国家对成熟的光伏发电技术的产业化提供资金支持，先后支持无锡尚德、天威英利、常州天合、新疆新能源等主要光伏制造企业的产业化发展；还支持了新光硅业、洛阳中硅等硅材料企业生产，为中国光伏发电产业发展提供了有力支持。

(三) 技术示范和试点

中国政府还通过试点示范对光伏发电技术的推广和应用提供技术支持和资金援助。分别建成了100多万户的户用发电系统、1000多座村级、乡镇电站，以及100多座不同规模的屋顶系统，并且建成了1座100kWp的高压并网的沙漠电站，为光伏发电技术的推动和应用积累了经验。

中国政府鼓励地方政府进行光伏发电系统的试验和示范工作，先后在上海、北京、南京、深圳等地进行了路灯照明、屋顶计划等技术示范工作，并结合北京奥运会、上海世博会等大型活动，推广光伏发电技术及技术示范。一些城市还发起了建设太阳能城的活动，例如山东德州和河北保定等。地方正在推行的主要光伏发电项目有：

上海10万屋顶计划：上海市计划在2006—2010年，建设10万屋顶发电系统，总容量约为40万kWp。

北京的路灯工程：北京市政府利用财政资金，在城市郊县，利用光伏发电系统为农村街道和部分道路提供照明系统，并在部分奥运工程安装光伏发电系统。

江苏光伏发电推广计划：江苏省政府计划在部分机场、大中城市标志性建筑上安装光伏发电系统。

沙漠电站示范：科技部安排了专项资金在甘肃、西藏和四川等地安装4套兆瓦级的沙漠电站示范项目。

第四节 尚德困境的成因分析

尚德的破产让我们清楚地看到，光伏产业就是类似富士康模式的原料加工厂，当一个门槛不高有利可图的新市场被挖掘出来，又怎能阻止饥渴的同行疯狂涌入？这就是中国光伏业非常尴尬的地方——市场在外、核心技术在外、原料在外。

这个所谓高科技的产业，实际上根本没摆脱"世界工厂"的弱势地位。而且这种世界工厂的出发点是有问题的，却没有公开化而被大家忽略。光伏产品主销国外本是用来节能，但是制造光伏产品的很多过程却是高耗能的，只是这个制造过程被外国人有意无意甩给了中国。国内光伏企业普遍采用的是电弧法用碳还原制取低纯度工业硅，这种工业原料出口价格极为低廉，背后却是巨量的电力消耗，间接加重发电等环节的环保负担。说是以中国环境为牺牲品，造福着欧美国家的绿色低碳生活。

这种产业模式本来是值得商榷的，却在中国到处落地开花。全球光伏电池产量前15家企业中，来自中国大陆的占6家，而江苏就有5家。全面萎缩前的2011年，中国光伏组件总产能达到30GW，而同期全球装机需求仅为20GW。中国光伏总负债则到了一个新的高度，以江西赛维为例，这家在美国上市的光伏企业，其总负债额从2007年的6亿美元，爆炸性膨胀到了2011年的60亿美元。到2011年年初，其总资产340亿元，负债已经超过290亿元。

这是一种经济绑架。中国经济快速崛起的30年，一直存在这样的模式问题：绑架地方政府的企业，才是有前途的企业。而现在，这个绑架逐渐升级，还加了很多响当当的借口，比如环保，比如高科技。不一样的是，被绑架者——地方政府很情愿被绑架。这种情愿培养了一批绑架政府的寄生虫，致使到处产能过剩，效率低下。

用光伏绑架地方政府，存在几大优越性：其一，光伏产业投入巨大，非常符合以投资拉高地方GDP的政绩需求。其二，从光伏产业本身的设定来说，除了投入大、概念更大还兼顾节能环保的道德大旗，这对于力保经济发展平稳转型的地方政府无疑又是另一个必须重视的政绩洼地。两相比较，中国在前几年展开一轮难以想象的光伏产业大投资是不难推理的。最近几年，黑龙江绥化、江西新余、河北保定、青海格尔木在内的多个城市，都纷纷宣誓打造中国的"光伏城"。

地方政府的政绩冲动，让光伏企业获得了"保姆式"扶持。电费是光伏企业主要的成本因素，地方政府为光伏企业提供大量的电费补贴。恶性补贴之下的成本优势，让欧美同等产业无法匹敌，也为中国光伏业其后的倾销埋下了祸根。除此之外，地方政府还需承担从土地到融资的便利性。拿尚德电力来说，在无锡市享受税收返还政策，地方政府给予其土地使用优先、价格优惠的便利，并积极联络银行和投资人，帮助其产业链延伸发展，并且作为规模效应的突出典型。此外，尚德希望向其他城市发展时也给予协助联络。

绑架本不是问题，问题出在绑架者本身。对于地方政府来说，光伏是一个既出经济又出政绩的好项目，确实有不少官员因此得到提拔。从中国光伏的产业模式来看，从一开始，光伏就是一个很难玩得转的被动游戏。各级政府和金融机构在大方向上搞错了，注定了扶持的失败！

从扶持到保护，让绑架又进了一步。在光伏业逐渐步入寒冬的几年，地方政府为了保证自己扶植的企业能够存活，不惜以公共资源为光伏企业输血。2011年，曾曝出地方政府为江西赛维还债的新闻，引起业界轩然大波。按照新闻报道，赛维在当时已经申请了破产保护，却被江西省政府驳回，原因很简单——赛维在2011年前5个月所纳国税占高新区光伏企业纳税总额的93.6%，所纳地税更是占96%，是纳税超级大户，江西无法承受这样一个航母的沉没。对于赛维无法兑付华融信托5亿元信托贷款，江西省财政以"赛维LDK稳定发展基金"先行偿还。此外，在赛维LDK最危急时，江西国际信托公司购买了其15%权益，给予资金支持，待赛维缓过气来，再发起回购。

这样的事情过往也在无锡尚德身上发生，但是这次却没有得到延续。从资料搜索来看，自上市以后，创始人施正荣频频受到中央级官员接见，与地方政府越来越疏远。拿当地人的话来说，"当地政府很难再见到他，有其他省级官员莅临无锡，请当地政府带领前往参观，也遭闭门羹"，"一个生产型企业的一把手总不在工厂里，总出去搞外交，这企业怎么能做得好！"

过去，地方政府曾协调银行对尚德即将到期的债务给予贷款"输血"，银行提出，需以施正荣个人全部资产做抵押担保，但遭到施的拒绝。尚德电力递交的方案是，要求旗下主要贷款平台——无锡尚德公司破产，这样，上市公司还有其他的资产，可以断尾重生。但这意味着将烂摊子踢给了地方政府。毫无疑问，这个方案使当地政府震怒，救助方案就此搁置。政府也从此时开始绕开施正荣，独自寻找出路，破产重整也就自然被提上日程。对于施正荣来说，希望落空，他一直寄希望于政府以资金形式出手相救，但对于地方政府来说，施正荣是最大的破产重组的反对者，也许他担心自己此前与私人公司亚洲硅业等的内部交易被清查。

从一些资料来看，如果不是绑架者和被绑架者关系出现问题的话，这个绑架模式本身或许依然可以持续下去。只是无锡尚德代表的光伏产业成了一个反例。

有媒体说，由于无锡尚德破产，创始人施正荣从昔日百亿富翁一夜之间全部清零，这是个大笑话。引用资料和业内分析人士的话来说：施正荣早已通过私募、金融机构代持、转移海外等多种方式，隐藏了庞大的家族财产，外界很难知晓。因此，他的资产肯定不可能是零，他仍然是超级富豪。唯一不利的是，目前公司进入破产重整，查账已经在所难免，之前尚德与其私人公司亚洲硅业等之间关联交易详情也就自然被重组方掌握，施也将可能被追究责任，而这个责任可大可小，"一切看地方政府的意思"。

光伏行业的此次危机未尝不是一个有益警示，即政府如何摆正在经济发展中的位置，从政府主导能不能归位到以市场为基础的资源配置方式。

经济建设中，我们在不同产业上都在重复着同样的发展模式，可悲的是，地方政府在光伏产业产能扩张上的轻车熟路，其经验恰恰是来源于早先扶植其他行业。而所谓产能过剩的问题，光伏存在，钢铁存在，煤炭也存在，那么当下的正成为新一届政府宠儿的环保行业是否也将重复这条老路呢？根据各地战略性新兴产业发展规划以及实地调研的情况统计，目前我国有超过90%地区选择发展新能源、新材料、电子信息和生物医药业；近80%地区选择发展节能环保业；约60%的地区选择发展生物育种业；另外有50%的地区选择发展新能源汽车。

从经济发展的历史经验来看，当下的中国，经济转型固然重要，然而整个经济环境更需要的是一个健康的富有远见的经济规划方案，不仅仅是中央，这种长远发展规划对于地方政府则更为关键。如果当下的经济转型，仅仅是将过去几年在光伏、钢铁等行业上的盲目投资风潮引入尚处于蓝海状态的环保等民生产业。那么在中国连续享受了几个年度的高增长之后，所迎来的可能将是经济下滑。

第五节 政府作用的重新思考

当年施正荣怀揣着创业梦想，手拎一只皮包和有关发展新能源的技术与设想回到国内时，并没有什么过人之处，也没有引起多少人的注意。特别是投资者，并没有对这匹后来的"千里马"产生多大兴趣。施正荣之所以能在很短时间内一展才华、崭露头角，完全是因为政府的"慧眼识珠"，给了他无穷展示才能的机会和空间。那时各地政府正在全力支持企业家创业、支持新兴产业发展。而中国经济要转型，中国要真正成为世界经济强国，也确实必须重视对人才的发掘与培养，重视企业家队伍的培育与建设。应当说，无论是无锡市政府还是施正荣本人，在尚德刚刚起步的时候，都还是比较理智、比较理性的。无锡市政府看重能源产业，但并未指望在短短几年成为全球老大。而施正荣尽管也怀揣梦想，力争做行业老大，但也绝对没有想到仅仅用了几年时间就真坐上了行业头把交椅。

问题在于，政府应当如何支持企业家、支持企业、支持人才创业。如果带着"碰运气"的思路，把对企业家、企业和人才的重视与关心建立在"碰碰看"的基础之上，那就有些不妙了。在尚德的发展超出了想象以后，难以想象的事情就发生了。施正荣一发而不可收，地方政府则执着于所看到的统领世界行业的希望。结果，政府与企业心理上的共同膨胀，使尚德在错误之路上越走越远。

于是，政府对尚德的各种支持和帮助完全超出政府与企业的关系，超出了市场经济所能够承受的政府对待企业的态度，落入了俗话所说的"七分帮忙帮倒忙"的怪圈。更要命的是，就在施正荣已预感到风险逼近，并采取资产转移方式，将风险留在国内、留给政府的时候，无锡市政府却浑然不知，仍在不遗余力地将各种资源与资金、政策与条件输送给企业，并为施正荣转移资产、转移利益提供很大空间。如果政府熟悉和了解尚德的情况和施正荣的暗度陈仓之计，并采取切实有效的措施阻止其转移资产、转移财富、转移利益。那么，或许尚德还不至于出现这么大的漏洞，留下这么高危的风险。

可惜，这一切都在政府的眼皮底下发生了，直到风险实在捂不住了、债务实在躲不开了，才匆匆采取防范措施，只是错过了时机，一切都已太晚了。事实上，用债务累积起来的无锡尚德，从施正荣成为中国首富的那一刻起，就已达到了风险随时可能爆发的地步。问题是，在政绩的"饥渴症"下，只要风险不彻底爆发，一些地方官员就都能容忍。他们唯一想做的就是风险不要在自己的手上爆发（谭浩俊，2013）。

2011年，无锡市整个工业领域的产值是1.5万亿元，尚德占了近300亿元。对无锡来说，尚德产值的政治意义远大于经济意义。"你要是比其他工业，无锡在全国不一定是数一数二的，而若比光伏，尚德世界第一"，这大大满足了无锡市政府的虚荣心。

好大喜功往往一发难收，地方政府希望企业快速做大，甚至给出具体扩张要求，这也绑架了企业家，为投其所好，他们开始像驾驶员一样开足马力，全速超车。尚德的崛起刺激了其他地方政府。尚德上市后半年，全国上百个城市建立光伏发展基地，试图复制无锡模式，其中夹杂了大批来自服装、纺织、印染等领域的企业。它们大多没核心技术，仅仅通过采购原件、部件组装即投入市场。

"这个行业好进不好退，企业即便在艰难时刻，政府也不让其淘汰，扶持它扩大产能，所以整个行业产能下不来。"光伏产业正是这样由政府催肥后陷入僵局。

美国政府几年前注意到中国光伏产业对美国市场的冲击，而选择性失聪的地方政府并没有及早做出反应，帮助企业清除路障，数千家光伏企业也未意识到减速必要。关于补贴，即科技政策算不算补贴的问题，直到近年商务部才给出明确说法。

对于尚德危机，首先是企业扩张太快，地方政府希望它迅速做大，国家也给了很大荣誉，这让企业不能按客观规律办事，"政府的这一点很要命，这也折射了中国企业发展兴衰史。只是对尚德来说，这个兴衰太快了"。

其实，在尚德由小变大、由世界第一变成接连不断的破产传闻主角后，地方政府与尚德之间的关系就发生微妙变化，由过去的无条件全力支持，变成有条件支持。"政府撑你，你自己怎么打算？你不能说完全靠政府，你自己要拿出一个目标和态度来。"当地官员不满地告诉《中国企业家》，施正荣不是穷光蛋，政府希望在帮助尚德的同时，施正荣也能从自己的财富中拿出一部分钱，但施正荣没有明确表态，"似乎宁愿让公司破产"。

《纽约时报》首席记者安德鲁·罗斯·索尔金在其新书《大而不倒》中，展现了2008年美国金融危机时，个别金融集团庞大到可以影响系统性风险，从而使美国政府陷入被迫救助的困境。而在种种呵护之下，经过一轮轮扩张，施正荣和彭小峰也几乎把尚德、赛维做成了"大而不倒"。企业快速做大也拥有了一种绑架政府的能力，从而在一定程度上保证安全。"他现在的主要想法是，我有这么多的职工，你不救我，就要关门了，变成了这样的事。"

赛维同样如此。从财务上看，依赖负债实现扩张的赛维已经无力支撑。但是，这家新能源标志性企业不会简单地遵循市场经济优胜劣汰的自然规律。它不仅是新余市的一张名片，还是江西省第一家美国上市公司和第二大纳税企业，赛维还拥有 2 万多名员工，涉及就业社会与稳定。

但裂痕几年前就已埋下。2009 年是国家启动金太阳工程第一年，尚德在对整个工程资金、回报周期等情况不太了解的情况下申请到了 1100 千瓦洛阳师范学院太阳能光伏建筑应用项目。然而，它并未按工期推进，第二年就因为"无法实施"进了取消名单。有知情者称，施正荣非不能之，是不为之，因为当时卖组件比金太阳工程赚钱，"施正荣根本看不上国内市场"。

尚德的事情让无锡整个金太阳计划受到影响，2012 年没有获批一个金太阳项目。对于尚德来说，也丧失了开启国内市场的良好时机。

光伏只是最为极端的例子。近年来，"新兴产业"概念泛滥，很多地方政府热衷于做各种规划。但规划从头看到尾，只能看到要把产业做到多大规模的目标，对于产业的具体指导、上下游配套等具体计划则完全欠缺，"这称不上规划书，只能称得上是愿景书"。

对于光伏等新兴产业，以政绩为目标的地方政府犹如猎食者，一番兴衰之后，地方 GDP 增加了，留下的却是一片狼藉。

第五章　创新要素协同配置与有形之手的作用分析

随着经济全球化的发展，企业之间的竞争日益加剧。面对国际、国内市场上的激烈竞争，不能持续创新的企业只能坐以待毙。纵观古今中外，由于缺乏创新导致企业溃败的案例比比皆是。2012年新年伊始，当柯达公司迎来其131岁生日的时候，正等待它的却是末日审判。由于创新动力匮乏导致公司经营难以为继，柯达公司迫不得已将专利变卖。不仅仅是柯达公司，美国三大汽车公司的没落，以及诺基亚的衰落……无疑都是缺乏创新惹的祸。与此相反，美国的微软公司、苹果公司以及中国的方正集团则可谓是成功创新的典范，这些公司之所以能在市场竞争中立于不败之地，有的甚至早已成长为家喻户晓的世界级企业，其根本原因在于其锐意创新的意识和行动，从而使自己始终处于行业领先的位置。

创新作为一个永恒的话题，已经引起了企业、政府以及学术界的高度重视。京都天华会计师事务所发布的《调查报告》（2011）显示，中国内地企业期望提高研发投入的比例全球排名第一。尤其是近年来伴随着创新型国家的推进，为了增强企业的竞争优势，社会各界广泛呼吁必须持续强化对企业的科技投入，以提高中国企业的自主创新能力，改变我国"世界加工厂"的形象。于是政府的公共R&D支出不断增长，给企业R&D补贴和税收优惠的力度也在不断增加，1980—2011年，国家财政科技拨款从64.59亿元增长到8610亿元，年均增长率为16.52%，2011年已经占国内生产总值（GDP）的1.83%（国家统计局、科学技术部，2012）。然而，与快速增长的R&D投入相比，中国企业的自主创新能力并未得到快速提高（安同良、施浩、Ludovico Alcorta，2006）。中国企业的PCT国际专利申请量虽然从2000年的784件猛增到2011年的1.6406万件，但只占世界排名第一的美国PCT专利申请量的33.7%，同时也远远落后于日本、德国等发达国家（2012年3月6日，世界知识产权组织公布的国际专利申请的最新统计）；虽然2011年我国的研发经费开支排名已经跃居世界第二，研发人员总量排名世界第一（世界知识产权组织、WIPO，2011），但是，我国企业的创新能力仍然明显低于OECD国家企业（OECD最新发布的《科学技术产业记分牌2011》）。

促进创新，离不开研发活动，当然也离不开研发投入。但是研发并不等于创新，从研发投入到形成创新成果再到实现创新绩效不仅仅只是技术层面的问题（Lafley and Charan，2008）。有些学者认为，造成目前我国新技术没能大量涌现以及新技术难以产业化的重要原因在于，有利于创新和创业的制度环境还没有建立起来，尤其是缺乏鼓励创新和创业的涵盖经济、政治、法治、社会舆论等一整套的制度环境（吴敬琏，2011）。

因而，人们不禁会产生这样的疑问：企业的研发投入多会带来高的创新绩效吗？尤其是伴随着研发经费的快速增长，人们逐渐意识到与单方面投入的增量相比，研发经费与研发人员的配置效率以及二者之间的协同配置更为重要。然而，我国企业大量投入的创新要素之间究竟有没有产生协同效应，从而促进企业创新绩效提高呢？制度环境有没有对创新要素之间的协同配置起到有效的引导作用？对这些问题的解答，不仅有助于贴切反映我国现阶段创新投入—产出的现实情况，也可以为宏观层面的研究结论提供微观证据，从而为政府创新政策的制定提供理论支撑。

围绕研发投入与产出关系，国内外学者进行了大量研究，已经形成了很多学术成果，但大多都集中在R&D投入与企业经营绩效的关系上，且研究结论很不一致，甚至是彼此对立，主要观点有三类：（1）研发投入与企业绩效之间存在正相关关系（Hall and Bagchi - Sen，2002；Zhang et al.，2003；Beneito，2003；Tsai and Wang，2004；Sher and Yang，2005）；（2）研发投入与企业绩效之间存在负相关关系（Le et al.，2006）；（3）研发投入与企业绩效之间不存在显著相关关系或存在曲线关系（Ballot et al.，2001；Stock et al.，2001；Lin et al.，2005）。导致这样结果的原因是多方面的：首先，仅考察研发投入数量，而不考虑创新要素之间的协同配置是片面的，不能真实反映我国企业创新投入—产出的全貌。其次，由于处在转型期，我国政府仍然处于主导地位，在研究企业自主研发投入与创新绩效关系时，忽略制度环境的作用，肯定是不合时宜的。最后，可能与学者所选取的研究视角有关，如果选择企业经营绩效作为研究变量，由于研发投入功效持续缓慢的释放，因而导致研发投入对企业的贡献有可能会被主营业务稀释而没有显著的影响作用。所以，从经营绩效中提取与创新活动直接相关的创新绩效，探讨创新要素之间的协同配置与企业创新绩效的关系，充分考虑制度环境所起的作用，才能真实反映现象背后的因果逻辑关系。

本章的学术贡献主要体现在以下几点：（1）虽然经费与人员投入都会对创新绩效产生影响，但是孤立看待它们与企业创新绩效关系，不能全面刻画研发投入与创新绩效之间的内在本质联系。与研发经费、研发人员的增量相比，创新要素之间的协同配置更重要，因而从创新要素之间协同配置的视角，探讨研发经费与人员投入之间的协同驱动力与企业创新绩效的关系，更能有效反映我国企业创新投入与产出的现实情况。（2）虽然制度环境对创新投入—产出的重要性已经引起了学者关注，但是关于制度环境对微观企业的创新投入与产出的调节作用的研究还很鲜见，制度环境有没有引导创新要素形成协同驱动力，从而与创新要素产生共变效应，在理论研究上，基本属于空白。因此，创新要素之间的协同驱动力与企业创新绩效的关系，以及制度环境在其间所起的作用值得进一步研究。

第一节 理论分析与研究假设

一 双核协同驱动力对企业创新绩效的作用机制

虽然企业技术创新是一个复杂的过程，受多种因素影响。但是研发投入无疑是影响企业创新绩效的最重要因素。由于研发投入主要由 R&D 经费投入和 R&D 人员投入构成，即所谓的"二元结构"，所以在研究研发投入时，学者们大多倾向于从统计数据中分离出 R&D 经费投入、R&D 人员投入两项指标，检验它们各自与企业创新的关系。

（一）自主 R&D 经费投入与企业创新绩效

研发经费投入是企业进行技术创新活动的必要条件，所以在讨论创新绩效的决定因素时，学者们首先关注研发经费投入对创新绩效的影响。已有的研究成果大多也支持 R&D 经费投入与创新产出之间存在正相关关系（Hall and Bagchi – Sen, 2002; Zhang et al., 2003; Beneito, 2003; Tsai and Wang, 2004; Sher and Yang, 2005）。

研发资本投入会对创新产生种子效应、生长效应、引致效应和自我增强效应，从而有助于促进企业创新行为及创新产出的提高（鲁志国，2006）。学者们相继从创新数量、专利以及经济效益等方面，实证检验了 R&D 经费投入与创新绩效的关系。例如，科勒（Koeller，1995）运用美国小企业委员会（U. S. Small Business Administration）调查的 1982 年四位数产业的创新数据，以重要的创新数量为被解释变量，研究发现 R&D 支出对创新数量有显著的正向影响；Hall 和 Bagchi - Sen（2002）针对加拿大 74 家生物科技企业进行研究，发现研发资本投入强度会正向影响研发成效（专利的数量）。中国台湾学者王晓雯、王泰昌、吴明政（2008）以 2001—2004 年中国台湾 84 家电子企业为对象进行分析，发现每 1 元研发投入平均可以为企业带来 1.22 元的经济效益。类似的结论也同样适用于我国内地的企业，魏守华、姜宁、吴贵生（2009）以长三角高新技术企业为研究对象，通过对 1997—2006 年面板数据的分析后发现，内生创新努力（R&D 经费支出）每增加 10%，则创新绩效增加 4%—5%。可见，虽然研究视角有差异，但是学者们基本达成共识，R&D 经费投入强度是影响企业技术创新产出最重要的因素，R&D 经费投入会给企业带来比较高的创新绩效。因此，我们提出本章的第一个假设：

H1a：自主 R&D 经费的投入强度正向影响企业的创新绩效。

（二）自主 R&D 人员投入与企业创新绩效

所有的创新活动都是以人为主的创造活动，创新能力较强的高素质人才，尤其是具有综合素质的人才群体是创新的直接实施者、制造者和生产者，因而从某种程度上说，企业 R&D 人员的投入数量直接反映企业对创新活动的重视程度，同时也间接反映了企业创新的活跃程度（徐彪，2011）。甚至有学者认为，创新绩效实际上就是研发人员在对知识识别、整合和创造过程中所产生的各种显性和隐性成果（Kogut and Zander，1992），是研发人员个体综合创新能力的体现（Nelson，1966）。虽然企业层面的创新过程是研发人员个体创新行为的集成表达，但是研发人员创新能力的成长无疑是影响创新绩效的关键因素（Thomke，1998）。

所谓"研发人员"是指直接从事研发工作以及为研发提供直接服务的人员，包括研究人员（Researcher）、技术及等效工作人员（Technicians and Equivalent staff）和支援人员（Supporting Staff）三种类型（OECD，2009）。由于不同类型的研发人员，其创新绩效可能存在显著差异，所以近年来学者们开始细化研发人员投入与产出的关系研究。朱平芳、徐伟民

(2003) 把大学本科及以上学历人力资源区分为无高、中级技术职称人员和有高、中级技术职称人员。结果显示，前者对专利产出有明显的负向作用，而后者对专利产出有显著的正向促进作用。虽然不同类型研发人员的绩效可能会存在差异，R&D 人员投入存在规模报酬递减特征和倾向（Zhang et al.，2003），但是研发人员对创新产出的贡献还是得到了大多数学者的认同。如杰夫逊等（Jefferson et al.，2006）使用面板数据及知识生产函数和三个递归方程，对 1995—1999 年中国大中型制造业企业的研发强度、知识生产的过程及创新对企业绩效（新产品创新、生产率及利润）影响的决定因素进行的实证分析显示，知识资本和研发人员投入较之传统的资本和劳动力投入能使企业获得更大的利润。据此，本章提出第二个假设：

H1b：自主研发人员的投入强度正向影响企业的创新绩效。

（三）研发经费—人员投入的协同驱动力与企业创新绩效

创新是经济发展的本质，创新的过程是一种不断打破经济均衡的过程，也是一个经济、技术、信息、科研资源的配置和整合过程（陈健、何国祥，2005）。虽然 R&D 经费投入、人员投入都是影响企业创新绩效的重要因素，但二者之间的协同配置更为重要（Farrell，1957），本书称之为"协同驱动力"。[①] 建立在科技资源低效率配置基础上的研发经费的增加，不仅有可能会导致研发资源利用率的损失，还有可能会导致资源的浪费（李辉、张晓明，2011）。

如何提高研发资源的协同配置，以提高企业的创新绩效。李建华、周胜军、孙宝凤（2001）认为，只有研发人力资源和研发经费资源处于有效约束状态下才能实现匹配效益，有效促进企业的创新；马勇（2002）研究后指出，只有在每个研发人员的产出无差异的条件下，即当每个研发人员的边际产出相等时，企业的创新总产出才能达到最大。然而令人遗憾的是，我国当前研发人力资源是无效约束，所以投入规模不宜盲目扩大；研发经费资源是有效约束的"瓶颈"所在，应加大投入力度（李建华、周胜军、孙宝凤，2001）。虽然近年来我国企业的创新投入大幅增加，但是创新资源配置中存在大量的"跑冒滴漏"现象和误配置现象（刘玲利，

[①] 所谓研发经费—人员投入的"协同驱动力"，是指按照一定结构和比例配置研发资源，实现研发经费与人员资源的协同匹配，以使研发资源发挥最大的功能和作用，以利于促进创新活动的顺利开展和提高创新绩效。

2008)。如果将科技创新效率分解为技术进步和资源配置效率两个部分（Farrell，1957）可知，自20世纪90年代以来，我国科技创新效率的增长主要是由技术进步推动，资源配置效率对科技创新效率的增长贡献较小（刘凤朝、潘雄锋，2007）。因此，与加大研发投入、提高研发资源的增量相比，优化创新资源配置，提高创新资源的协同驱动力更为重要（Durnev et al.，2004；Almeida and Wolfenzon，2005）。本章提出第三个假设：

H1c：研发经费—人员之间的协同驱动力正向影响企业的创新绩效。

二 制度环境的调节效应

从逻辑上看，企业为了在市场竞争中取得优势，获得降低生产成本、开发新产品的先进技术，会有增加R&D投入的意愿。但是在很多情况下存在着与创新有关的市场失效现象，如技术发明的某些公共性会导致发明人无法完全独占其新技术知识或无法控制其扩散，而造成R&D投资的回报率低于企业一般的投资回报率。所以，在不完备的市场竞争机制下，企业R&D活动的投资规模可能低于社会的理想水平（Arrow，1962），于是为了引导企业创新活动，促进创新活动的有效进行，政府往往会有意识地构建其心目中相对理想的制度环境，来达到干预企业创新活动的目的（朱平芳、徐伟民，2003）。良好的制度环境不仅可以诱使企业能充分、有效的利用自己的内部资源，实现经济资源的最优化配置，而且还会促进企业设法去争取外部资源为本企业服务，从而提高企业的创新绩效（杨晓优，2005）。

在市场化程度较高的地区，产权改革以及非国有经济发展较为充分，政府干预较少，政策透明，金融体系和法律体系健全，企业的研发成果和生产者利益易于得到充分保护，这些都有利于激发企业的创新行为（樊纲、王小鲁，2004）。刘迎秋和徐志祥（2006）对分布在全国10个省市的822家企业的创新进行调查时发现，市场化进程水平比较高的地区，企业的创新绩效较好。与此相反，在一些市场化程度较低的地区，制度环境较差，法治水平和金融水平不高，非国有经济发展落后，政府干预普遍较多。当地政府往往掌握着企业所需的关键性资源，由于政府是由政治家和官员组成，裙带关系和腐败行为很难彻底避免（Shleifer and Vishny，1998）。官员会利用手中的行政权力、审批、许可等故意设租，给企业造成"额外负担"，从而阻碍了企业的研发投入等活动（丁烈云、刘荣英，2008）。据此，本章提出如下假设：

H2: 制度环境会正向影响企业的创新绩效。

(一) 制度环境对研发经费投入与企业创新绩效的调节作用

企业是技术创新的主体,是开展 R&D 活动的主角,也是 R&D 投入的主要资金来源。但是政府的作用也不可或缺,制度环境对企业的创新活动具有引导和调节作用。围绕着政府补贴对企业 R&D 投入与创新绩效的影响,学者们进行了大量的研究,多数文献都支持公共 R&D 支出正向影响企业自主研发投入和创新绩效。戴维等 (David et al., 2000) 对 7 篇研究论文进行了比较分析,发现其中有 6 篇支持公共 R&D 支出与企业自身 R&D 投入的互补性关系,仅有 1 篇认为无显著关系。近年来,学者们针对不同国家展开的研究也得到了相同结论。Guellec 和 Pottelsberghe (2003) 以 OECD 17 个国家为对象的研究结果显示,政府资助给公司 1 美元,可引致企业 0.70 美元的 R&D 支出 (企业总 R&D 支出为 1.70 美元),并且政府资助的激励效果随资助率而变化。Koga (2005) 利用 223 家日本高科技企业的面板数据进行政府研发补贴和企业研发投入的关系研究,结果表明,二者是互补的关系,而且这种互补效应在上市公司身上尤为明显。Czarnitzki 等 (2006) 研究发现,获得科技资助的企业平均研发强度比未获得资助企业高 8%。赵付民、苏盛安、邹珊刚 (2006) 的研究同样发现,随着企业科技投入强度的提高,政府科技资助的杠杆效应增强,从而意味着政府投入越多,企业投入越多,创新绩效越好。

除了政府干预之外,制度环境的其他方面也会对创新产生强激励作用。事实上,制度本质上就是对个体行动形成一个激励集,通过这些激励,使个体集中力量从事那些不但对他们自己有效,而且对整个社会也是有效的技术创新活动。通过确定的规则,使每个人对其他个体的行为反应能够做出准确预判;通过明确界定的产权,尤其是对财产权利和知识产权 (有关专利的法律与规则、版权、商标等) 提供保护,来激励企业从事创新的动机和塑造企业持续发展的动力。在制度环境好的地区,市场竞争主宰着企业的行为和命运,不存在人为阻止竞争活动的障碍以及市场扭曲现象。因而,制度环境好的地区与制度环境差的地区最明显的区别就是自由市场中存在的压力迫使企业集中优势资源不断地进行创新,创新对企业而言是生死攸关的事情。此外,在制度环境好的地区,产品市场、要素市场、金融市场、产权市场都比较发达,创新所需资金的可获得性也比较容易。由于创新动力充足,创新资源富裕,所以制度环境好的地区,企业的创新绩效往往更好。因此，本章提出如下假设：

H3a：制度环境调节研发经费投入与企业创新绩效之间的关系，即研发经费投入对企业创新绩效的影响，在制度环境好的地区比在制度环境差的地区更强。

（二）制度环境对研发人员投入与企业创新绩效的调节作用

尽管与此相关的大部分文献都聚焦于企业 R&D 人员多寡对创新产出的影响，然而从 R&D 人员投入到研发成果的产出之间的过程运作情形却犹如一个"黑盒子"（Black Box），存在许多模糊的空间（Brown and Eisenhardt，1995）。有些学者已经开始意识到从研发人员投入到形成创新成效的过程中，制度环境起重要作用。是否从事创新活动首先取决于制度安排，即取决于制度及民族文化传统能否有效地激励人们的创新意愿并使之付诸行动（郭重庆，2000）。因而从某种意义上讲，是制度性因素而非技术性因素对人类的创造性起决定性作用，良好的制度环境是经济快速、健康发展的关键（诺斯、托马斯，1998）。

美国学者萨克森尼克（1999）对世界上两个最著名的高科技园区研究表明，制度环境对人力资本和创新产出之间的重要影响作用。从研发人才数量的角度，二者并无明显差别，前者依托于国际知名学府麻省理工学院，后者毗邻斯坦福大学。但是两个园区所处的制度环境却迥然不同：128 公路地区以政府和大公司为导向，疏远市场，制度环境僵化。硅谷以中小企业为导向，有适合高新技术发育的人文环境，分配制度、产权制度及人际关系都宜于人力资源的发挥。可见，由于两者的制度环境不同，虽然研发人员无明显差别，但是对创新绩效的影响程度却不尽相同。吴敬琏（1990）也认为，推动生产发展肯定是技术自身的演进，但技术本身的演进首先来自有利于人的创造活动的制度环境。由此可知，要使创新型人才充分地发挥创新主动性，提高企业的创新绩效，需要为此创造一个良好的制度环境，并建立与完善相关的配套制度（靳娟，2005）。因此，本章提出如下假设：

H3b：制度环境调节研发人员投入与企业创新绩效之间的关系，即研发人员投入对企业创新绩效的影响，在制度环境好的地区比在制度环境差的地区更强。

（三）制度环境对协同驱动力与企业创新绩效的调节作用

技术创新是指建立一种新的生产函数或供应函数，在生产体系中引进一种生产要素和生产条件的新组合，是从新产品或新工艺设想的产生，经过研究、开发、工程化、商业化生产到市场运用的完整过程的一系列活动的总和（李双杰、王海燕、刘韧，2006）。由于研发资源的稀缺性，技术创新过程中首先需要考虑合理有效配置各种资源要素。而资源要素的配置涉及研发资源配置的主体，研发资源配置的主体可分为执行主体和调控管理主体两类。执行主体包括企业、高校和科研院所，它们不仅是实施创新行为的实体，也是研发资源配置的运行层次。调控主体包括各级政府职能部门和中介科技服务机构，通过对研发资源进行分配、管理、调控和评估等，促使研发资源朝向政府预先设定的目标演进（丁厚德，2001）。执行主体的企业和调控主体的政府职能部门既可以通过体制组成研发资源配置系统，也融汇于运行机制，在全社会的科技与经济相结合的系统中运行。因而，企业的创新过程就是在既定体制下，运用某种运行机制使研发资源发挥出最佳的功能，产生出最佳的经济效果。

一个地区市场化程度越高，意味着政府干预的减少和逐渐退出，进而有利于资本配置效率的提高（方军雄，2006）。Cabrer-Borrás 和 Serrano-Domingo（2007）对西班牙 1989—2001 年 17 个区域采用空间面板数据方法，对研发经费、人力资本投入与专利申请数占总增加值的比重的最新研究发现，一个区域的创新效果虽然依赖于其自身的研发投入努力、人力资本积累，制度环境在其间扮演着重要的作用。岳书敬（2008）以 1998—2005 年省级区域面板数据和随机前沿函数模型研究了我国区域研发效率差异（以专利申请量的对数衡量）及其影响因素，结果发现，我国研发活动的平均效率在 0.6 左右，区域环境对研发效率的作用为正。因此，本章提出最后一个假设：

H3c：制度环境调节协同驱动力与企业创新绩效之间的关系，即经费—人员的协同驱动力对企业创新绩效的影响，在制度环境好的地区比在制度环境差的地区更强。

第二节 研究设计

一 数据选择和研究模型

本书选取深圳证券交易所上市的主板企业和中小板企业 2008—2010

年的年报为研究对象。虽然上市企业公开披露的资料很全面，但是企业创新投入—产出指标都是非指定公开披露信息，这些资料和数据零散的分布于大堆文件中，没有汇总的资料，只能从上市公司的公开信息如招股说明书、财务报告、日常信息披露资料以及公司网站等搜集整理。年报中，研发费用通常的名称包括：研发费、研究开发费、技术研究费、技术开发费、科研费、咨询及技术开发费、新产品开发费等。研发人员数据来自对年报中关于员工信息的统计数据整理，这些数据都是通过手工搜集、整理完成。

具体样本的选择过程如下：（1）考虑到极端值对统计结果的不利影响，首先剔除了业绩过差的 ST 和 PT 公司以及被注册会计师出具过保留意见、拒绝表示意见、否定意见等审计意见的上市公司；（2）剔除金融、保险类上市公司，剔除当年 IPO 的上市公司；（3）剔除年报里研发费用以及员工数据缺失的企业。经过上述筛选之后得到 974 个样本，所属行业主要为制造业和电子等六类行业，其中国有及控股企业 329 个，民营、中外合资以及外商独资 645 个。

本章的理论假设和研究框架如图 5-1 所示。

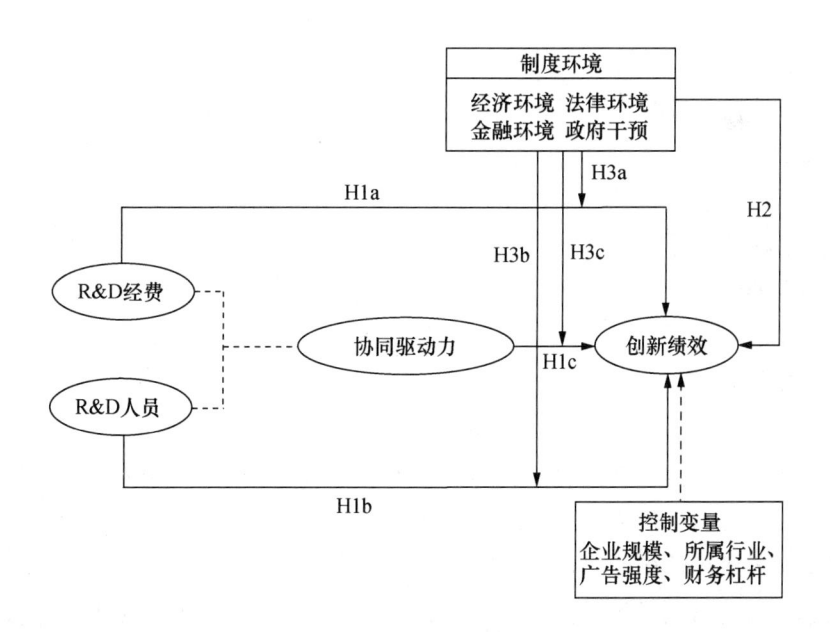

图 5-1 理论模型和研究假设

二 特殊变量的计算及数据的选取

(一) 研发投入的配置效率

对科技资源配置效率的测度,大多数学者几乎都是采用参数的 SFA 方法或者非参数的 DEA 方法。事实上,无论是参数的 SFA 方法还是非参数的 DEA 方法,都是测度资源的利用(使用)效率,而并非资源的配置效率。资源利用(使用)效率和资源配置效率有显著差别,资源利用(使用)效率从投入产出角度侧重于资源的利用程度,而资源配置效率从流动性角度侧重于资源的分配效益。

现有文献在进行资本效率测算时大多都借用 Wurgler 的基本模型,但是用 Wurgler 的动态模型直接测量我国资本配置效率时,统计指标不理想,并且无法进行行业分析。因而韩立岩、蔡红艳和郄冬(2002)在 Wurgler 的模型基础上构建了一个面板数据模型,通过考察行业 R&D 费用支出与行业新产品产值之间的关系来描述我国 R&D 资源的配置效率及行业差异。

$$\ln \frac{I_{i,t}}{I_{i,t-1}} = \alpha_i + \eta_t \ln \frac{V_{i,t}}{V_{i,t-1}} + \varepsilon_{i,t} \tag{5.1}$$

(5.1)式中,I 为 R&D 经费支出和 R&D 人员数量,V 为新产品销售收入,i 和 t 分别为行业编号和年份,η 为 R&D 经费支出、研发人员数量的增长率随新产品产值增长率变化的弹性指标,表示 R&D 经费以及 R&D 人员的配置效率水平,α_i 为各行业自身的影响,随行业的变化而变化。

本书在追求统计方法科学性的同时,兼顾数据获得的便利性,在测算 6 个行业研发资源配置效率时,并没有使用上市公司的数据,而是使用《中国统计年鉴》(2002—2010),该统计年鉴包括全部国有及规模以上非国有工业企业所列出的数据,包括上市企业和非上市企业,数据更全面并有概括性。

(二) 研发经费—人员的协同驱动力

虽然研发经费和人员投入都是企业创新绩效重要的影响因素,但是研发经费投入和研发人员投入之间并非简单的线性关系,因而研究 R&D 投入对创新绩效影响时,不能在割裂考察经费投入、人员投入与创新绩效的关系后,再运用逻辑思辨的方式综合分析 R&D 投入对企业创新绩效的影响(吴玉鸣,2006)。需从二者综合的视角去研究它们的协同驱动力与企业创新绩效的关系。本书基于由 Griliches - Jaffe 提出的知识生产函数

(Knowledge Production Function，KPF) 的理论框架，计算得到研发经费—人员的协同驱动力。很多学者已经利用这种形式的生产函数去研究区域创新能力 (Fritsch，2004；吴玉鸣，2006)，并显示出很好的效果。

$$F_i = RD_i^{\theta_i} RY_i^{\partial_i} \varepsilon_i \tag{5.2}$$

(5.2) 式中，F 为协同驱动力；RD 为 R&D 经费支出；RY 为研发人员数量；θ 为研发经费的配置效率；∂ 为研发人员配置效率；ε 为随机扰动项；i 为观测单元（本书为行业）。

其中，R&D 经费支出 (RD) 和研发人员数量 (RY) 的数据采用的是本书选择的样本数据；研发经费配置效率 (θ) 和研发人员配置效率 (∂) 的数据来源于《中国统计年鉴》(2002—2010) 通过计算后得到的各行业研发资源的配置效率。

三 一般变量的测量

（一）自变量

R&D 经费投入强度一般采用企业当年研发投入与销售收入总额的比值衡量，如安同良、施浩、Ludovico Alcorta 等 (2006) 均采用这一方法。研发人员投入强度主要参考 Bharadwaj 和 Menon 等 (2000) 的研究成果，采用企业研发人员总数占员工总数的比值衡量。

（二）因变量

本书参考经济合作与发展组织 (OECD) 以及 Negassi 等 (2004) 的研究，采用新产品销售收入占销售收入总额比例来衡量创新绩效。

（三）调节变量

樊纲等编制的《中国市场化指数——各地区市场化相对进程 2011 年报告》中市场化进程指标及其分指标已被广泛用来衡量中国各地区的制度环境，并显示出有效性。我们用政府与市场关系表示制度环境，指数越高表明当地政府干预越少，企业在市场中的独立性越强，说明制度环境也越好。由于制度环境各指标指数只提供到 2009 年，考虑到制度环境短期内，在不同年度间相对稳定，因此采用 2009 年的各个指标变量值作为 2010 年各省制度环境指标变量的替代值。[1]

（四）控制变量

企业年龄，用 "2011 减去注册年限" 表示。企业成立的时间越久，

---

[1] 这种做法已获得学术界的认可，具体可参考夏立军、方轶强，2005 年；夏立军、陈信元，2007 年。

由于管理的惯性或者经营稳定,创新的主动性和积极性不佳;企业规模,本书以企业总资产的自然对数值作为公司规模的衡量指标;广告强度用广告投入费用占销售收入比例表示;财务杠杆,用总负债占总资产的比例来衡量,剔除资产负债率大于1的企业;行业类型,按证监会的行业分类标准(除制造业继续划分为小类外,其他行业以大类为准),设5个虚拟变量;年份以2010年为参照,设立2个虚拟变量。

最后,自变量、因变量、调节变量和控制变量都做中心化处理,回归的数据采用中心化之后的数据。

第三节 实证结果分析

一 R&D 经费和 R&D 人员配置效率的估算结果

在回归方程中,被解释变量为新产品增加值,解释变量为研发经费投入、研发人员投入。在测算研发经费配置效率时,$R^2 = 0.606$,D. W. = 1.974,F = 4.192,F 检验的显著性水平为 0.0001;在测算研发经费配置效率时,$R^2 = 0.1185$,D. W. = 1.8134,F = 2.1669,F 检验的显著性水平为 0.0373,统计效果比较好。在获得六个行业 R&D 经费、人员综合配置效率估计值的同时,面板数据还额外给出了六个行业对应的截距项,各个行业不同的"截距项"(θ_i 和 ∂_j),即不随新产品增加值变化的"自发投资增长指数",用以表示不同行业在整个工业发展过程中的自然投资水平。从表5-1可以看出,这六个行业的 R&D 经费配置效率(0.1153)和 R&D 人员配置效率(0.0129)都比较低,尤其是 R&D 人员的配置效率。

表 5 - 1　　　　　　R&D 经费与人员配置效率的估算值

R&D 经费配置效率指数						
η	S. E.	T – Stat	Prob.	D. W.	R^2	
0.1153	0.026	4.192	0.0001	1.974	0.606	
行业	θ_i	排名	行业	θ_i	排名	
石化塑胶	0.0261	3	机械设备	0.0772	1	
电子	0.0041	4	医药生物	-0.0205	5	
金属非金属	0.0688	2	信息技术	-0.0707	6	

续表

R&D 人员配置效率指数						
ζ	S. E.	T – Stat	Prob.	D. W.		R²
0.0129	0.6732	2.1669	0.0373	1.8134		0.1185
行业	∂_j	排名	行业	∂_j		排名
石化塑胶	-0.1463	5	机械设备	0.0145		3
电子	-0.0080	4	医药生物	-0.3560		6
金属非金属	0.0449	2	信息技术	0.4508		1

二 研发经费、研发人员与企业创新绩效的统计结果

研发经费、研发人员、制度环境和创新绩效的平均值、标准差和皮尔逊相关系数见表5-2。R&D 经费投入强度（r=0.247，p<0.05）以及 R&D 人员投入强度（r=0.214，p<0.05）和创新绩效显示出较强的相关性。制度环境（r=-0.081，p>0.05）和创新绩效不相关。

表5-3 研发经费、人员投入与相关变量的均值、标准差和相关系数矩阵

	均值	最小值	最大值	SD	1	2	3	4
创新绩效	0.25773	0.03280	0.82830	0.16065	1.00			
研发经费投入	0.02819	0.00005	0.27324	0.05297	0.247**	1.00		
研发人员投入	0.1880	0.0191	0.0654	0.492	0.214**	0.137**	1.00	
制度环境	5.5481	-1.31	8.68	1.7575	-0.081	-0.133*	0.021	1.00

注：*、**分别表示在 p<0.05、p<0.01 水平上显著（双尾检验）。

表5-3显示各模型对假设 H1a、假设 H1b、假设 H2、假设 H3a、假设 H3b 检验的结果。模型1纳入了企业规模、企业年龄、财务杠杆和广告强度，作为研究的控制变量。模型2将 R&D 经费投入、R&D 人员投入对创新绩效进行回归，其结果显示，R&D 经费投入强度和 R&D 人员投入强度对创新绩效具有显著的正向影响，假设 H1a、H1b 得到验证。模型3将制度环境纳入模型，检验制度环境对创新绩效的直接效应，结果显示，制度环境对企业的创新绩效有显著的正向影响，假设 H2 得到验证。模型4将制度环境与研发经费投入、研发人员投入的交互项纳入模型，检验制度环境对研发投入与创新绩效的调节作用。制度环境对 R&D 经费投入强度和 R&D 人员投入强度与创新绩效之间的调节作用显著。假设 H3a、假

设 H3b 得到证实。结合图 5-2 和图 5-3 可以发现，在制度环境较好的地区，R&D 经费投入和 R&D 人员投入强度对创新绩效的影响比在制度环境差的地区更强。

表 5-3　研发经费、人员投入与创新绩效的多层回归分析

	模型 1	模型 2	模型 3	模型 4
1. 控制变量				
企业规模	0.002	0.018	0.018	0.024
企业年龄	-0.033	-0.041	-0.041	-0.047
财务杠杆	-0.365***	-0.349***	-0.353***	-0.332***
广告强度	0.492***	0.469***	0.467***	0.442***
2. 预测变量				
R&D 经费投入（RD）		0.096***	0.083**	0.247***
R&D 人员投入（RY）		0.125***	0.128***	0.109***
3. 调节变量				
制度环境（SE）			0.091**	0.096***
4. 调节效应				
RD×SE				0.218***
RY×SE				0.065*
行业类型	控制	控制	控制	控制
年份	控制	控制	控制	控制
调整的 R^2	0.451	0.474	0.481	0.501
F 值	49.990***	41.275***	37.771***	33.557***

注：β 为标准系数，***、**、* 分别表示在 1%、5% 和 10% 水平上显著。

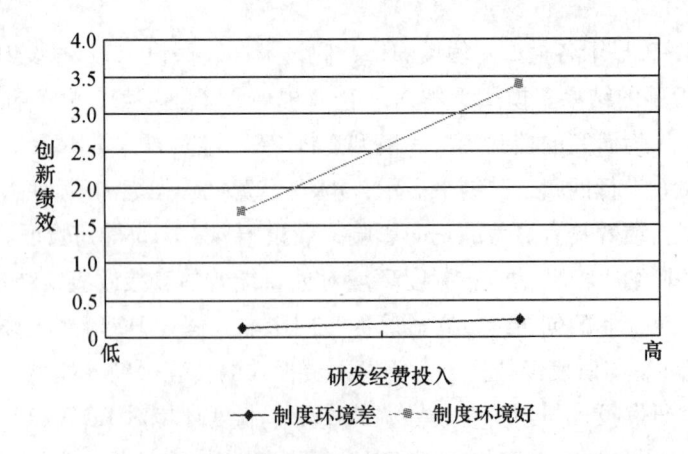

图 5-2　制度环境对研发经费投入与创新绩效的调节作用

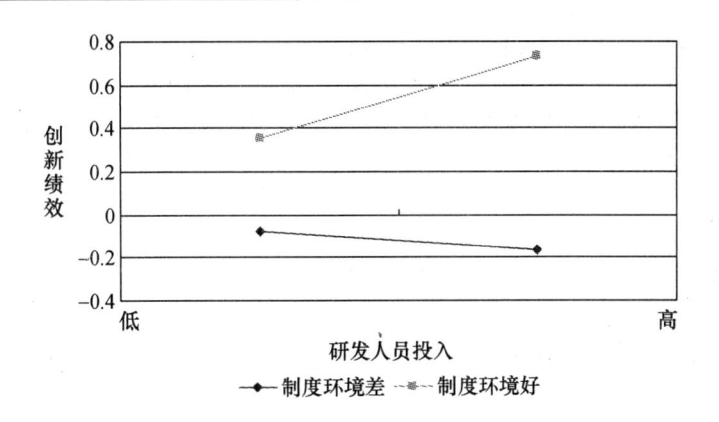

图 5-3 制度环境对研发人员投入与创新绩效的调节作用

三 协同驱动力与企业创新绩效的统计分析

协同驱动力、制度环境和创新绩效的平均值、标准差和皮尔逊相关系数见表 5-4。协同驱动力（r=0.211，p<0.05）与创新绩效相关。

表 5-4 协同驱动力与相关变量的均值、标准差和相关系数矩阵

	均值	最小值	最大值	SD	1	2	3
创新绩效	0.25773	0.03280	0.82830	0.16065	1.00		
协同驱动力	0.8672	0.7633	0.9531	0.0885	0.211**	1.00	
制度环境	5.5481	-1.31	8.68	1.7575	-0.081	0.068	1.00

注：*、**分别表示在 p<0.05、p<0.01 水平上显著（双尾检验）。

表 5-5 是对假设 H1c、假设 H2、假设 H3c 的检测结果。模型 5 纳入企业规模、企业年龄、财务杠杆和广告强度作为控制变量。模型 2 对协同驱动力与创新绩效进行回归，其结果显示，虽然协同驱动力对创新绩效通过了显著性检验，假设 H1c 得到验证，但统计数据明显表明，协同驱动力对创新绩效的影响力有所下降（研发经费投入系数=0.096，研发人员投入系数=0.125，而协同驱动力系数=0.074）。模型 3 将制度环境纳入模型，检验制度环境与创新绩效之间的关系，结果显示制度环境对企业的创新绩效有显著的正向直接影响，假设 H2 自此得到全部验证。模型 4 将制度环境与协同驱动力的交互项纳入模型，检验制度环境对协同驱动力与创新绩效关系的调节作用。结果表明，制度环境对协同驱动力与创新绩效

的调节作用不显著，假设 H3c 没有通过检验。

表 5-5　　　　协同驱动力与企业创新绩效的多层回归分析

	模型 1	模型 2	模型 3	模型 4
1. 控制变量				
企业规模	0.002	0.001	0.001	0.006
企业年龄	-0.033	-0.029	-0.028	-0.029
财务杠杆	-0.365***	-0.354***	-0.357***	-0.354***
广告强度	0.492***	0.484***	0.479***	0.477***
2. 预测变量				
协同驱动力（F）		0.074*	0.080**	0.108**
3. 调节变量				
制度环境（SE）			0.106***	0.108***
4. 调节效应				
F×SE				0.044
行业类型	控制	控制	控制	控制
年份	控制	控制	控制	控制
ΔR^2	0.451	0.455	0.465	0.465
F 值	49.990***	33.557***	39.758***	35.408***

注：β 为标准系数，***、**、* 分别表示在 1%、5% 和 10% 水平上显著。

第四节　本章小结

在理论分析的基础上，本章以上市公司为研究对象，检验单独的创新要素对企业创新绩效的影响、创新要素之间的协同配置对企业创新绩效的影响，以及制度环境在创新要素间的协同配置与企业创新绩效之间的关系是否具有调节作用。通过实证检验结果探讨我国上市企业的 R&D 活动是否实现了包容性创新。

本书研究结果表明：在现有的制度背景下，研发经费和研发人员投入对企业创新绩效有正向作用，但是由于研发经费配置效率和研发人员配置效率低下，创新要素之间没能有效实现协同配置，导致创新要素之间的协同驱动力对企业创新绩效的解释力明显下降（研发经费、研发人员投入与创新绩效的直接回归结果,比二者的协同驱动力与创新绩效的回归结果显著性要强,系数要大);制度环境对企业研发经费以及研发人员与创新绩效之间的调节作用显著;制度环境对协同驱动力与企业创新绩效之间的调节作用不显著。

总之,使用我国上市公司的相关数据资料,本书证实了制度环境对企业研发经费和研发人员与创新绩效之间的调节作用,相关经验分析结果与本书理论分析部分的模型推论部分相符。这些结果说明,我国目前存在"高投入,低产出",没有实现创新要素的优化组合,协同配置,科技发展水平和创新对经济增长的贡献率偏低。要想企业在有限资源要素基础上开发出更多的产品和服务,即在确保创新资源要素投入总量的同时,应当充分重视创新要素投入的有效性,最大限度地提高产品的科技含量和附加值,实现创新要素之间的优化组合即协同配置,从而减少和避免创新资源的浪费,提高创新要素的配置效率。而包容性创新是实现创新要素协同配置的最有效途径。

第六章 内外部治理机制协调发展及其功效分析

随着经济全球化以及企业之间竞争的白热化，代表企业创新实力的R&D（Research and Development）活动对企业获取市场竞争优势、提高经济效益所发挥的作用日益明显（任海云，2010），研发支出已成为企业获得长期竞争优势的主要驱动力（Elenkov，2005；Zhang et al.，2003）。与此同时，在企业的经营管理中，作为企业三大财务管理决策之一的R&D决策的重要性日益凸显（窦炜、刘星、安灵，2011）。然而，企业的R&D决策由企业所有者及其委托人（管理者）共同制定和实施，股权结构决定了企业所有者组成与治理权的分配（阎海峰、沈锦杰，2010），因而会直接影响企业的决策行为（杨清香、俞麟、胡向丽，2010）。股权集中是股权结构的核心，不同的股权集中度导致股东和企业经营管理者行使权利方式和效果的显著区别，进而会对企业自主创新产生较大的影响（张良、王平、毛道维，2010）。在集中的股权结构下，控股股东的利益与企业的效益直接挂钩，所以他们会对关系企业生存与发展的R&D活动抱有极大的热情，并且大股东有足够的动力和信息去监督管理层，因而有助于解决"监督人"缺位和"公共品"问题（La Porta，2002；窦炜、刘星、安灵，2011），使企业的R&D决策得到切实贯彻和执行。但是，仅仅依靠股权集中就能推进企业自主创新活动开展吗？

从经济学角度看，董事长和总经理都是理性"经济人"，在执行R&D决策过程中，他们可能会追求自身利益的最大化。并且，在两职分离情形下，董事长和总经理之间的矛盾和冲突时常发生，甚至有可能影响企业的正常运营（曹建安、陈春玲、李爽，2009）。而两职合一时，权力相对集中，能实现自我价值和自身收益最大化，有利于充分发挥他们的创新精神和个人智慧（刘曼琴、曾德明，2002），促进企业自主创新活动的展开。然而仅靠股权集中和两职合一的内部公司治理机制，就能促进企业自主创新吗？毕竟在这些内部治理机制之外，还存在一些重要的外部治理机制，例如产品市场竞争。产品市场作为公司竞争的重要场所与信息平台，在公司治理中发挥着其他治理机制不可替代的作用（宋常、黄蕾、钟震，2008）。因为作为企业自主创新活动的实行者是管理层，而管理层的行为不仅受到公司内部治理机制的约束，同时也深受产品市场竞争的影响（姜付秀、黄磊、张敏，2009）。哈特（Hart，1983）认为，产品市场竞争通过信息与声誉机制会监督与激励经理人努力工作，如专注于企业自主创新活动，改善企业的创新绩效。De Fond 和 Park（1999）以及 Bettignies and Baggs（2007）通过研究发现，在激烈的产品市场竞争中，经理人自觉努力工作，降低了股东监督的边际成本，对企业的绩效产生影响。

对产品市场竞争度研究的忽视使得以往研究不能得出强有力的结论来解释股权结构、董事会结构等内部公司治理机制对上市企业创新活动的影响。基于此，本书引入产品市场竞争度作为研究企业自主创新活动的重要背景因素，通过将深市主板和中小板企业按照产品市场竞争度划分为行业市场竞争度高低两个组别，运用股权集中和两职合一的调节作用，探讨产品竞争度差异对上市企业自主创新活动的影响。本书研究不仅为相关理论研究提供了新思路，也为相关部门的政策制定提出了有益建议。

第一节 理论分析与研究假设

一 产品市场竞争与企业自主创新

研发支出是企业进行创新活动的必要条件，所以，在讨论创新绩效决定因素时，很多学者都非常重视研发支出在企业自主创新中的作用，认为研发经费投入会对企业创新产生"种子效应"、"生长效应"等，从而有助于促进企业自主创新活动的开展（鲁志国，2006）。已有文献从创新数量、专利以及经济效益等方面，实证检验了研发支出与创新绩效的关系（Koeller，1995；Hall and Bagchi – Sen，2002；王晓雯、王泰昌、吴明政，2008）。不过在不同产品市场竞争中，研发支出对创新绩效的影响不同。

在低产品市场竞争中，产品差异化显著，企业可通过研发支出扩大产品差异和种类（刘胜强、刘星，2010），产品差异化程度决定了不同企业的市场势力和企业绩效。由于竞争对手相对较少，加上本身所在行业具有一定的垄断性，因此新产品推出市场，能够获得成功的概率较大。同时，低产品竞争市场中所处行业一般为国有垄断性行业，能够获取政府的盈利性订货机会，这些也能够显著提高企业的创新绩效。而在高产品市场竞争中，所有企业都可以获取同样的技术，行业内企业竞争激烈，很多企业可能存在模仿、剽窃竞争对手或者是采用引进式创新，这样创新机会也很可能被其他企业捷足先登，并且产品同质化现象严重，使得企业尽管研发支出多，但是创新绩效未必好。对此，我们提出本章的第一个假设：

H1：产品市场竞争度高的行业，企业研发支出与创新绩效之间关系负相关；而在产品市场竞争度低的行业，研发支出与创新绩效之间呈正相关关系。

二　股权集中与企业自主创新的关系

股权结构作为公司治理的核心因素，影响股东在公司治理中的行为倾向，并通过相关治理结构影响管理层的决策和企业绩效（刘银国、高莹、白文周，2010）。通常情况下，不同的股权集中度，对股东权力的行使和运用以及监督机制影响不同（黄越、杨乃定、张宸璐，2011）。在较为分散的股权结构下，每个股东持有的股份较少，而在中国这种不完善的证券市场上，较少股份就意味着会带来股东的短期投机倾向，使他们缺乏动力对管理层进行监督，可能导致对管理层监督不力。而在集中的股权结构下，控股股东的收益与企业效益高度统一（Holderness, 2003）。为了维护自身利益，控股股东参与企业经营、监督管理层行为的动力较强。同时，在集中的股权结构下，大股东在信息获取方面比小股东更具优势。因此，股权集中可以避免股权较为分散情况下小股东"搭便车"而造成的监督不力（Leech and Leahy, 1991），企业的治理能力较强。

在产品市场竞争中，市场竞争激烈，企业面临破产清算的风险较大。而一旦破产清算，对股东负面影响最大，财富损失难以估计。因此，大股东为避免研发投资失败给企业带来惨重损失，有强烈的欲望加强对经理人投机行为和"偷懒"行为的监督。大股东为了自身利益，也会竭尽所能选拔并聘用那些业内卓有声望的、专业性的、具有丰富经验与能力的管理者（张长征、蒋晓荣，2011），从事自主创新活动，以改善公司绩效，降低公司被ST的概率。同时，产品市场竞争的压力弱化了大股东之间的合谋动机，有助于抑制控股股东的"掏空"行为（高雷、宋春林，2006），强化了他们的监督作用（姜付秀、黄磊、张敏，2009）。毕竟大股东们心知肚明，面对惨烈的市场竞争，如果继续实施"掏空"行为，建立"壕沟防御效应"，则"产品市场竞争"、大股东对公司价值的"掏空"行为与经理层机会主义行为"三管齐下"，将大大地增加公司被"ST"甚至退市风险，而大股东不得不自食其果，苦不堪言（张功富，2009）。管理层面临着一旦经营失败，则可能受到诸如降薪或解聘等处罚（Schmidt，1997），同时面对头上时刻悬着的"达摩克利斯之剑"（The Sword of Damocles），只能付出更大的努力改善经营效率，偷懒和违背股东利益的机会大大减少（张长征、蒋晓荣，2011）。虽然股权集中具有一定的消极作用，但是高产品市场竞争在一定程度上能够对股权集中的消极作用提供补充（Januszewski et al.，2002）。而在低产品市场竞争中，由于产品市场竞争不激烈，且盈利丰厚，在集中的股权结构下，大股东可能为了一己私利侵占公司利益，管理者也可能在大股东眼皮下偶尔"揩油"，导致企业利益受损，进而使研发支出多，但创新绩效提高不明显。根据以上阐述，提出如下假设：

H2a：产品市场竞争度高的行业，股权集中与企业创新绩效之间关系正相关；而在产品市场竞争度低的行业，股权集中与企业创新绩效之间呈现负相关关系。

H2b：产品市场竞争度高的行业比产品市场竞争度低的行业，在股权集中情况下，研发支出对创新绩效的影响比在股权分散的企业要好，即此时股权集中对研发支出和创新绩效之间调节作用显著。

三 两职合一与企业自主创新关系

在现代企业治理结构中，董事长和总经理作为企业高层管理者的代表，二者分别发挥不同的职能和作用。企业日常运营需要两者之间相互支持和配合。但是现实中两职分离时，董事长和总经理往往由于权力争夺、角色错位、性格不合以及沟通不畅等产生矛盾冲突，从而影响企业的整体运营效率。而两职合一可以减少两职分离所引起的权力、利益纠纷和企业运营的低效率，代理成本得到大幅度减少，甚至在极端情况下为零①（曹建安、陈春玲、李爽，2009；Donaldson，1991）。近年来现代管家理论的拥趸者通过大量实证研究后指出，董事长与CEO由同一人兼任，企业的

---

① 现代管家理论（Stewardship Theory）认为，公司治理的关键不是如何控制经理人，而是如何确保公司治理结构有利于经理人充分发挥才能、取得预期的公司业绩。

经营管理状况更好，组织运营效率更高（Westhead and Howorth, 2006; Eddleston and Kellermanns, 2007）。两职合一所带来的非物质激励比物质激励更能满足管理者对自身价值实现以及企业家精神的追求（饶育蕾、王建新，2010）。因此，两职合一时，研发活动的成功不仅会给总经理带来一定的物质奖励，还为其提供提高自我价值的机会，所以企业创新绩效往往好于两职分离的企业（李国勇、蒋文定、牛冬梅，2012）。

在产品市场竞争激烈环境下，经理人会从整体市场竞争来考虑投资，采取积极投资行为，如投资于技术研发方面来获取市场竞争优势。面对激烈的市场竞争，需要积极把握市场机会，毕竟市场机会稍纵即逝，技术创新投资又是一项高风险的投资，董事长和总经理面对竞争压力各自意见不一，就有可能失去投资好机会，被其他企业抢占商机，从而使企业陷入研发失败困境。而两职合一，有利于提高管理者的决策自由度（吴淑琨，1998），使企业凝聚于一个中心，可以减少决策过程中的分歧。同时，在R&D决策的制定和执行过程中，二者之间协调沟通的时间以及成本变成零（Anderson, 1986），因而能够在更短的时间内作出符合市场需求的决策，提高创新成功的概率。此外，在高产品市场竞争行业开展自主创新活动过程中，由于行业内企业数目较多，企业之间成本和利润具有一定的可比性，从而使经理人的经营行为具有标杆比较性。这使得在两职合一时，总经理自觉产生自我约束、自我监督，减少个人的机会主义行为和"偷懒"行为，提高企业的创新绩效。最后，在高产品竞争市场，总经理会有与企业共存亡的感觉，在履行董事和经理人职责时会更多考虑企业的绩效和长期发展，而不是仅仅计较个人得失，因此两职合一时CEO能够有效地进行技术创新。

而在低产品市场竞争环境下，企业面临生存压力较小，有稳定的现金流，CEO可能贪图享受，消极怠工，导致企业代理成本较高，致使研发投入多，创新绩效提升不明显。综上所述，提出如下假设：

H3a：产品市场竞争度高的行业，两职合一与企业创新绩效之间关系正相关；而在产品市场竞争度低的行业，两职合一与企业创新之间呈现负相关关系。

H3b：产品市场竞争度高的行业比产品市场竞争度低的行业，在两职合一的情况下，研发支出对创新绩效的影响比在两职分离的企业好，即此时两职合一对研发支出和创新绩效之间调节作用显著。

第二节 研究设计

一 样本和数据选择

遵循国际创新研究的惯例,我们选取深圳证券交易所上市的主板和中小板企业 2008—2010 年连续三年的年报数据作为样本,进行统计分析。虽然年报披露资料很全面,但是新产品销售收入为非指定公开披露信息,只能从上市企业的公开信息如招股说明书、日常信息披露资料以及企业网站等搜集,通过手工计算、整理得到新产品销售收入数据。研发支出在年报后面的"管理费用"科目中或者"支付其他与经营活动有关的现金流量"项目中,通常名称包括:研发费用、研发费、科研费、技术研究费用、技术开发费用等。

样本选择具体流程如下:(1)剔除被 ST 和 PT 的企业以及被注册会计师出具过保留意见、拒绝表示意见、否定意见等审计意见的上市企业;(2)剔除金融、保险类、房地产类上市企业;(3)剔除年报及财务报告中没有披露相关指标的上市企业,如研发费用缺失的企业。

二 变量的测量

(一) 自变量

企业自主创新的研发支出(Redv)。一般采用企业当年 R&D 费用支出与销售收入总额的比值衡量,如 Zhang 和 Zhao (2003);安同良、施浩、Ludovico Alcorta (2006) 等均采用这一方法,并显示出较强的有效性。

产品市场竞争。如何衡量产品市场竞争程度,目前学术界还没有统一指标。现有文献最常用于反映市场竞争强度的指标是行业的市场集中度比率(一般表示为 CRn)以及交叉价格弹性等。Marciukaityte 和 Park (2009)、Markarian 和 Santalo (2010)、陈骏、徐玉德 (2011) 用两种方法衡量:一是以赫芬因德指数[①](HHI)乘以(-1)后的所得值(COMPHHI)进行衡量,该值越大表明市场竞争度越高。二是将所有行业区分为高竞争度行业和低竞争度行业,当 COMPHHI 高于均值时取 1,否

---

① 计算公式如下:$HHI = \sum (X_i/X)^2$,$X = \sum X_i$。其中,X_i 为产业内企业 i 的销售额。当产业可容纳的企业数目一定时,HHI 指数越小,产业内相同规模的企业就越多,产业内的竞争就越激烈;反之亦然。

则取 0。企业的主营业务利润率被看作企业的"垄断租金",垄断租金越高,意味着其他企业进入成本越高,从而市场竞争度就越低(Nickell,1996)。主营业务利润率不仅反映市场竞争的激烈程度,也反映了企业长期运营的绩效(Randoy and Jessen,2004)。因而,本书根据行业平均主营业务利润率将行业区分为高竞争度行业和低竞争度行业。

(二)因变量

创新绩效(Inpf)。关于企业创新绩效的衡量指标存在很多争议,有些学者选择新产品数、新专利数以及技术诀窍数作为创新绩效评价指标。本书参考世界经济与发展组织(OECD)、欧盟创新调查委员会(CIS)以及学者 Negassi(2004)和官建成(2004)等的研究,采用新产品销售收入占销售收入总额比例来衡量。

(三)调节变量

股权集中(Sharec)。参考陈德萍、陈永圣等(2011)的衡量方法,用一家上市企业中前五位大股东所持股份比例来衡量,比例越大,股权就越集中;反之,股权则较为分散。

两职合一(Dual)。董事长与 CEO(总经理)两职合一用 1 表示;反之用 0 表示。

(四)控制变量

行业类型(Indus)。行业按证监会分类标准(除制造业继续划分为小类外,其他行业以大类为准),有效样本涉及 6 个行业,设立 5 个虚拟变量。

企业规模(Lnsize)。本书以企业总资产的自然对数值作为公司规模衡量指标。

财务杠杆(Lev)。本书用总负债占总资产比例衡量,剔除资产负债率大于 1 的企业。

广告强度(Adv)。本书用广告费用占总销售收入比例来表示。

所在年份:以 2010 年为参照,设立 2 个虚拟变量。

第三节 实证结果分析

一 独立样本 T 检验

为了更好地观察在市场竞争环境中各个行业的企业内部治理结构对其

自主创新的影响,我们以主营业务利润率(行业平均主营业务利润率)作为区分产品市场竞争度的主要指标,即主营业务利润率高则为低产品市场竞争度;反之则为高产品市场竞争度。根据深圳证券交易所上市的主板企业和中小板企业提供的2008—2010年数据,我们参考王怀明、吴春燕(2007)以及宋常、黄蕾、钟震(2008)的计算方法,将6大行业①按主营业务利润率划分为低产品市场竞争度样本(见表6-1)与高产品市场竞争度样本(见表6-2)。②

表6-1　　　　　　　　　产品市场样本特征

低竞争度产品市场		高竞争度产品市场			
行业	医药业	信息技术业	行业	金属业	机械制造业	石油化工业	电子业
利润率(%)	45.1095	31.0728	利润率(%)	16.4050	23.7804	18.1169	22.8931

表6-2　　　　　　　　　独立样本T检验

	Levene's Test for Equality of		t-test Equality of Means			
	F	Sig.	t	df	Sig. (2-tailed)	Mean Difference	Std. Error Difference
Equal variances assumed	83.103	0.000	-9.421	356	0.000	-0.1708	0.0181
Equal variances not assumed			-6.641	83.656	0.000	-0.1708	0.0181

为了检验上述分组是否具有统计学意义,我们对两组样本进行了独立样本T检验。Leven's Test for equality of variance中F=83.103、Sig.=0.000<0.05,其中对应的Equal variances assumed中Sig.=0.000<0.05,因此两样本之间有显著差异。可见,结果(见表6-3)表明,不同市场竞争度的行业主营业务利润率均值之间有显著差异。因此,根据样本中所有行业平均主营业务利润率将样本中的行业分为高竞争度行业和低竞争度行业产品市场是合理的。

---

① 制造行业采用二级编码,其他行业采用一级编码。
② 各个行业的平均主营业务利润率=(2008年主营业务利润率+2009年主营业务利润率+2010年主营业务利润率)/3,所有行业平均主营业务利润率=各个行业主营业务利润率之和/行业数。

二 描述性统计分析

从表6-3的各变量描述性统计分析来看,在低产品市场竞争度的样本中,企业自主研发支出均值为0.0369,股权集中均值为0.4939,两职是否合一的平均情况为0.3200,创新绩效的平均值为0.3939。而在高产品市场竞争度的样本中,企业自主研发支出均值为0.0258,股权集中均值为0.5097,两职是否合一的平均情况为0.2900,创新绩效的平均值为0.2205。

表6-3　　　　　　　　各变量的描述性统计

变量	样本	平均值	最小值	最大值	标准差
Redv	低竞争度行业	0.0369	0.0002	0.1915	0.0458
	高竞争度行业	0.0258	0.000046	0.8132	0.0546
Sharec	低竞争度行业	0.4939	0.1748	0.7817	0.1556
	高竞争度行业	0.5097	0.1333	0.9557	0.1535
Dual	低竞争度行业	0.3200	0.0000	1.0000	0.4710
	高竞争度行业	0.2900	0.0000	1.0000	0.4550
Inpf	低竞争度行业	0.3939	0.0318	0.8283	0.2104
	高竞争度行业	0.2205	0.0328	0.6363	0.1201

从表6-3可以看出,两个样本的样本特征差别不大,而且两个样本中不同行业不同企业的研发支出、股权集中、两职是否合一以及创新绩效的标准差分别为0.0458和0.0546、0.1556和0.1535、0.4710和0.4550、0.2104和0.1201,说明各组数据分布较为集中,波动不很明显。

从表6-4可知,在低产品市场竞争度样本中,研发支出($r=0.349$,$p<0.01$)和创新绩效显示很强的正相关,而股权集中($r=0.155$,$p>0.05$)、两职合一($r=0.146$,$p>0.05$)和创新绩效不相关。同时,股权集中($r=0.143$,$p>0.05$)、两职合一($r=0.150$,$p>0.05$)与研发支出的相关性不显著;两职合一($r=-0.038$,$p>0.05$)与股权集中亦不相关。

在高产品市场竞争度样本中,研发支出($r=0.207$,$p<0.01$)、股权集中($r=0.149$,$p<0.05$)、两职合一($r=0.153$,$p<0.05$)和创新绩效显示出很强的正相关。同时,股权集中($r=0.012$,$p>0.05$)、两职合一（r=0.004，p>0.05）与研发支出的相关性不显著；两职合一（r=0.021，p>0.05）与股权集中也不相关。

表6-4 皮尔逊相关系数矩阵

	低竞争度行业				高竞争度行业			
	Redv	Sharec	Dual	Inpf	Redv	Sharec	Dual	Inpf
Redv	1.00				1.00			
Sharec	0.143	1.00			0.012	1.00		
Dual	0.150	-0.038	1.00		0.004	0.021	1.00	
Inpf	0.349**	0.155	0.146	1.00	0.207**	0.149*	0.153*	1.00

注：*、**分别表示在 $p<0.05$、$p<0.01$ 水平上显著（双尾检验）。

据此初步判定，本章的假设 H1、假设 H2a 和假设 H2b 与假设 H3a、假设 H3b 具有一定的合理性。不过，描述性统计分析不足以完全支持我们做出的理论判断，假设仍需通过多元回归分析做进一步验证。

三 多层变量回归分析

（一）低产品市场竞争度行业的多元回归分析

低产品市场竞争度下的回归模型结果如下：表6-5 中模型1检验的是控制变量行业类型、企业规模、财务杠杆和广告强度对创新绩效的影响。结果显示，财务杠杆和企业创新绩效有显著负相关关系。一般来说企业当前负债越多即财务杠杆水平越高，还债压力越大，未来的投资增长就会越低（Aivazian et al.，2005），导致从事研发支出的可能性越小，进而不利于企业创新绩效的提高。广告强度对企业的创新绩效有显著正向影响，现在"酒香也要吆喝"，一个新产品无论功能多么强大、款式多么新颖也需要强大的市场营销推广策略，才能一炮打响，走红市场；而行业类型不同对企业的创新绩效也有显著的影响。主要因为每个行业的盈利能力不同，导致创新绩效也存在显著区别。企业规模与企业创新绩效的相关性不显著。

模型2将自主研发支出对企业创新绩效进行回归，结果显示，低产品市场竞争环境中，自主创新的研发支出对创新绩效有显著的正向影响，假设 H1 得到验证。模型3从检验结果看，股权集中对创新绩效无显著影响，而不是负相关，假设 H2a 未得到验证。这可能是因为在低产品竞争市

表 6-5　　低竞争度行业多元回归分析

	创新绩效						
	模型 1	模型 2	模型 3	模型 4	模型 5	模型 6	模型 7
Indus	0.253***	0.296***	0.290***	0.312***	0.306***	0.320***	0.342***
Lnsize	0.023	0.075	0.079	0.099	0.080	0.080	0.099
Lev	-0.427***	-0.354***	-0.378***	-0.359***	-0.338***	-0.341***	-0.340***
Adv	0.378***	0.359***	0.371***	0.374***	0.378***	0.382***	0.400***
Redv		0.282***	0.296***	0.348***	0.265***	0.286***	0.331***
Sharec			-0.013	-0.049			-0.042
Dual					0.158*	0.175**	0.242***
Redv×Sharec				0.177			0.200*
Redv×Dual						-0.065	-0.034
R^2	0.482	0.548	0.553	0.576	0.572	0.575	0.627
ΔR^2	0.438	0.502	0.496	0.515	0.521	0.518	0.559
F	10.864***	11.944***	9.734***	9.363***	11.341***	10.066***	9.181***
DW	1.895	2.019	2.072	1.991	2.028	2.042	2.024

注：*、**、***分别表示在 $p<0.1$、$p<0.05$、$p<0.01$ 水平上显著。

场，大股东面临的市场压力不大，监督不到位，或者是面对企业丰厚的利润回报，试图侵占公司利益，导致在集中的股权结构下，尽管研发支出多，但对创新绩效提升不大。模型 4 将股权集中与自主研发支出的交互项放入回归方程中，结果显示股权集中对自主创新的研发支出与创新绩效之间的调节作用不显著，假设 H2b 得到部分验证。模型 5 将两职合一放入回归方程中，两职合一对企业创新绩效影响在回归方程系数为 10% 水平下显著，假设 H3a 部分未通过验证。

不过从模型 6 中可知，两职合一对自主研发支出和创新绩效之间的调节作用不显著，假设 H3b 部分通过检验。模型 7 将股权集中、两职合一及其两者各自与自主研发支出的交互项同时放入回归方程。

结果显示，股权集中对创新绩效影响不显著，但是股权集中对自主研发支出和创新绩效的调节作用在 10% 水平下显著；两职合一对企业创新绩效影响显著，不过两职合一对自主研发投入和创新绩效之间的调节作用不显著。

由上面实证结果可知，在低产品市场竞争度环境下，研发支出对创新绩效有显著影响，股权集中对研发支出和创新绩效之间的调节作用不显著。两职合一时，尽管对研发支出和创新绩效之间的调节作用不显著，但是对创新绩效的直接效应显著。这可能因为，在低产品竞争度市场环境中，企业盈利稳定，不仅体现了总经理自我价值的实现，同时也实现了个人收益最大化，无须投机和懈怠。因而，使得企业的创新绩效在研发投入的驱动下以及总经理的精心管理下，有显著的提升。至此，在低产品市场竞争中，假设 H1、假设 H2b 以及假设 H3b 通过检验，假设 H2a 和假设 H3a 未通过验证。

（二）高竞争度行业多元回归分析

产品市场高竞争度下的回归模型结果如下：表 6-6 中模型 1 检验的是控制变量行业类型、企业规模、财务杠杆和广告强度对创新绩效影响。结果和表 6-6 中显示结论基本一致，即显示财务杠杆和企业创新绩效有显著的负相关关系。广告强度和行业类型对企业的创新绩效有显著正向影响，企业规模与企业创新绩效相关性不显著。

表 6-6　　　　　　　　高竞争度行业多元回归分析

	创新绩效						
	模型 1	模型 2	模型 3	模型 4	模型 5	模型 6	模型 7
Indus	0.125***	0.116***	0.142***	0.122***	0.115***	0.098**	0.114**
lnsize	0.005	0.002	0.041	0.044	0.000	-0.001	0.041
Lev	-0.324***	-0.320***	-0.336***	-0.311***	-0.314***	-0.308***	-0.308***
Adv	0.429***	0.416***	0.426***	0.410***	0.413***	0.375	0.390***
Redv		0.059	0.059	0.246***	0.062	0.164***	0.271***
Sharec			0.059	0.081			0.070
Dual					0.076	0.089*	0.075
Redv × Sharec				0.228***			0.190**
Redv × Dual						0.145**	0.077
R^2	0.391	0.394	0.421	0.439	0.401	0.412	0.448
ΔR^2	0.378	0.379	0.403	0.419	0.383	0.392	0.423
F	29.318***	25.291***	22.731***	21.655***	22.576***	20.937***	18.114***
DW	1.870	1.840	1.859	1.915	1.831	1.896	1.933

注：*、**、*** 分别表示在 $p<0.1$、$p<0.05$、$p<0.01$ 水平上显著。

模型 2 结果与表 6-5 不同，结果显示，自主创新的研发支出对创新绩效无显著影响，假设 H1 未通过检验。模型 3 从检验结果看，股权集中对创新绩效无显著影响，假设 H2a 未通过验证。这可能因为，在高产品市场竞争中，尽管大股东也尽力监督经理人，没有合谋吞噬公司价值，但由于产品市场竞争激烈，产品同质化现象严重，所以导致创新绩效不佳。

不过，模型 4 将股权集中与自主研发支出的交互项放入回归方程，结果显示，股权集中对自主创新的研发支出与创新绩效之间有显著调节作用。结合图 6-1 可知，在股权集中度越高的一组，企业自主创新的研发支出越多，创新绩效越好；而在股权集中度低的一组，随着企业研发支出的增加，创新绩效提升缓慢，且高低组之间区别显著，据此假设 H2b 得到验证。模型 5 显示两职合一对企业创新绩效影响不显著，假设 H3a 未通过检验。不过从模型 6 中可知，两职合一对自主研发支出和创新绩效之间的调节作用显著。结合图 6-2 可知，在两职合一的企业，自主创新的研发支出越多，企业的创新绩效也越好；而在两职分离的情形下，斜率系数不显著（用一条水平的虚线表示）即企业研发支出多寡对创新绩效影响不显著，但是斜率在调节变量的高低组间的差异是显著的。因此，在两职合一的企业，自主研发支出对创新绩效的提升作用要好于两职分离的企业，假设 H3b 得到证实。模型 7 将股权集中、两职合一以及两者各自与自主研发支出的交互项同时放入回归方程中。结果显示，股权集中对创新绩效影响不显著，但是股权集中对自主研发支出和创新绩效的调节作用在 5% 水平下显著；两职合一对企业创新绩效影响不显著，同时两职合一对自主研发投入和创新绩效之间的调节作用亦不显著。

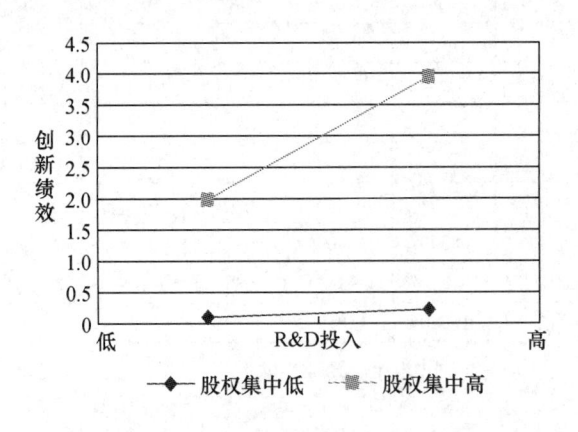

图 6-1　股权集中的调节作用

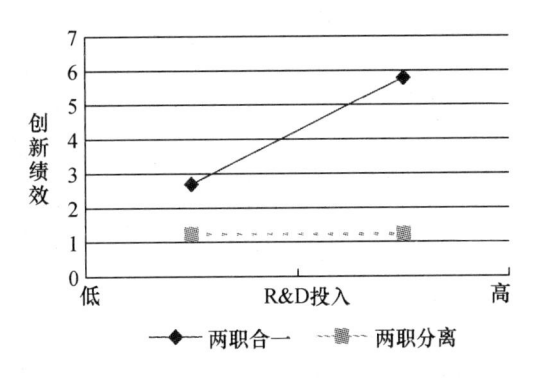

图 6-2　两职合一的调节作用

由上面实证结果可知，在高产品市场竞争下，研发支出并没有带来创新绩效的改善。不过，在股权集中和两职合一的调节作用下，创新绩效提升明显。综合高产品市场竞争和低产品市场竞争分析可知，假设 H1 得到部分验证，假设 H2a 和假设 H3a 未通过验证，假设 H2b 和假设 H3b 得到验证。

第四节　稳健性检验

为了验证统计结果可靠性，本书进行了稳健性检验。销售毛利率是新产品盈利和维持市场竞争力的重要体现，我们用销售毛利率作为企业创新绩效的衡量指标；自主研发支出用研发费用占主营业务收入比例衡量；广告强度用广告费用占主营业务收入比例衡量；企业规模用企业总资产的自然对数值衡量。稳健性检验的多层回归结果给出了在不同产品市场竞争度下，股权集中和独立董事对企业自主研发支出和创新绩效之间关系的调节作用检验结果，除极个别差异外，股权集中和独立董事的调节作用与前文结果较吻合，并无实质性差异，这就进一步验证了前文结论的稳健性。

表 6-7　　　　　　　　　　　　稳健性检验

	低产品市场			高产品市场		
	模型 1	模型 2	模型 3	模型 1	模型 2	模型 3
常数项	0.590***	0.580***	0.583***	0.238***	0.235***	0.237***
lnsize	0.075	0.076	0.091	0.004	0.011	0.002
Lev	-0.365***	-0.358***	-0.376***	-0.321***	-0.309***	-0.323***

续表

	低产品市场			高产品市场		
	模型1	模型2	模型3	模型1	模型2	模型3
Adv	0.259**	0.274**	0.253**	0.432***	0.413***	0.436***
Redv	0.289***	0.264**	0.306***	0.080	0.082*	0.082*
Sharec		−0.070			0.024**	
Dual			0.081			0.025
Redv×Sharec		0.121			0.037**	
Redv×Dual			0.051			0.099**
Indus	控制	控制	控制	控制	控制	控制
年份	控制	控制	控制	控制	控制	控制
调整的 R^2	0.458	0.447	0.449	0.384	0.389	0.388
F值	10.284***	7.668***	7.716***	30.041***	23.147	23.145***

注：*、**、*** 分别表示在 $p<0.1$、$p<0.05$、$p<0.01$ 水平上显著。

第五节 本章小结

本章对有关包容性创新的第三个实现机制进行实证研究。考察内外部治理环境对企业自主创新的影响机理。以深市主板和中小板企业共计974个公司为样本，围绕不同竞争度产品市场中公司的研发支出与创新绩效关系进行多层次回归分析，并对股权集中和两职合一的调节效应进行了实证检验，结果表明，在产品市场竞争度低的行业，研发支出与创新绩效正相关，股权集中和两职合一对研发支出和创新绩效之间的调节作用不显著。而产品市场竞争度高的行业，研发支出与创新绩效不相关，股权集中和两职合一对研发支出和创新绩效之间的调节作用明显，即在股权集中的企业，研发支出对创新绩效的影响好于股权分散的企业；在两职合一的企业，研发支出对创新绩效的影响好于两职分离的企业。

从实证结果可以看出，目前我国还没有形成有效的外部治理环境，内部治理结构受制于外部治理环境，两者没有协同发展，不仅对企业 R&D

活动的开展带来负面影响,而且也不利于中小股东的权益保护。针对企业面临的外部治理环境现状,推动企业内部治理结构的完善,最终形成"股东会、董事会、监事会和经理层各司其职、协调运转、有效制衡的公司法人治理结构"。可见,企业内外部治理环境的协同发展,不仅有利于企业治理结构的完善,也是包容性创新实现的重要途径。

第七章　战略互动与融合和企业价值提升

改革开放30多年来，民营企业迅速发展壮大，截至2011年，数量已占全国企业总数90%以上。据中华人民共和国中央人民政府网站的数据显示，2010年，非公经济领域吸收的就业人数占我国总就业人数80%以上；2011年，民营企业创造的利润占我国工业企业创造的总利润75%以上；2012年1—4月，民营企业上缴的税收占我国税收收入总额的60%以上。民营企业为国家经济发展，GDP和财政税收增长以及促进就业等方面做出了重要贡献。但是，我国非公企业尤其是民营企业在成长过程中经常遭遇发展的"天花板"，即"做几百万元上千万元的规模容易，但要做到一百亿元的规模就非常少"（王忠禹，2010）。其中一个重要原因就是没有处理好企业与政府的关系，从而导致企业在发展过程中不同程度地会遭遇"玻璃门"[①]和"弹簧门"[②]。所以，经常听到这样的感慨：企业与政府的关系——离不开靠不住。

"中小企业要生存，要成长，要不断壮大，离不开政府的扶持，没有政府的扶持，中小企业的命运只能是永远长不大……"（十八大代表甘肃大禹节水集团董事长王栋，2012）面对强势政府，很多非公企业都使出浑身解数谋求与政府建立和维持良好的关系，最直接的方式就是通过高管"身份"跨界把自己从政府的"外部人"变成"内部人"，通过雇用现任或者前任政府官员，使之成为企业高管（"官员型"高管），或是使企业高管融入政府活动中去，转变为"红色企业家"（如十八大全国代表中的三一重工董事长梁稳根、红豆集团董事长周海江……）。需要强调的是，这种形式的"身份"跨界，并不是基于权钱交换基础上的"灰色"政商

[①] "玻璃门"现象是说一些政策规划的美好愿景看起来不错，但是，在实施过程中，很多政策缺乏细化、可操作性的办法，根本无法落实，使得这些政策规划"看得见，够不着"。

[②] "弹簧门"是指在市场竞争中，非公企业可以进入一些行业，但是，刚刚进入就会被一些"硬性政策"弹出的现象。

关系，无须承担法律风险。

这些"红色企业家"或者"官员型"高管，往往都是把握"政（政策、政府）企关系"的顶尖高手。通过他们的"身份"跨界，不仅有助于非公企业获取政府掌控的资源，而且还可以帮助非公企业提高知名度和影响力（Baron, 2012）。然而，"世上没有免费的午餐"，高管"身份"跨界在给企业带来"好处"的同时，也可能会遭到政府干预和寻租行为，如承担更多的政治目标以及社会目标（增加就业、对外捐款等）（Fan et al., 2007）。胡永平、张宗益（2009）的研究发现，政商关系的运营和维持成本很高，甚至可能超过其所带来的收益。那么，高管"身份"跨界与非公企业价值之间的关系究竟怎样？有没有促进非公企业价值的提升呢？

目前，我国正处在社会转型和经济快速发展的特殊时期，结构的不确定以及激烈的市场竞争环境是每一个企业都无法回避的现实。为了应对结构不确定带来的风险和抵抗激烈市场竞争带来的威胁，非公企业往往都会大力推行政治战略（Li et al., 2008; Lu, 2011）。那么，结构不确定、市场竞争强度在高管"身份"跨界与非公企业价值之间是否起到了显著的调节作用？此外，从市场战略实施角度，以研发和广告为导向的市场战略往往需要强有力、系统性的财税金融政策支持，需要大量长期稳定的资金投入，并且存在着巨大的失败风险。因而，很多企业希望通过"身份"跨界的政治战略，来配合企业市场战略的实施。那么，高管的"身份"跨界有没有对非公企业市场战略与企业价值之间起到积极的促进作用呢？对这些问题的回答不仅有助于揭示现象背后的本质，也可以为企业制定和实施多元化战略提供理论指导和现实指南。

第一节 理论基础与研究视角

一 战略依存的概念

希尔曼等（Hillman et al., 1999）将企业为谋求有利于自己的市场环境而主动参与制定"游戏规则"或影响政府政策、法规制定进程的战略称为企业政治战略，将实施上述战略的行为称之为企业政治行为。但是，实施政治战略的最终目的还是为企业的市场战略营造一个有利的竞争环境，拓展企业的外部生存与发展的空间，通过改善企业经营绩效提高企业在行业中的竞争力。因此，巴龙（Baron，1995）曾提出需要将政治战略和市场战略整合起来实现企业的目标，"战略整合"研究应运而生。"战略整合"是指企业深刻意识到市场环境与政治环境交互作用的重要影响，从而将政治战略与市场战略整合运用的行为表现（Baron，2012）。由于战略整合往往能够实现单一的战略所不能带来的价值（谢佩洪、王志成、朱海华，2008），因而暗含着"1+1>2"的协同效应。战略整合的核心在于企业市场与政治战略之间的正向外溢性，即希望通过"身份"跨界的政治战略的实施，强化市场战略对非公企业价值的贡献。

企业在同时实施政治战略和市场战略时，能否实现"战略整合"所描述的效果却不得而知。田志龙、邓新明（2007）通过对中国企业的大样本调查后发现，中国企业的政治战略与市场战略的整合程度不高，并没有达到人们期望的高度。因此，为了准确地刻画企业实施多元化战略的现状，本书提出"战略依存"概念，意指"多个战略彼此之间的依赖"，即不同战略之间互动的影响和制约关系。虽然政治战略与市场战略的相互依存可能会出现上文的"协同效应"，但是还有可能出现另外两种后果：战略的"堆砌效应"与"侵蚀效应"，目前理论界对这两种效应关注得比较少。当企业实施的多元战略之间相互制约、相互侵蚀时，就会出现战略之间的"侵蚀效应"。在本书中即意味着"身份"跨界的政治战略的实施，不仅没有增强市场战略对非公企业价值的贡献，反而降低了市场战略对非公企业价值的作用。而处在"协同效应"和"侵蚀效应"之间的是战略的"堆砌效应"，指的是政治战略和市场战略之间既没有发挥"协同效应"，也没有出现"侵蚀效应"，而是简单地堆砌在一起，即政治战略的实施，既没有强化也没有削弱市场战略与非公企业价值之间的作用关系。

二 企业政治战略

政治战略对企业的影响已经引起了学者们的广泛关注，但由于学术偏好和立论基点的不同，学者们对企业政治战略的理解存在较大差异，如：契约理论的学者将政企关系、政治关联视为企业与政府间的隐性关系契约，把企业与政府建立政治联系以及对政治资源的投资、利用过程看成是与政府签约的过程（吴文锋、吴冲锋、芮萌，2009）。企业凭借与政府建立起来的非正式的规范和关系，进行"直接非生产性寻利活动"（Directly Unproductive Profit–seeking Activities，DUP），即为一种寻租行为。公共选择理论将政治运作过程看作一种公共权力和利益市场化交换过程，否认政府官员的价值取向是为了公共利益，政府官员通过政府干预向企业提供有偿服务来满足企业的需求，企业则可以购买满足其偏好的公共政策和市场特权（De Graaf，2007）。资源依赖理论认为，企业的政治战略和行为是为了控制环境、降低外部风险，它是提高企业决策的有效性和运行能力的手段。为了获得和充分利用政府控制的资源，企业一般都会采取应对性的政治战略和行动（Baron，2012）。本书将高管"身份"跨界的政治战略与市场战略的依存与互动纳入一个政治生态系统中，系统考察高管"身份"跨界、战略依存与非公企业价值之间的复杂关系并进行论证。

第二节 假设提出

一 高管"身份"跨界与非公企业价值

（一）高管"身份"跨界对非公企业价值的直接影响

除了自然经济外的任何经济体系，企业与政府之间都不可避免的相互依赖。政府需要依靠企业实现充分就业和经济增长等基本的经济目标，而站在企业的角度，政府又直接影响其盈利能力（Johnson and Mitton，2003）。由于对不同产权性质的企业对象，政府的政策和管制措施不均衡，所以为了获取最大"好处"，企业往往都会积极主动与政府建立紧密联系（Berkman et al.，2010）。尤其在转型时期，面对"有关系好办事、没关系难办事"现状，企业不仅需要处理好复杂的市场关系，还必须学会如何应对那些非市场因素（巫景飞、何大军、林日韦、王云，2008）。虽然在与政府"打交道"方式上，每个企业的做法可能会有所差异，但是最直接的途径就是通过"身份"跨界，吸纳政府官员进入企业的管理团队或者让企业高管去谋取政治地位（Buderi and Huang，2006）。

但是，通过"身份"跨界在获取"好处"、拓展政治生态位的同时，企业往往也需要付出一定代价。如为了实现增加就业、社会稳定等政治目标，政府往往会迫使那些有"身份"跨界的非公企业吸纳更多的员工，追加更多的投资；抑或通过施加政治压力、交换关系等使当地的非公企业向政府倡导的政绩项目和其他公共设施建设捐资出力（谭劲松、郑国坚、彭松，2009）。因而，高管"身份"跨界运营和维持成本可能会超越其带来的收益，从而造成非公企业价值的损失。所以，高管"身份"跨界能否促进非公企业价值提升并不是一个"是"与"否"的简单命题，它与高管"身份"跨界的范围与级别紧密相关。

企业高管"身份"跨界的范围越广，高管团队中"官员型"高管数量就会越多，出于自身偏好，他们可能会将非经济的政治因素作为招聘和任命的首要考核指标（Hu and Leung，2008），这会削弱对管理层的甄别"筛选"、监督及惩戒机制的效力（Chang and Wong，2009），从而导致非公企业中具有专业背景或者丰富工作经验的董事比例变低，代表股东利益的董事变少，进而可能降低企业的经营效率（Fan et al.，2007；胡永平、张宗益，2009）。此外，官员们在拥有企业经营管理实权后，向企业"寻租"会更加便利（Hellman and Kaufmann，2003）。一些企业为了避免被政府机构及官员盘剥，就会调整现有的资产持有结构，减少现金持有水平，这可能会使企业的资金捉襟见肘，从而造成企业难以如期偿还债务，增加非公企业的财务风险（Caprio et al.，2011）。

高管的政治级别越高，其所在企业被媒体、政府及社会各界关注的程度也越高。外界不仅会重视企业内部的运营状况，而且会更加关注企业的社会责任和社会效益。政治锦标赛体制下对官员的压力性激励范式与不容选择的政治生态，会使高管的身份级别越高，承担的政策性负担越重（梁莱歆、冯延超，2010）。因而，尽管高管"身份"跨界对非公企业价值可以起到一定的正向促进作用，但是在制度不完善的背景下，这种正向的影响是有限的、暂时的（Fan，Wong and Zhang，2007）。于是，本章提出第一个假设：

H1：在控制其他相关变量的条件下，高管"身份"跨界对非公企业价值有显著的负向影响。

（二）结构不确定对高管"身份"跨界与非公企业价值的调节效应

结构不确定是指由于缺乏产业结构及其变化的信息，导致管理者无法准确预测产业结构的变化趋势以及这些变化会给组织决策选择带来的影响（Luo，2003）。与西方国家相比，我国企业面临的结构不确定更加严重和复杂：首先，转型时期国家和地方产业结构升级与主导产业政策的不断调整引起社会投资结构的调整和消费结构的变化，这会严重影响产业结构的稳定性（干春晖、郑若谷、余典范，2011）；其次，日新月异的技术进步和技术替代会打破原有的结构均衡，对特定产业部门产生较大冲击并引起生产要素供给的变动，从而造成结构的不确定（Hartwig，2008）。

对于国有企业，由于其大多属于关系国计民生的垄断性行业，政府对国有企业独特的"父爱主义"使得其能够得到政府更多的庇护。即使自身经营不善或者技术创新不足导致国有企业发生亏损，政府常常会追加投资或者贷款，并提供财政补贴，所以结构不确定对国有企业的负面影响较小（吴延兵，2012）。但是，非公企业尤其是民营企业，大多是从传统制造业和服务业起步的，一直被整体素质不高、创新要素缺乏、融资困难、法律保护不力等问题所困扰（秦合舫，2005）。如果能通过高管"身份"跨界取得政府背景，就能有效规避与政府职能部门如税务局、公安局、环保局以及劳动与社会保障局等打交道过程中各种"刁难"和乱摊派现象，克服由于市场失灵和政府失灵而导致的诸多不便（张祥建、徐晋、王小明，2011）。

此外，高管"身份"跨界可以打通企业和政府之间的沟通渠道，不仅能够帮助非公企业及时了解产业政策调整信息、行业以及竞争对手的发展动态，及时调整企业战略，降低结构不确定所带来的挑战（Peng and Luo，2000）；而且还可以利用政治网络中的人脉关系为企业带来各种市场机会，如获得政府订单，即使在市场经济高度发达的美国，政治联系对企业赢得政府订单也起着不可忽视的作用（Goldman et al.，2013）。Boubakri等（2008）的研究表明，企业高管的政治背景通常能起到减震器功能，具有提升公司绩效和抵抗结构不确定的能力。综上所述，本章提出如下假设：

H2：结构不确定在高管"身份"跨界与非公企业价值之间有显著的正向调节作用。

（三）竞争强度对高管"身份"跨界与非公企业价值的调节效应

竞争强度是指一个企业所在行业面临的竞争激烈程度（Li et al.，2008）。当企业所处产品市场竞争强度较低时，同质竞争对手较少，产品差异化显著，市场发展易于形成垄断。在垄断竞争条件下，企业只要按照市场规则不断进行创新，制造出差别化的产品满足消费者要求，就能获取相对较高的利润（周浩、朱卫平，2008）。此时，通过"身份"跨界拓展政治生态位可能会得不偿失（Faccio and Lang，2002）。然而，当面临激烈的市场竞争时，同质企业较多，生存压力会逼迫一些企业产生急功近利的念头，采取模仿、剽窃等非法行为。政府甚至可能会为了维护当地经济的稳定、促进就业，而给当地的国有企业提供庇护（罗党论、应千伟，2012）。此时，高管"身份"跨界就变得十分重要和有益。

通过"身份"跨界，不仅可以帮助民营企业快速、顺利地通过审批手续，获取土地、市场进入许可，还可以避免政府办事官员的刁难和寻租行为等。即使在温州这样经济相对发达的沿海地区，也有相当一部分民营企业依赖与政府之间建立的"关系"获得额外收益，从而遥遥领先于竞争对手（张建君、张志学，2005）。除了这些直接收益，具有"身份"跨界的非公企业还能得到其他额外好处，例如官员视察的对象往往会选择那些有"身份"跨界的企业，这可以满足企业"合法性"需求[①]（罗党论、应千伟，2012）。有了这种社会声誉，供应商、股东和顾客就会对企业更加认可和信赖（张建君、张志学，2005）。因而，与无"身份"跨界的非公企业相比，有"身份"跨界的非公企业在面临激烈市场竞争时，不仅可以获得更多条款以外的好处，而且还能利用"关系"缓冲他们在市场中的竞争压力（Li et al.，2008）。据此本章提出如下假设：

H3：竞争强度在高管"身份"跨界与非公企业价值之间有显著的正向调节作用。

二 战略依存与非公企业价值

巴龙（2012）认为，实施有效的市场战略可以提高企业价值，但并不总是一个充分条件。市场战略往往还需要政治战略的配合与支持，才能赢得竞争优势。企业不应该将政治战略看作是市场战略的替代和补充，尤其是在结构不确定和激烈的市场竞争条件下，这是因为市场战略和政治战略都有共同的价值取向，都希望能够克服不确定性，在激烈的竞争环境中确保企业获得最多的收益（Acquaah，2007）。Lu（2011）的研究发现，如果企业高管具有高级别的政治身份，政府就能够在更大权限和更深层次上为企业市场战略的实施提供便利和保护。所以，现实中的企业往往都会选择一手抓市场，一手抓"市长"，在推行市场战略的同时，不遗余力地制定和实施"身份"跨界的政治战略（本书称之为"跨界战略"）。由于市场战略包括以研发为导向和以广告为导向的两种最典型的战略模式，结合跨界战略，常常会出现以下三种形式的战略依存：跨界战略与研发战略的依存、跨界战略与广告战略的依存，以及跨界战略、研发战略和广告战

[①] 合法性是指企业从政府和社会获得的认可、声誉等。

略三者的依存。

(一) 跨界战略与研发战略的依存与非公企业价值

虽然激烈的同业竞争能够给企业施加足够压力来增加对研发活动的投资(波特,2002)。但是,只有在形成良性的同业竞争时,企业的研发投资和创新活动才能转化为竞争优势(林毅夫、李永军,2003)。如果政府决定推动产业发展的政策违背经济的比较优势理论,由于后发企业的创新活动很难在短时间内取得技术方面的优势,这些企业又不能运用经济的比较优势建立成本方面的优势,良性竞争的局面就不可能实现(林毅夫、李永军,2003)。此时,实施"身份"跨界的政治战略后,就有可能降低对研发战略的投入,从而对非公企业价值造成负面影响(贺小刚、张远飞、连燕玲、吕斐斐,2013)。

首先,与国有企业相比,非公企业实施跨界战略的成本比较高,为了弥补付出就必须充分利用跨界战略去获取各种有价值的资源,如融资便利性、税收优惠、土地配置优惠等(Faccio,2006),逼迫他们去做那些短平快项目尽可能快地收回投资(Tan,2001),从而减少对周期长、风险大和不确定性高的研发战略和能力建设的依赖。Peng(2004)的研究证实,相对于国有企业,非公企业面临着更大的被掠夺的风险,所以它们更有可能将来之不易的资源运用于低风险、回报率高的业务领域,而不是高风险的研发领域。伯德(Bird,1989)研究后指出,经济转型过程中的企业家们追求的往往是机会,而不是研发能力的培养。如果一个企业通过跨界战略能够获得政府控制的关键性资源,如科技创新资金、研发项目审批、高新技术企业资格认定、新产品政府订单、土地与金融支持等,那么它就有可能减少在研发战略上的各种财务资源和管理资源的投入(Kornai et al.,2003)。

其次,"身份"跨界可能导致企业目标的扭曲,从而阻碍非公企业研发战略的顺利实施。Shleifer和Vishny(1994)探讨了政治家对企业经营和治理的影响,认为政治家和企业家追求的目标差异很大。与企业家偏好经济利益最大化的目标相比,政治家更乐于通过增加就业、提高公共福利等社会目标赚取政治资本。那些跨界后与政治家走得很近的非公企业往往会承担更多的政治目标,从而造成非公企业的经营行为偏离经济理性。所以不难理解,虽然通过"身份"跨界可以获得更多政府控制的资源,但并不一定能够保证跨界企业会从事更多的创新研发行为。丁重、邓可斌

(2010) 实证研究后指出：没有证据表明政治战略可以推动企业的技术效率改进或创造性破坏活动的开展；相反，政治战略还会降低企业的创新效率。罗党论、刘晓龙（2009）以非公企业中的民营企业为对象研究后发现：民营企业所采取的政治策略能有效帮助其进入政府管制行业。但是企业对政治管制约束的资源的过度依赖会对创新文化产生负面的影响（Shen et al., 2011）。基于上述分析，本章提出如下假设：

H4：跨界战略实施后，会削弱研发战略对非公企业价值的积极影响，跨界战略和研发战略的依存会发生战略的侵蚀效应。

（二）跨界战略与广告战略的依存与非公企业价值

广告作为一种重要的"身份通信器"，不仅向消费者传递企业产品核心价值的相关信息，而且能够对消费者大脑进行"狂轰滥炸"（Bhattacharya and Sen, 2003）。Joshi 和 Hanssens（2010）将广告对企业价值的间接影响归纳为"溢出效应"和"信号效应"。所谓溢出效应，是指通过投放广告有利于企业创建产品品牌资产，使本企业的产品区别于竞争对手的产品，并且对企业投资行为产生溢出影响。而信号效应是指广告需要投入大量资金，可以间接地表明公司财务状况良好和市场竞争力较强，是未来盈利潜力的信号（徐伟等，2012）。McAlister、Srinivasan 和 Kim（2007）的研究发现，虽然广告费用动辄几百万元、上千万元甚至上亿元，但是对提高企业的知名度、增加产品销量、降低系统性风险是必不可少的。

虽然理论界对广告战略与企业价值之间的关系持正面态度，但是聚焦到政治战略与广告战略依存及其交互作用对企业价值影响的文献却非常少，且零星的研究成果大多认为这种影响是负向的。偏好于"身份"跨界的企业高管，往往有强烈的政治诉求，喜欢生活在"镁光灯"下。跨界战略实施后，政府官员追求舆论轰动效应的偏好可能会扭曲企业从事广告的热情，使非公企业的广告战略偏离最初的本意，从而导致企业价值的受损。胡本勇和彭其渊（2008）的研究发现，当面临激烈的产品市场竞争时，非公企业往往会将更多的注意力集中在广告竞争上。由于大多数非公企业的资金和技术比较薄弱，将有限的资金投入对产品实质属性没有任何贡献的广告上，势必削弱企业在其他长期发展项目上的投资，从而不可避免地对非公企业持续发展和价值提升产生不利影响（胡本勇、彭其渊，2008）。所以本章提出如下假设：

H5：跨界战略实施后，会削弱广告战略对非公企业价值的积极影响，跨界战略和广告战略的依存会发生战略的侵蚀效应。

(三) 跨界战略、研发战略和广告战略三者依存与非公企业价值

现实中很多企业往往会同时推行以研发为导向和广告为导向的市场战略。然而，无论是以广告还是以研发为导向的市场战略，无非都是要往里"砸钱"，而我国大多数非公企业缺乏的就是资金和技术。已有研究发现，由于资源约束，如果企业同时实行以研发为导向和以广告为导向的市场战略，往往会陷入波特所说的"夹在中间"困境（杨其静，2011），从而导致战略的迷失（刘海健，2012）。倘若通过高管"身份"跨界能够获得银行贷款和技术审批等方面的优先权，无疑会增加研发战略和广告战略同时实施的可行性和成功的概率。

此外，高管"身份"跨界还可以在市场失灵时给非公企业提供更多的保护，高管"身份"跨界后与政府建立的政治网络可以帮助非公企业快速、广泛、准确地收集竞争对手情报和市场变化信息，发现存在的威胁，辨识与捕捉市场机会，制定更加灵活的、更具有针对性的市场战略（Goldman et al.，2013）。所以，高管的"身份"跨界有可能诱发政治战略和市场战略之间的正向外溢效应，导致研发战略与广告战略之间的互动性激励，从而促进非公企业价值的提升（Baron，2012；谢佩洪、王志成、朱海华，2008）。于是本章提出如下假设：

H6：跨界战略实施后，会强化研发战略与广告战略共同对非公企业价值的积极影响，跨界战略、研发战略和广告战略的依存会诱发战略的协同效应。

第三节 研究设计

一 数据来源及样本选择

本书选取深圳证券交易所上市的主板和中小板中非国有企业2008—2010年的年报作为数据资料进行实证分析。高管"身份"跨界信息是基于2008—2010年的年报，经过手工整理得到的。制度环境的相关数据来自樊纲等编著的《中国市场化指数：各地区市场化相对进程2011年报告》。结构不确定的计算数据来自《中国统计年鉴》（2006—2011年）、《中国工业经济统计年鉴》（2009—2011年）以及中宏观产业数据库。具

体样本的选择过程如下：（1）剔除了业绩过差的 ST 和 PT 企业以及被注册会计师出具过保留意见、拒绝表示意见、否定意见等审计意见的上市企业；（2）剔除金融类、保险类、房地产类上市企业；（3）剔除没有披露相关指标的上市企业，如研发费用缺失和高层管理者简历介绍不详的企业。

二 研究变量的定义说明与模型建立

（一）被解释变量

国外学者一般采用托宾 Q 值衡量企业价值（Conyon and Peck, 1998）；而我国上市企业股票价格的频繁波动及换手率会导致托宾 Q 值存在潜在偏差（徐莉萍、辛宇、陈工孟，2006），因此本书采用总资产收益率（ROA）即净利润/总资产的比例来测度企业价值。

（二）解释变量

1. 高管"身份"跨界

本书参考 Faccio 等（2006）以及贾明、张喆（2010）和巫景飞、何大军、林日韦、王云（2008）研究，引入"身份"跨界、"身份"跨界范围和"身份"跨界级别三个维度衡量。"身份"跨界（Crossa）设为虚拟变量，用于衡量高管"身份"是否跨界，若是属于从政界到商界，如前任或者现任政府官员；或者从商界到政界，如非公企业的高管跻身于人大代表、政协委员、民主党派人、青年委员和工商联委员等其中之一即被认为是高管"身份"跨界，用 1 表示；否则，用 0 表示。"身份"跨界范围（Crossb），参考巫景飞、何大军、林日韦、王云（2008）对企业高管政治网络测量的编码方案并对其进行了部分修改，形成 8 个编码题项[①]，将质化的文字描述转换为量化的编码分值来衡量。两位管理学博士生依据编码方案对 2008—2010 年上市非公企业高管的个人背景进行了独立编码，取得了 90.35% 的编码者间的信度。"身份"跨界级别（Crossc）为定序变量，根据高管"身份"跨界前后所在政府机构的行政级别，按照中央、

---

① 编码题项包括：（1）地方"身份"跨界：①是否有地方政府部门工作经验（含军队等）；②是否在地方政府部门担任过处级以上领导岗位（军队为团职以上干部）；③是否担任过地方"两会"代表；④现在或者以前是否是省市县级青年委员/工商联委员、民主党派人士。（2）中央"身份"跨界：①是否有中央政府部门工作经验（含军队）；②是否在中央政府部门担任过处级以上领导岗位（军队为团职以上干部）；③是否担任过全国"两会"代表；④现在或以前是否是全国青年委员/工商联委员、民主党派人士。

省级、市级和县级四类分别设定该变量等于4、3、2或者1。

2. 研发战略

用当年研发费用支出与销售收入比值衡量。

3. 广告战略

用广告费用占销售收入比例表示。

(三) 调节变量

1. 结构不确定 (Uncer)

我们参考 Luo (2003) 和 Li 等 (2008) 通过计算一个行业的工业总产值标准差、销售收入标准差和利润总额标准差，再求它们三者乘积的立方根即为结构不确定性。公式表示为：结构不确定 = [Std (工业总产值) × Std (主营业收入) × Std (利润总额)]$^{1/3}$。数据来自《中国统计年鉴》(2006—2011年) 和中宏观产业数据库，由于只有主营业务收入没有销售收入数据，我们用主营业务收入数据代替，该指标值越大，表明该企业所处行业结构不确定越大。

2. 竞争强度 (Comp)

用著名的赫芬因德指数 (HHI) × (-1) 来表示，计算公式：HHI = $\sum (X_{ij}/\sum X_j)^2$，X_{ij} 为行业 j 中公司的主营业务收入，$\sum X_j$ 为行业 j 中全部国有及规模以上非国有工业企业的主营业务收入。HHI 指数越小，产业内相同规模的企业就越多，竞争也就越激烈 (Li et al., 2008)。每个企业的主营业务收入数据均来自年报，而每个行业的主营业务收入数据来自《中国统计年鉴》以及《中国工业经济统计年鉴》(2009—2011年)，包括了上市企业和非上市企业的数据，比较全面地反映了企业所处行业的竞争强度。

(四) 控制变量

1. 制度环境 (Inevo)

参考樊纲等编著的《中国市场化指数：各地区市场化相对进程2011年报告》，减少政府对企业干预、减少企业对外税费负担、减少商品地方保护、对生产者合法权益保护、知识产权保护和消费者权益保护指数，通过主成分分析，选择特征根大于1的前三个指标，将这三个分指标合成一个指标作为替代变量。为了防止因子排序带来的误差，将变量进行多次不同排序和主成分分析，最终选择特征根大于1，累计贡献率大于85%最优的那一组前三个变量来表示，写出综合主成分作为替代变量。

2. 高管持股（Sharh）

上市公司董事、经理、监事等高级管理人员持股数量占公司总股数的比例。

3. 两职合一（Dual）

董事长兼任总经理，用1表示；否则，用0表示。

4. 企业年龄（Age）

用年报的年份减去非公企业的上市时间。

5. 行业类型（Indus）

按证监会的分类标准（除制造业继续划分为小类外，其他行业以大类为准），有效样本涉及6个行业，设立5个虚拟变量。

6. 年份（Year）

考虑到年份可能的影响，我们设置年度虚拟变量进行控制，其中以2010年为基准年，共设置两个年度虚拟变量。

为了检验假设H1，我们将待检验的回归方程设定为：

$$ROA = \beta_0 + \beta_1' Cross + \beta_2' X + \beta_3' Indus + \beta_4' Year + \varepsilon \qquad (7.1)$$

其中，β_0表示截距项，β_i表示回归方程系数，$i=1、2、3、\cdots$，ε表示残差项。在方程（7.1）中，"身份"跨界（Cross）是由"身份"是否跨界（Crossa）、"身份"跨界范围（Crossb）、"身份"跨界级别（Crossc）构成的向量，X是由多个企业控制变量构成的向量，主要包括制度环境、高管持股、两职合一、企业年龄。

为了检验假设H2和假设H3，将待检验的回归方程设定为：

$$ROA = \beta_0 + \beta_1' Cross + \beta_2 Uncer/Comp + \beta_3' Cross \times Uncer/Comp + \beta_4' X + \beta_5' Indus + \beta_4' Year + \varepsilon \qquad (7.2)$$

结构不确定与"身份"跨界三个维度的交叉项用来检验当面临结构不确定时"身份"跨界对非公企业价值的影响；竞争强度与"身份"跨界三个维度的交叉项用来验证面临激烈市场竞争时，"身份"跨界对非公企业价值的影响是否显著。

为了检验假设H4和假设H5，我们将待检验的回归方程设定为：

$$ROA = \beta_0 + \beta_1 Rd/Adv + \beta_2 Rd/Adv \times Uncer + \beta_3 Rd/Adv \times Comp + \beta_4' X + \beta_5' Indus + \beta_6' Year + \varepsilon \qquad (7.3)$$

同时，为了检验假设H6，我们将待检验的回归方程设定为：

$$ROA = \beta_0 + \beta_1 Rd \times Adv + \beta_2 Rd \times Adv \times Comp/Uncer + \beta_3' X + \beta_4' Indus +$$

$\beta_5'Year + \varepsilon$ (7.4)

将样本划分成有"身份"跨界和无"身份"跨界两组,分别进行回归。通过对比方程(7.3)中有"身份"跨界组与无"身份"跨界组回归系数 β_2、β_3 的显著性和大小,来判断假设 H4 和假设 H5 是否通过验证,以及战略依存的结果是侵蚀效应、堆砌效应还是协同效应。同理,通过对比方程(7.4)中有"身份"跨界组与无"身份"跨界组回归系数 β_2 的显著性及大小,来判断假设 H6 是否通过验证,以及战略依存结果。

第四节 实证分析

一 样本特征

从表7-1中的样本可知,2008年有52.22%的非公企业聘用过"官员型"高管,超过31%的非公企业高管在地方政府部门担任过处级以上领导岗位,27%以上的非公企业的高管是地方级"红色企业家"和6%以上的是国家级"红色企业家"。这些数据充分表明,我国上市的非公企业中普遍存在高管"身份"跨界现象。

表7-1　2008—2010年样本企业高管"身份"跨界基本信息

高管"身份"跨界	2008年	2009年	2010年	高管"身份"跨界	2008年	2009年	2010年
民主党派	7.57% 14	5.41% 10	7.03% 13	中央政府部门工作经验	22.16% 41	21.62% 40	20.00% 37
在地方政府部门担任过处级以上领导岗位	31.89% 59	36.22% 67	43.24% 80	中央政府部门担任过处级以上领导岗位	17.30% 32	18.92% 35	17.30% 32
地方政府部门工作经验	52.22% 94	54.60% 101	63.78% 118	任过全国"两会"代表	6.49% 12	4.32% 8	2.79% 5
地方"两会"代表	27.57% 51	28.11% 52	30.27% 56	样本总数	185	185	185

非公企业高管在实施"身份"跨界时,非常重视跨界的级别,如2008年超过22%的非公企业的高管具有中央政府部门工作经验,17%以

上的高管现在或者以前在中央政府部门担任过处级以上领导岗位。2009年和2010年样本公司中，非公企业高管"身份"跨界的样本特征基本与2008年相近。

二 描述性分析

由描述性统计可知（见表7-2），有"身份"跨界的非公企业ROA（0.061）小于无"身份"跨界的非公企业ROA（0.067），说明高管"身份"跨界并不能带来非公企业价值的直接提升，假设H1初步得到支持。有"身份"跨界的非公企业广告强度均值（0.076）以及最大值（0.531），均大于无高管"身份"跨界的非公企业广告强度均值（0.061）和最大值（0.352）。其中原因可能在于，具有"身份"跨界的非公企业易于得到政府的支持，因而可以获得更多的融资渠道和资金从事以广告为导向的市场战略。另外，企业的战略定位主要由高管制定，高管的性格也直接决定企业是否从事以广告为导向的市场战略。一般而言，拥有跨界"身份"的高管乐于生活在公众的视野下，喜欢通过广告提高自身和企业的影响力。但也不能排除个别拥有跨界"身份"高管喜欢低调做人和做事，所以有"身份"跨界的非公企业中广告强度的标准差（0.088）也大于无"身份"跨界的非公企业标准差（0.066）。可见，高管"身份"跨界与否，在广告投放强度上存在很大差异。

表7-2　　　　　　　　样本的描述性统计

	有"身份"跨界组				无"身份"跨界组			
	均值	最小值	最大值	标准差	均值	最小值	最大值	标准差
ROA	0.061	-0.182	0.265	0.059	0.067	-0.237	0.393	0.075
Adv	0.076	0.001	0.531	0.088	0.061	0.001	0.352	0.066
Rd	0.040	0.000	0.271	0.049	0.038	0.000	0.259	0.038
Uncer	7151.62	356.757	20469.000	5.805	7201.630	356.757	20469.000	5.713
Comp	0.000	0.000	0.005	0.001	0.000	0.000	0.004	0.001

注：由于有些数据较小，保留三位小数则变为0.000。

在高管有"身份"跨界的非公企业中，研发投入均值（0.040）和最大值（0.271）都显著大于无"身份"跨界的非公企业均值（0.038）和最大值（0.259）。这从一个方面充分反映了高管"身份"跨界的好处。

研发战略的执行最需要的就是资金,而四大银行都是政府控制的国有垄断银行,有了跨界"身份"后,融资渠道变得畅通许多。从结构不确定的均值来看,该值越大表示企业面临的风险越大,而有"身份"跨界的非公企业面临的结构不确定均值(7151.620)小于无"身份"跨界非公企业的均值(7201.630)。描述性统计结果比较直观地展现了有无"身份"跨界非公企业在各个变量均值上的差异性,并初步支持本书的假设 H1;若要得到可靠的研究结果,以及对假设 H1 至假设 H6 进行验证,还需要做进一步的多变量回归分析。

三 高管"身份"跨界与非公企业价值

表7-3 中,模型1表示控制变量——公司年龄、高管持股、两职合一以及制度环境对非公企业价值的影响。其中企业年龄、高管持股、两职合一对非公企业价值的影响不显著,而制度环境对非公企业价值有显著的正向影响。

表7-3 非公企业价值的影响因素分析

	模型1	模型2	模型3	模型4
常数项	-0.120***	-0.121***	-0.123***	-0.118***
	(-3.795)	(-3.796)	(-3.996)	(-3.346)
Age	-0.040	-0.033	-0.021	0.006
	(-0.975)	(-0.809)	(-0.532)	(0.136)
Sharh	0.065	0.059	0.038	0.022
	(1.578)	(1.439)	(0.946)	(0.485)
Dual	0.093	0.098	0.114	0.109
	(2.268)	(2.379)	(2.854)	(2.420)
Inevo	0.105**	0.102***	0.089**	0.116***
	(2.455)	(2.384)	(2.130)	(2.447)
Crossa		-0.103*		
		(-1.083)		
Crossb		-0.117**		
		(-1.961)		
Crossc		0.206**		
		(1.998)		
Adv			0.289***	
			(6.536)	

续表

	模型1	模型2	模型3	模型4
Rd				0.192***
				(4.228)
Indus	控制	控制	控制	控制
年份	控制	控制	控制	控制
调整的 R^2	0.135	0.137	0.200	0.153
F值	8.850***	7.203***	12.326***	7.928

注：***、**、*分别表示在1%、5%和10%水平上显著，括号内数据为双尾检验t值。

模型2放入了"身份"是否跨界、"身份"跨界范围以及"身份"跨界级别，结果显示，高管"身份"是否跨界与非公企业价值在10%显著水平上是负向的，"身份"跨界范围对非公企业价值的影响也是负向的，而"身份"跨界级别与非公企业价值在5%显著水平上是正向的，说明高管"身份"跨界级别越高，越有利于非公企业的价值提升。因此，假设H1仅得到部分验证。

模型3显示，广告战略对非公企业价值有显著的正向影响。模型4表明研发战略对非公企业价值亦有显著的正向影响。因而，如果独立考察以研发和广告为导向的市场战略，它们都有助于非公企业价值的提升。

四 结构不确定和竞争强度的调节效应检验

表7-4中，模型1放入了调节变量"结构不确定"回归，发现结构不确定对非公企业价值无显著的直接影响；将高管"身份"是否跨界与结构不确定的交互项回归，发现交互项对非公企业价值的影响亦不显著。

表7-4　　　　　　　　调节效应的多层次回归分析

	结构不确定的调节效应			竞争强度的调节效应		
	模型1	模型2	模型3	模型4	模型5	模型6
常数项	-0.008	-0.008	-0.008	-0.004	-0.004	-0.004
	(-1.241)	(-1.091)	(-1.603)	(-0.635)	(-0.581)	(-0.582)
Age	-0.061	-0.060	-0.064	-0.073*	-0.081*	-0.075
	(-1.426)	(-1.409)	(-1.488)	(-1.689)	(-1.871)	(-1.741)

续表

	结构不确定的调节效应			竞争强度的调节效应		
	模型1	模型2	模型3	模型4	模型5	模型6
Sharh	0.059 (1.364)	0.061 (1.429)	0.059 (1.377)	0.080* (1.869)	0.082* (1.910)	0.081* (1.896)
Dual	0.060 (1.403)	0.059 (1.375)	0.059 (1.375)	0.049 (1.148)	0.052 (1.220)	0.049 (1.161)
Inevo	0.214*** (4.781)	0.209*** (4.690)	0.218*** (4.858)	0.222*** (5.010)	0.217*** (4.908)	0.223*** (5.021)
Crossa	-0.033 (-0.788)			-0.030 (-0.729)		
Crossb		-0.062 (-1.494)			-0.060 (-1.446)	
Crossc			-0.005 (-0.123)			-0.004 (-0.107)
Uncer	-0.034 (-0.182)	-0.048 (-0.259)	-0.020 (-0.104)			
Crossa × Uncer	0.054 (1.297)					
Crossb × Uncer		0.079** (1.888)				
Crossc × Uncer			0.079** (1.891)			
Comp				-0.132*** (-2.660)	-0.172*** (-3.430)	-0.146*** (-2.969)
Crossa × Comp				0.111*** (2.644)		
Crossb × Comp					0.105** (2.490)	
Crossc × Comp						0.118*** (2.846)
Indus	控制	控制	控制	控制	控制	控制
年份	控制	控制	控制	控制	控制	控制
调整的 R^2	0.137	0.137	0.142	0.134	0.134	0.136
F值	7.285***	7.265***	7.471***	7.089***	7.120***	7.185***

注：***、**、*分别表示在1%、5%和10%水平上显著，括号内数据为双尾检验t值。

模型2显示结构不确定对"身份"跨界范围与企业价值之间有显著正向调节效应，交互项对非公企业价值的影响在5%的水平上显著，系数为正。表明面临结构不确定时，"身份"跨界范围有助于战胜结构不确定带来的弊端，一定程度上促进非公企业价值的提升。结合图7-1可知，在结构不确定高的一组，高管"身份"跨界范围越大，非公企业价值越大；而在结构不确定低的一组，随着高管"身份"跨界范围的扩大，企业价值虽然有所提升，但是速度缓慢，高低组之间区别显著。

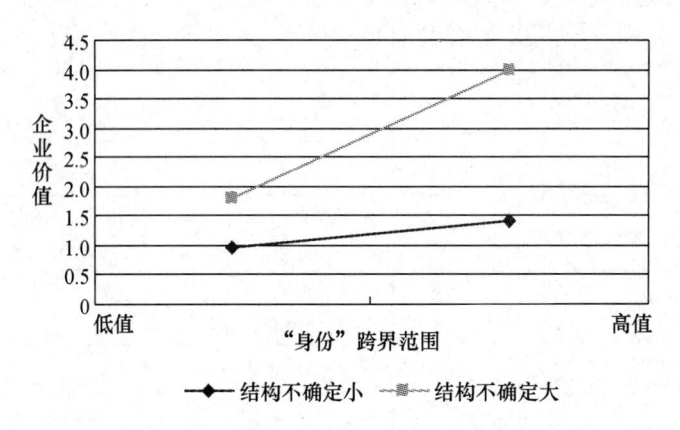

图7-1 结构不确定对"身份"跨界范围的调节效应

模型3放入了"身份"跨界级别与结构不确定的交互项进行回归，交互项对非公企业价值有显著的正面影响。由图7-2可知，结构不确定高的一组，高管"身份"跨界级别对非公企业价值的影响显著，而在结构不确定低的一组，"身份"跨界级别对企业价值的影响要明显小于结构不确定高的一组，高低组之间存在显著差异。因此，结构不确定对高管"身份"跨界范围、跨界级别与企业价值之间有显著的正向调节作用，假设H2基本得到验证。

表7-4中，模型4将调节变量"竞争强度"放入回归方程，结果显示，竞争强度对非公企业价值是显著的负向影响。高管"身份"是否跨界与竞争强度的交互项在1%的水平上显著。结合图7-3可知，在竞争强度高的一组，高管"身份"是否跨界对非公企业价值是显著的正向影响；而在竞争强度低的一组，斜率系数不显著（用一条水平的虚线表示）。这表明竞争强度在高管"身份"是否跨界与企业价值之间起到显著的正向调节作用。

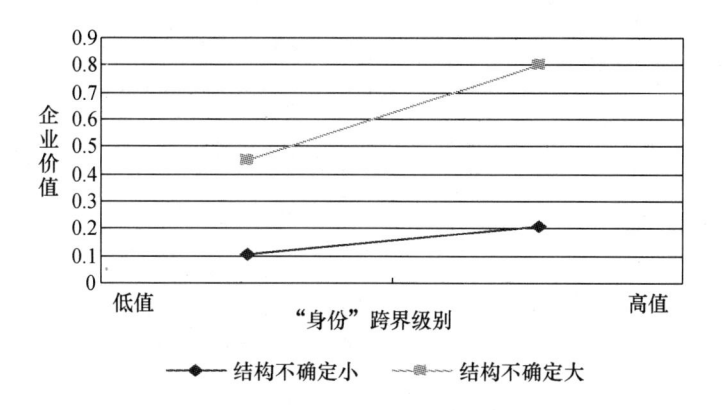

图 7-2　结构不确定对"身份"跨界级别的调节效应

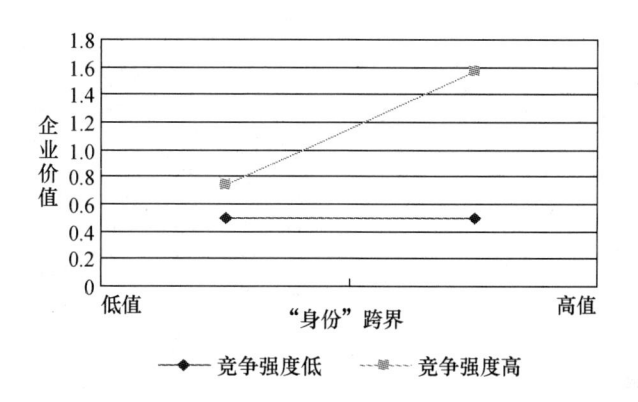

图 7-3　竞争强度对"身份"是否跨界的调节作用

模型 5 显示,"身份"跨界范围与竞争强度的交互项对非公企业价值有积极的正向影响。从图 7-4 可以发现,在竞争强度高的一组,"身份"跨界范围对非公企业价值的回归系数较大,且为正;而在竞争强度低的一组,斜率系数不显著(用一条水平的虚线表示),方程斜率在高低组间的差异是显著的。

模型 6 表明,"身份"跨界级别与竞争强度的交互项对非公企业价值亦有积极的正向影响。结合图 7-5 可知,在竞争强度高的一组,"身份"跨界级别对企业价值有显著的正向影响;而在竞争强度低的一组,斜率系数不显著(用一条水平的虚线表示)。竞争强度在"身份"是否跨界、跨界范围、跨界级别与非公企业价值之间的调节效应得到了支持。假设 H3 通过检验。

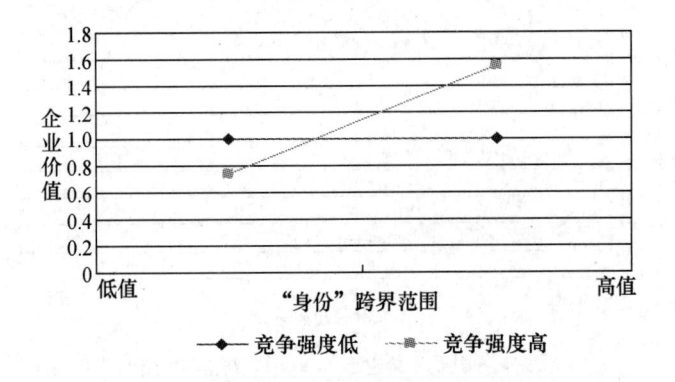

图 7-4 竞争强度对"身份"跨界范围的调节效应

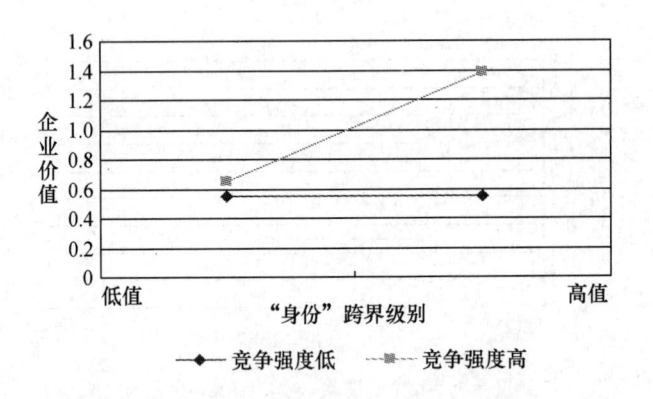

图 7-5 竞争强度对"身份"跨界级别的调节效应

五 跨界战略与研发战略的依存对非公企业价值的影响

表7-5揭示跨界战略和研发战略的依存对非公企业价值的影响。模型1检验在结构不确定条件下，无"身份"跨界企业的研发战略与非公企业价值之间的关系；模型2检验的是在结构不确定的条件下，有"身份"跨界非公企业的研发战略与其企业价值之间的关系。与此类似，模型3检验在激烈的市场竞争条件下，无"身份"跨界企业的研发战略与非公企业价值之间的关系；模型4检验的是在激烈的市场竞争条件下，有"身份"跨界企业的研发战略与非公企业价值之间的关系。对比模型1与模型2、模型3与模型4可以发现，虽然跨界战略的实施对研发战略和非公企业价值之间产生了积极的正向影响（有"身份"跨界组与无"身份"跨界组相比，回归方程的系数和显著性略有变化），但是这种正向的影响

是有限的，不足以说明跨界战略和研发战略的依存会产生战略的协同效应，当然也没有形成战略的侵蚀效应，相较而言更可能是"堆砌效应"，假设 H4 没能通过检验。

表 7-5　跨界战略与研发战略的依存对非公企业市场战略回归分析

	无跨界	有跨界	无跨界	有跨界
	模型 1	模型 2	模型 3	模型 4
常数项	-0.156*** (-4.167)	-0.102* (-1.937)	-0.115*** (-3.304)	-0.064 (-1.283)
Age	-0.029 (-0.452)	0.010 (0.173)	-0.044 (-0.501)	0.053 (0.899)
Inevo	0.177** (2.402)	0.126** (2.085)	0.205*** (2.751)	0.088 (1.470)
Sharh	0.006 (0.098)	0.018 (0.312)	0.007 (0.100)	0.005 (0.090)
Dual	0.144** (2.250)	0.094 (1.596)	0.146** (2.247)	0.094 (1.612)
Rd	0.161** (2.272)	0.065 (0.887)	0.212*** (3.221)	0.447*** (5.128)
Rd × Uncer	0.140** (1.990)	0.211*** (2.695)		
Rd × Comp			0.252*** (3.085)	0.335*** (4.063)
Indus	控制	控制	控制	控制
Year	控制	控制	控制	控制
ΔR^2	0.380	0.123	0.373	0.146
F 值	7.479***	3.681***	7.281***	4.283***

注：***、**、*分别表示在 1%、5% 和 10% 水平上显著，括号内数据为双尾检验 t 值。

六　跨界战略与广告战略的依存对非公企业价值的影响

表 7-6 数据反映跨界战略与广告战略的依存对非公企业价值的回归结果。模型 1 显示，在结构不确定条件下，无"身份"跨界企业的广告

战略对非公企业价值的影响显著；模型 2 表明，在同样的条件下，有"身份"跨界企业的广告战略对非公企业价值的影响亦显著，但是系数的大小和显著性降低。模型 3 显示，在激烈的市场竞争条件下，无"身份"跨界企业的广告战略对非公企业价值的影响显著；模型 4 表明，在激烈的市场竞争条件下，有"身份"跨界企业的广告战略对非公企业价值的影响不显著。所以，对比模型 1 与模型 2、模型 3 与模型 4 可以发现，跨界战略的实施不仅对广告战略与非公企业价值没有产生显著促进作用，反而出现了比较明显的负向阻碍作用，跨界战略与广告战略依存产生了比较明显的"侵蚀效应"，假设 H5 通过检验。

表 7-6　跨界战略与广告战略的依存对非公企业价值的回归分析

	无跨界	有跨界	无跨界	有跨界
	模型 1	模型 2	模型 3	模型 4
常数项	-0.110***	-0.111	-0.086***	-0.093**
	(-3.345)	(-2.404)	(-2.745)	(-2.125)
Age	-0.066	-0.007	-0.066	-0.005
	(-1.137)	(-0.141)	(-1.127)	(-0.087)
Inevo	0.163**	0.080	0.194***	0.082
	(2.284)	(0.131)	(2.898)	(1.494)
Sharh	0.027	0.026	0.015	0.030
	(0.454)	(0.621)	(0.258)	(0.577)
Dual	0.127**	0.098*	0.121**	0.115**
	(2.202)	(1.852)	(2.098)	(2.161)
Adv	0.370***	0.407***	0.318***	0.318***
	(4.897)	(5.504)	(4.701)	(5.265)
Adv × Uncer	0.215***	0.164**		
	(2.855)	(2.129)		
Adv × Comp			0.216***	0.037
			(3.066)	(0.670)
Indus	控制	控制	控制	控制
Year	控制	控制	控制	控制
ΔR²	0.400	0.166	0.386	0.152
F 值	9.282***	5.559***	8.832***	5.121***

注：***、**、*分别表示在 1%、5% 和 10% 水平上显著，括号内数据为双尾检验 t 值。

七 跨界战略、研发战略和广告战略的依存对非公企业价值的影响

表7-7数据反映跨界战略、研发战略与广告战略依存对非公企业价值的回归结果。模型1显示,在结构不确定条件下,无"身份"跨界企业的研发战略与广告战略对非公企业价值的共同影响不显著;而模型2表明,在同样的条件下,有"身份"跨界企业的研发战略与广告战略对非公企业价值的影响显著(回归方程系数和显著性都发生了明显的变化);模型3显示,在激烈的市场竞争条件下,无"身份"跨界企业的研发战略与广告战略对非公企业价值的共同影响不显著;模型4表明,在激烈的

表7-7 跨界战略、研发战略与广告战略的依存对非公企业价值的回归分析

	无跨界	有跨界	无跨界	有跨界
	模型11	模型5	模型12	模型6
常数项	-0.156***	-0.147***	-0.098***	-0.108**
	(-3.913)	(-2.765)	(-2.620)	(-2.101)
Age	-0.033	-0.002	-0.042	0.011
	(-0.488)	(-0.028)	(-0.607)	(0.186)
Inevo	0.164**	0.080	0.184**	0.082
	(2.081)	(1.338)	(2.279)	(1.328)
Sharh	0.000	0.046	0.013	0.038
	(0.005)	(0.786)	(0.186)	(0.638)
Dual	0.141**	0.078	0.127*	0.075
	(2.076)	(1.306)	(1.810)	(1.230)
Rd × Adv	0.037	0.229***	0.029	0.190***
	(0.536)	(3.552)	(0.401)	(2.808)
Rd × Adv × Uncer	0.033	0.249***		
	(0.486)	(3.981)		
Rd × Adv × Comp			-0.005	0.167**
			(-0.060)	(2.551)
Indus	控制	控制	控制	控制
Year	控制	控制	控制	控制
ΔR^2	0.319	0.138	0.285	0.098
F值	5.887***	4.023***	5.161***	3.053

注:***、**、*分别表示在1%、5%和10%水平上显著,括号内数据为双尾检验t值。

市场竞争条件下，有"身份"跨界企业的研发战略与广告战略对非公企业价值的影响显著（回归方程系数和显著性都发生了明显的变化）。所以，对比模型1与模型2、模型3与模型4可以发现，跨界战略、研发战略和广告战略三者依存发挥了较为显著的"协同效应"，假设H6通过验证。

八 稳健性检验

在做统计分析时，数据都是经过中心化处理后再做回归，且模型的Durbin-Watson检验值都十分接近2（1.80—2.00），回归模型的膨胀系数（VIF）均在1.30左右浮动，这表明回归模型不存在显著的自相关和多元共线性问题，回归结果是可信的。

由于企业价值的衡量一直存在争议，单用ROA来衡量，结果不够稳健，而主营业务利润率体现了非公企业的获利能力、产品生命力和竞争力。主营业务利润率越大，获利能力越强，企业价值提升越明显。因此，我们用主营业务利润率作为企业价值提升的衡量指标。此外，将高管持股比例换成高管是否持股，是为1，否为0。研发战略用研发费用支出占主营业务收入比例衡量，广告强度用广告费占主营业务收入比例衡量。稳健性检验的多层回归结果，限于篇幅，只给出了竞争强度对各种战略和非公企业价值调节效应的检验结果，除极个别差异外，竞争强度的调节效应与前文结果较为吻合，并无实质性差异，这就进一步证实了前文结论的稳健性（如果需要，可向作者索取）。

表7-8　　　　　　　　　　稳健性检验

	无"身份"跨界组			有"身份"跨界组		
	(1)	(2)	(3)	(1)	(2)	(3)
常数项	-0.038 (-1.522)	-0.013 (-0.589)	-0.038 (-1.420)	-0.019 (-1.020)	-0.017 (-1.123)	-0.033 (-1.650)
Age	-0.030 (-0.445)	-0.069 (-1.254)	-0.03 (-0.432)	0.033 (0.669)	-0.033 (-0.878)	-0.007 (-0.135)
Sharh	0.038 (0.578)	0.016 (0.288)	0.056 (0.783)	-0.051 (-1.060)	0.020 (0.549)	-0.050 (-0.955)
Dual	0.139 (2.054)	0.101 (1.845)	0.111 (1.532)	0.047 (0.995)	0.097* (2.627)	0.064 (1.228)
Inevo	0.116 (1.490)	0.091 (1.434)	0.090 (1.063)	0.069 (1.389)	0.053 (1.398)	0.067 (1.238)

续表

	无"身份"跨界组			有"身份"跨界组		
	(1)	(2)	(3)	(1)	(2)	(3)
Rd	0.259***			0.498***		
	(3.803)			(6.878)		
Adv		0.497***			0.569***	
		(7.805)			(13.474)	
Comp	0.123	0.046		0.322***	0.130***	0.275***
	(1.199)	(0.606)		(5.593)	(3.005)	(4.446)
Rd × Adv			0.081			-0.031
			(1.077)			(-0.534)
Rd × Comp	0.210**			0.340***		
	(2.502)			(4.984)		
Adv × Comp		0.213***			0.028	
		(3.330)			(0.727)	
Rd × Adv × Comp			0.047			0.096*
			(0.611)			(1.701)
Indus	控制	控制	控制	控制	控制	控制
年份	控制	控制	控制	控制	控制	控制
调整的 R^2	0.303	0.441	0.210	0.403	0.582	0.317
F 值	6.256***	12.217***	4.413***	14.930***	35.258***	10.407***

注：***、**、*分别表示在1%、5%和10%水平上显著，括号内数据为双尾检验 t 值。

第五节 本章小结

本章以我国非公上市企业为样本，从政治生态视角研究高管"身份"跨界与非公企业价值之间的关系。实证研究发现，高管"身份"跨界范围对非公企业价值有显著的负向影响，而高管"身份"跨界级别对非公企业价值的影响却是正向的；结构不确定和竞争强度对高管"身份"跨界与非公企业价值起显著的正向调节作用；面临结构不确定时，研发战略及广告战略对企业价值的影响，在有无"身份"跨界的企业中差异不显著，政治战略与市场战略的包容对非公企业价值没能起到有效的促进作用；在激烈市场竞争中，广告战略对企业价值的影响，在有"身份"跨界非公企业中明显要劣于无"身份"跨界的企业，政治战略与广告战略的包容对非公企业价值的影响是负向的；但高管"身份"跨界有助于诱发非公企业研发战略和广告战略的互动性激励，促进二者包容，提高企业价值。

总之，从本章实证研究发现，由于政治战略与市场战略没有有效包容，导致没有产生战略的正外溢效应，诱发战略之间的互动性激励，因而对提高企业价值效果不明显，也不利于企业创新活动的进一步开展。据此可知，政治战略和市场战略之间的包容，是实现包容性创新的有效途径。无论市场战略还是非市场战略，均是企业之间竞争的一种手段，只执行一种战略不足以满足企业发展的需要，只有两种战略包容起来才能有助于企业获取超额的利润（Baron，2001）。

市场战略与非市场战略之间的包容表现为一种战略的效应会正向外溢到另一种战略，即二者间存在互动性激励的正向外部性。同时，两种战略之间的有效包容所产生的效益能够大于任何单一战略所不能及的限度（谢佩洪、王志成、朱海华，2008）。非市场战略与市场战略之间的互动性说明了企业在制定竞争战略时不仅仅只考虑市场因素的影响，还需要考虑非市场因素的影响（谢佩洪、何晓光、阎海燕，2010）。

政治战略的最终目的还是为企业市场战略服务的，市场战略是根本（Mae Millan et al.，1985）。因而，企业往往都会一手抓市场，一手抓"市长"，双管齐下。在推行市场战略的同时，不遗余力地实施政治战略。总之，市场战略与非市场战略之间的包容，不仅是企业获取关键性资源，为创新活动开展提供基本保障，而且有利于包容性创新的实现。

第八章 研究结论和对策建议

前文通过对相关理论文献的梳理以及相关概念的厘定,并对包容性创新实现路径进行了实证研究,得出主要研究结论。本章对实证研究结论进行归纳总结,在结论基础上提出了对策建议,并指出本书存在的研究局限,对后续研究做了展望。

第一节 研究结论

结合目前我国经济增长方式出现的问题,以及创新对转变经济发展方式的重要性,进一步分析当前创新存在的问题,指出包容性创新是转变经济增长方式的绝佳途径。基于此,本书在包容性增长理论、资源依赖理论和委托—代理理论分析基础上,以我国上市公司2008—2011年的数据为样本,从创新要素的协同配置、不同产权性质企业发展机会公平、企业内外部治理环境以及非市场战略(政治战略)和市场战略之间的包容等方面研究了制度悖论下实现包容性创新的有效途径。研究结论如下:

一 制度悖论之政府补贴与企业创新

(一)政府补贴的"引导之手"与"纵容之手"

从实证结果看,对于民营企业而言,政府补贴的杠杆效应明显大于挤出效应,政府补贴对民营企业的自主R&D投入以及创新绩效都有显著的正向作用。主要原因在于,民营企业与国有企业的"身份"差异,决定了其不可能与国有企业一样能够得到政府过多的关照。所以要想生存并获得发展,只有不断地进行创新,因而民营企业主观上从事创新活动的意愿更强。然而仅仅有创新意愿是不够的,创新意愿与创新行为之间还有距离。为了刺激企业把创新意愿转化为创新行为,我国各级政府都制定了创新补贴政策。这些创新补贴政策有效弥合了创新意愿与创新事实之间的距离，减轻和纠正了各种形式的市场失灵所导致的创新投资不足问题（González and Pazó, 2008; Eui and Beom, 2009），有力激励民营企业增加 R&D 投入，提高创新绩效。因而，政府补贴对民营企业的自主创新有显著的正向影响，发挥了"引导之手"作用。

对于转型期的国有企业而言，由于自身创新动力不足，很难得到显性的创新补贴，但是，国有企业可以获得其他形式的隐性补贴。大量研究表明，除了拥有垄断优势[①]之外，国有企业还有很多其他形式的"暗"补，例如长期不向政府分红、贷款利息优惠、地租优惠、资源租优惠和亏损财政补贴等（林毅夫、李志赟，2004；刘瑞明，2012）。有了巨额财政补贴、低融资成本和土地及资源租金等政策优惠，国有企业无须创新照样可以获得超额利润。即使遭遇困境或者遇到破产，政府常常也会通过追加投资、减税等方式，以保证其生存下去，这就导致了形成所谓的预算软约束现象（Kornai, 1986）。在外无压力、内无动力的情况，期盼国有企业积极去从事创新活动是不现实的。因而，政府补贴对国有企业的自主创新没能起到促进作用，发挥着"纵容之手"的功能。

(二) 高管持股的"南橘北枳"

企业高管是否重视创新活动的关键取决于企业高管个人目标与股东目标之间的偏差程度。如果高管仅仅是企业的经营管理者，或者持股比例较低，那么他们与股东只是（或者接近于）纯粹的委托—代理关系，在这种情况下，高管收益的基础是企业的当期绩效。由于创新投入与企业当期盈利能力之间的负相关关系，以及创新投入收益的滞后性（吕长江、张海平，2011），导致国有企业高管在有限的任期内更倾向于短期行为（刘运国、刘雯，2007）。倘若高管持股比例高，那么他们与股东的利益就越会趋于一致，从而产生"利益趋同效应"。民营企业高管持股比例为10.37%，数值较高。高管持股比例越高，就越有动力为企业长期价值最大化而努力工作，从而提高对创新活动的支持力度。所以，民营企业中高管持股对企业自主创新产生了积极的影响。

但是，对国有企业而言，高管持股没有出现相同的效果，究其原因主要与我国国有企业的特殊性有关。首先，虽然 2006 年国务院解除了对大

---

① 林毅夫、李志赟 (2004) 指出，从一种更广义的概念来讲，维护国有企业的垄断地位实际也是一种补贴，是以损失社会效率为代价向国有企业提供的一种隐性补贴。

型国有企业经营层持股的禁令，但对高管持股做了严格规定。国有上市公司高管人员被赋予的股权数量非常有限，持股比例一般远远低于1%，很多公司高管零持股。在高管持股比例很低的情况下，很难会产生"利益趋同效应"。其次，国有企业高管的选拔、任命、评估、任期、升迁等均由政府部门决定，背后隐藏着政府官员身份。加之，由于产权主体"缺位"以及多层委托—代理关系，导致国有企业内部人控制现象严重，在职消费、灰色收入和各种隐性福利待遇占很大比重，股权收入的重要性明显下降。因而，与股权激励相比，政治目标以及职位升迁激励更受国有企业高管的青睐。所以，在国有企业中，高管持股没能像民营企业那样对企业自主创新发挥出显著的促进作用。

（三）独立董事的"形式主义"陷阱

尽管以往研究几乎都对独立董事的积极作用给予肯定，我们在研究中却发现了不一致的结果。独立董事比例对民营和国有企业自主创新的影响均不显著，对政府补贴与企业自主创新的调节作用没有通过验证。结合中国企业的现实背景，可能存在的原因是：

首先，独立董事"不独立"。与国外相比，我国很多企业都具有家族性质，掌管企业的是家族成员，董事会中家族成员占相当比例，只是为了上市或者规范化，而聘请外部独立董事来"粉饰"公司的治理结构。此外，我国企业的独立董事大多是由大股东向股东大会推荐，然后再经由"一股独大"的股东大会投票表决产生的。更可笑的是，独立董事的薪酬来自上市公司（受大股东控制），却要去执行监督大股东的任务。处于"拿人家的手短"的独立董事，在董事会投票表决时不得不和大股东"一个鼻孔出气"，导致独立董事大多是"用脚投票"的摆设。

其次，我国上市公司独立董事的人员组成主要是其他企业高层管理者、银行界人士、会计师、律师、高校教授等专家、政府退休官员及社会知名人士。相对于内部董事，外部董事对企业投入的时间和精力有限，在掌握企业的内部信息方面更是处于绝对劣势，因而导致他们无法准确评价企业内外部经营环境。但内部董事掌握着更多与企业经营相关的专有知识，拥有更多的信息，可以更加准确地预测与评估研发给企业所带来的经济价值。因此，在创新决策时，企业决策者更有可能会采纳内部董事的建议，而忽视外部独立董事的声音。所以，就我国现实情况看，独立董事的存在基本就是"形式主义"，很难对企业的自主创新起到实质性推动作用。

二 创新要素协同配置与企业自主创新

(一) 数量不等于质量

研发投入多不一定会带来高的创新绩效。尽管和以往的研究成果类似，本书的实证结果也证实研发经费投入和研发人员投入对企业创新绩效有正向作用，但由于研发经费配置效率（$\eta = 0.1153$）、研发人员配置效率（$\xi = 0.0129$）低下，创新要素之间缺乏有效的协同配置，导致了创新要素之间的协同驱动力对企业创新绩效的解释力明显地下降（研发经费、研发人员投入与创新绩效的直接回归结果，比二者的协同驱动力与创新绩效的回归结果显著性要强，系数要大）。

导致这种现象的原因是多方面的：

首先，从企业研发经费投入看，虽然经过多年的积累和沉淀，我国大中型企业盈利不断增强，R&D 经费投入持续增长，截至 2008 年，全国大中型工业企业科研经费投入已达 2681.3 亿元，但是总体投入不足依然是一个不争的事实。2009 年我国工业企业 R&D 经费投入强度（企业 R&D 经费与主营业务收入之比）只有 0.7%，大中型企业 R&D 经费投入强度仅为 0.96%，远远低于世界发达国家水平（科技部，2010）。由于研发经费投入总量有限，全方位的创新难以实现，所以在"集中力量办大事"的思想指导下，很多企业继而转向"点"的突破。与此同时，研发经费分配的"马太效应"现象比较突出。主要表现在研发经费集中在少数企业、少数人手中，而一般研究人员很难得到经费支持，研发经费分配的两极化趋势严重（Keller and Holland，1982）。在样本企业中，投入最多的企业，研发经费有几十亿元，占销售收入的比例高达 27.592%；最少仅有几万元，占销售收入的 0.0046%。

其次，在从计划经济向市场经济转型过程中，由于受历史遗留问题以及体制性因素的影响，我国企业的中低端研发人员投入过剩现象比较严重。目前很多企业中都或多或少地存在着中低层次技术人员冗余的现象，而真正掌握高精尖技术的高端研发人员则较少（孙兆斌，2006）。由于中低端研发人员过多，其自主创新能力不强，所以企业在进行 R&D 投资时，也不敢于把经费投在他们身上，从而加剧了研发经费分配的"马太效应"恶性循环。

研发经费分配的"马太效应"不利于企业创新绩效提高。从企业层面看，虽然企业创新绩效会随着研发经费投入的增加而递增，但也会随着研发经费边际使用效率的降低而递减，从而导致研发经费投资"加速化陷阱"①的出现（Galor and Moav，2002）。因此，研发经费投资在少数企业过度集中，不仅会导致企业创新投入的无效率或者低效率，也会造成全社会创新资源的相对损失。从研发人员个体层面看，依据霍尔（Hall，2002）的统计，企业大约50%以上的研发支出都用于技术及工程人员的薪酬，因而企业创新投资的直接后果并非是利润增长，而是形成人力资本增值。研发资源分配的"马太效应"直接导致企业对一部分研究人员的人力资本投资过度，对另一部分人投资不足。这不仅对经费欠缺研究人员的创新绩效产生负面影响，也使得获得过度投资的研发人员的创新绩效的边际效率递减速度加快，陷入个体层面的"加速化陷阱"，从而阻碍企业整体创新绩效的提高。

（二）内生决定

制度环境对企业创新绩效的直接效应分析一般而言，企业创新绩效的研究大都倾向于把"制度"理解为企业创新行为所赖以存在和展开的客观背景，也就是说，是与企业创新行为相对应而存在的情境、环境、约束集合等，将制度视为一种外在于行动主体的制约性框架或规则体系。因而，以往与制度环境和创新绩效相关的文献，主要致力于研究诸如所有制性质、交易秩序、信用环境、法律环境等制度性变量作为外部因素对企业创新绩效的间接影响，而忽略了制度环境作为内生因素对企业创新绩效的直接影响。经过实证检验，本书发现制度环境不仅作为外部影响因素会对企业创新绩效产生间接影响，同时还对企业创新绩效有内生的直接决定作用。

企业创新意愿源于经济驱动力，创新与不创新是企业应对发展环境的一种选择。正常情况下，企业作为市场活动的微观主体，它的决策行为应该是自主的，外部环境只能通过企业内部因素起作用。例如，在完备的市场经济中，企业为了获得超额利润，必须不断地进行创新。但是对于转型期的中国而言，劳动力成本逐年上涨，政府过度干预和"寻租"所带来的成本已经抵消了技术创新所带来的超额回报，更何况技术创新的投入

---

① 研发经费投资"加速化陷阱"，是指对个体的研发经费投资额的不断增加与其创新绩效之间的非正相关关系所引起的高风险。

高，风险大已经让企业望而却步。在这种情形下，很多企业选择的是追求短期利益的低成本、低风险型经营活动，放弃研发决策。

然而，进入21世纪，资源环境的压力以及要素价格上升压力日益明显。这些压力进一步让企业明晰，依靠低成本资源，要素高投入的企业发展方式已经不合时宜。但是企业的自主创新动力又不足，面对创新需求"企业不急政府急"（陈清泰，2007），政府"迫不得已"往往只能直接冲到"督阵"，直接干预企业的创新活动，因而现阶段制度环境对企业创新绩效的影响更多体现为内生直接效应。

（三）事半功倍还是事倍功半

制度环境的外生调节效应。虽然研发投入是企业创新绩效直接的影响因素，但是创新并非仅仅是研发投入等技术本身的函数，还需要有与之相适宜的制度环境，依赖有利创新的各种制度安排。即使研发投入相同，制度环境以及政策的不同也会导致企业的创新绩效结果迥异。从实证结果看，制度环境对研发经费投入、研发人员投入与企业创新绩效之间的调节作用是显著的，但对协同驱动力与企业创新绩效之间的调节作用是不显著的。这表明，在构建制度环境时，可能过度关注作为创新要素的经费和人员各自本身的作用，而忽略了对创新要素用途以及创新要素之间协同匹配的引导，因而才会导致制度环境对协同驱动力与创新绩效的调节效果是事倍功半的。

按照布迪厄（2009）观点，企业是由政治场域、经济场域、创新场域等交叉作用构成的具有不同性质的争斗空间。要提高企业的创新绩效，不仅需要引导研发资源向创新场域集聚，还要引导使其进行生产性活动。这是因为，即使企业资源向创新场域集聚，它的配置还有两个相互对立的方向：生产性活动和非生产性活动。寻租活动就是典型的非生产性活动之一，其特点是：白白耗费了大量的企业资源，使本来可以用于生产性活动的资源浪费在无益于社会的非生产性活动上，从而造成了研发资源的浪费。制度环境不完善，行政干预比较多，就不可避免地会出现各种各样的寻租活动，从而诱使企业的研发资源从事非生产性活动。例如，一个实际上只能进行或只准备进行二次创新的企业，会想方设法地通过虚报R&D活动人员数量（招聘兼职、顾问等方式聘请一些并不参加实际研发工作的"研发人员"，如聘请院士、大学教授和研究员挂到企业名下）和R&D物质资本投资（购置一些并不打算在日后研发中使用的先进研发设备），来释放将要进行原始创新的虚假信号去争取获得政府的R&D补贴。

此外，目前我国企业拥有的技术潜力之所以不能实现，一个重要原因就是在于制度环境所提供的游戏规则包含的激励结构未能有效引导创新要素之间的协同配置产生共变放大效应。虽然研发资源分配的"马太效应"使创新要素在某些"点"上集聚。但由于制度环境对自主创新导向的研发资源协同型配置引导、扶持与调控功能不到位，导致企业与企业之间、研发人员之间在"面"上缺乏联动效应，使企业研发资源配置的低级趋同性严重，相互制约现象突出，从而阻碍了创新投入功效的发挥。

三 内外部治理环境协同发展与企业创新

本书以深市的主板和中小板企业为样本，研究不同竞争度的产品市场中企业研发支出对创新绩效的直接效应，以及股权集中和两职合一的调节效应。通过实证分析和研究，可以得到以下结果：（1）在产品市场竞争度低的行业中，研发支出对企业创新绩效有显著的正向影响，而在产品市场竞争度高的行业中，研发支出对企业创新绩效的影响不显著。（2）无论在高竞争度的产品市场还是在低竞争度的产品市场，股权集中对创新绩效的影响都不显著；但是在高竞争度产品市场中，股权集中对研发支出与创新绩效之间的调节作用是显著的，而在低竞争度的产品市场中，股权集中对研发支出与创新绩效之间没有显著的调节作用。（3）在低竞争度产品市场，两职合一对创新绩效有显著的正向直接影响，但是对研发支出与创新绩效调节效应不显著；在高竞争度产品市场，两职合一对创新绩效的直接效应不显著，但是，对研发支出与创新绩效有显著调节作用。

归纳上述实证结果，本书发现，在高竞争的产品市场中，研发支出并没有带来创新绩效的改善。但是，由于股权集中和两职合一对高竞争产品市场中企业的研发支出与创新绩效的调节作用显著，因而通过股权集中和两职合一的内部治理机制的调节效应，可以促进企业创新绩效的提升。在低竞争的产品市场中，研发支出可以带来创新绩效的显著改善。但是，由于股权集中和两职合一对低竞争产品市场中企业的研发支出与创新绩效的调节作用不显著，因而通过股权集中和两职合一的公司内部治理机制的调节效应，对企业创新绩效的提升没有什么帮助。

四 政治战略和市场战略互动融合与企业创新

在控制其他因素条件下，高管"身份"是否跨界对非公企业价值的影响是负向的。且高管的"身份"跨界越广，承担的政治成本越高，对企业价值带来的负面影响越大，与本书的假设预期基本一致。但是"身份"跨界级别的结果与预期的假设相反，对非公企业价值有显著的正向影响。其中的原因可能是，我国有着深厚的"官本位"思想，存在着"官大一级压死人"、"行政级别越高，印章个头越大"现象。"身份"跨界级别越高，拥有的影响力越大，能给非公企业带来的关键资源及商机就越多，"身份"跨界的最终收益就会超越"身份"跨界的维持成本，从而促进非公企业价值的提升。

结构不确定和市场竞争强度在高管"身份"跨界与非公企业价值之间起到显著的正向调节作用。当面临结构不确定或者激烈的市场竞争时，高管的"身份"跨界范围越广、级别越高，越有助于非公企业获取优势资源维持和拓展自身优势的生态位，从而促进非公企业价值的提升。

实施"身份"跨界的非公企业，其研发战略对企业价值的影响与没有实施"身份"跨界的非公企业无明显差异。这表明"身份"跨界的政治战略的实施，对研发战略与非公企业价值之间没有起到实质性贡献，跨界战略与研发战略依存会导致战略"堆砌效应"。

实施"身份"跨界的非公企业，其广告战略对企业价值的影响明显劣于没有实施"身份"跨界的非公企业。这说明"身份"跨界的政治战略的实施削弱了广告战略与非公企业价值之间的作用关系，跨界战略与广告战略的依存会产生比较明显的"侵蚀效应"，不利于非公企业价值的提升。

以往研究表明，当非公企业同时选择研发战略和广告战略时，往往会陷入"中间夹"的困境，导致战略的迷失。而本书的实证研究发现，高管"身份"跨界可以有效突破资源限制的瓶颈，通过政治战略和市场战略之间的正向外溢效应，诱发研发战略和广告战略的互动性激励，显著地促进非公企业价值的提升。因而，跨界战略、研发战略和广告战略三者依存会产生战略"协同效应"。

第二节 对策建议

通过对创新要素协同配置、不同产权性质企业之间的包容、企业内外部治理环境的协同发展以及非市场战略（政治战略）和市场战略之间的包容四个子研究的实证研究分析，为了更好地实现包容性创新，促进创新

活动的开展,提出以下建议:

一 促进创新要素协同配置的对策建议

虽然研发经费、人员投入都会对企业创新产生重要影响,但是,要素之间缺乏有效的协同配置,导致协同驱动力对企业创新绩效的作用效果明显下降。所以,若想提高企业的创新绩效,首先,需要在加大研发经费投入、提高研发人员创新能力的同时,更加关注研发经费和研发人员之间的配置效率和"协同效应",尤其需要预防和破解研发资源分配上的"马太效应"。争取"好钢用在刀刃上",促使创新投入发挥出最佳的效果。

其次,目前我国制度环境与企业创新绩效的关系更多表现为内生直接作用,虽然制度环境在一定程度直接促进了我国企业创新绩效的提高,但是其运行成本可能很高。因而为了提高创新效能,必须大力推动制度环境的转型。减少政府干预和管制,压缩政府的职能范围,将政府主管部门的精力和工作的重心更多地转移到如何加强监督管理上来,变直接的行政干预为间接宏观调控,以压缩权力的寻租空间,降低制度的运行成本。同时还应提高政府的科学化管理水平,消除租金存在的制度条件和寻租者获取垄断地位、优惠特权以及稀缺资源的寻租路径。

再次,加快市场化进程,特别是中高级生产要素的市场化改革进程,通过外部压力内源化,迫使企业自主创新。中国过去的市场化改革主要集中在初级生产要素的市场化上。随着资源压力的逐步增大,现在的市场化改革必须更多地转向与创新活动相关的中高级生产要素上来,包括人才、技术、金融、教育、医疗、文化等领域。通过制度环境的塑造把以往因体制缺陷而被低估或外在化的资源成本和环境成本内化于企业,纠正资源要素的价格扭曲现象。迫使企业从过去的"资源依赖型"的增长模式逐步转向"创新驱动型"发展模式。

最后,研究发现还启示我们,我国企业的R&D投入之所以没能发挥事半功倍效果,很重要的原因在于制度环境没能很好地引导创新资源产生"协同效应",因而必须营造鼓励协同创新的制度环境。将创新政策的重点从针对创新活动的政策为主向完善促进创新的制度环境建设转变,从注重创新资源投入数量向提高创新投入的协同效率转变。强化资源整合、创新工作机制,通过设计科学的制度安排,引导各类要素之间的协同创新。

二 不同产权性质企业之间的包容对策建议

第一,强化政府补贴,引导企业自主创新。尽管近年来我国R&D投入强度不断提高，但同发达国家甚至有些发展中国家相比仍存在很大的差距。依据大多数发达国家成功经验，只有当 R&D 投入强度超过 2.0% 以后，企业才能成为 R&D 经费来源主体。但我国 2010 年的 R&D 投入强度仅为 1.76%，刚过 1.5% 的最低关口①，因而把企业推向前台成为自主创新主体有些"强人所难"，所以仍需加大政府补贴力度，积极引导企业进行自主创新。

第二，准确把握政府补贴作用和功能，提高政府补贴的效率。围绕政府与企业关系，学术界存在"扶持之手"、"掠夺之手"、"无为之手"等研究命题，已有文献大多把政府补贴视为"扶持之手"。然而，作为"扶持之手"的政府补贴，往前一步就会促进企业的自主创新，演变成为企业自主创新的"引导之手"；向后一步就会阻碍企业的自主创新，成为企业不愿创新的"纵容之手"。因此，在加大对企业自主创新的补贴力度的同时，优化政府补贴形式和效率势在必行。首先，取消对国有企业的隐性补贴，使国有企业和其他性质企业处于平等的外部竞争环境。构建市场倒逼机制，通过外部压力内源化迫使国有企业去进行自主创新。其次，改变传统的针对创新行为的补贴方式为针对创新结果的补贴方式，简化政府补贴的审批程序，压缩权力寻租空间，提高政府创新补贴的针对性和效率。

第三，深化国有企业市场化改革，破解国有企业高管持股难题。弄清"国企"与"国资"的区别，将国有企业的"资产形态"和"企业形态"分离，把国有经济以国有资产的方式剥离出来，以发展共同基金②方式推动国有企业改革。在引入共同基金方式后，政府作为共同基金中的一员，只能以基金公司股东面目出现，但本身不从事实际运作，而是将国有资产委托给基金管理公司按照市场化管理运作。企业、基金管理公司与政府之间主要是资金上的联系，体现为股权关系。政府可以像其他股东一样行使监督权，但不能干预企业的日常管理和运营。在深化国有企业市场化改革之后，再推进高管持股计划，国有企业高管持股难题就可以顺利破解。

第四，健全选任与责任机制，克服独立董事的形式主义。重新设计独

---

① 2010 年，我国人均 GDP 达 29748 元人民币，折合 4283 美元，按人均 GDP 水平衡量，可以认为我国已进入工业化中期后半阶段，工业化中级阶段的 R&D 投入强度一般应为 1.5%—2.5%。

② 所谓共同基金就是汇集许多小钱凑成大钱，交给专人或专业机构操作管理以获取利润的一种集资式的投资工具。

立董事的选任机制，建立健全独立董事制度。首先，独立董事代表中小股东利益应该由中小股东提名，对控股股东控制的董事、经理进行监督，而不是有大股东推荐选任。其次，让独立董事在"经济上独立"，设立相关机构委员会对独立董事的薪酬进行规制，以防止独立董事发生"拿人家手短"的窘境，避免出现"人情董事"和"花瓶董事"。最后，健全独立董事的激励机制和责任机制，让其有热情和责任感对待这份工作，为董事会决策提供建设性的意见，摆脱"形式主义"，做到真正的"用脑投票"。

三 针对内外部治理环境协同发展的对策建议

在不同强度的产品市场竞争中，股权集中和两职合一发挥的治理功能不同。在产品市场竞争度较高的情况下，面对企业经营失败风险和竞争压力，客观上需要通过股权集中和两职合一的内部治理机制，强化大股东和董事长的监管，以提高公司创新绩效。而在低竞争度的产品市场中，不宜采用股权集中和两职合一的内部治理机制。需要注意的是，内部公司治理与外部产品市场竞争作为公司内外两种不同的治理机制，它们不能相互替代而应该相互补充，共同发挥其治理作用。而且由于处于转型期，我国法律法规不够完善，缺乏对投资者的保护、证券市场监管体系也较弱。在这样的政策、制度背景下，仅依靠外部环境难以对代理人进行有效监督和约束。所以，股权结构的设计必须能产生"利益趋同效应"，激发股东积极性去监督和约束经营管理者的行为，因而相对集中的股权结构的长期存在是必要的。同时，为了约束大股东对其他中小股东的剥削行为，需要建立具有一定制衡的股权结构。争取做到适度集中而不"一股独大"，相互制衡而又不"互相掣肘"，提高企业自主创新的效率。

在尚未达到有制度可循的"法治"阶段，"制度缺位"的存在不可避免，这就需要依赖企业管理者的个人魅力弥补制度的不足。而董事长兼任总经理，能够充分发挥CEO的个人魅力和决策自由度，追求企业的利益最大化（康华、王鲁平、王娜，2010），进而可以弥补"制度缺位"对企业自主创新的负面影响。在两职合一时，为了避免董事长"一言堂"，可以在董事会设立一个强有力的、独立的高层人员与之相抗衡，如引进外部独立董事等。同时，逐步推进实质性的法律变革，完善外部监管和对投资者保护的法律环境。使董事长与总经理工作行为受到公司治理条例的制约，更多的是按章办事，而不是个人的随性而为。

总之，面对不同产品市场竞争度环境，在引导企业主动增加研发支出的同时，构建符合我国国情的企业股权结构，发挥内部治理对企业自主创新的促进作用。

四 针对政治和市场战略之间包容的对策建议

第一，需要重新审视非公企业与政府之间的"离不开，靠不住"关系。首先，转型时期，政府在政治生态系统中仍然处于主导地位，依然掌握着企业生存发展所需的土地、资金信贷等配置权力。其次，对不同所有制企业，政府会按照"别、亲、疏"的"差序格局"方式管理，与国有企业、外资企业相比，民营企业处于"边缘化"的生态位上。所以，尽管"身份"跨界可能需要民营企业花费大量的时间、精力和物质等成本，但是高管"身份"跨界的政治战略不可轻易言弃。

第二，实施请进来，走出去的高管"身份"跨界的政治战略需要慎重，不要盲目扩大身份"跨界"范围，重点在于提高"身份"跨界级别，提高非公企业高管"身份"跨界质量。尽管政府的影响无处不在，但是"身份"跨界对于民营企业而言是一把"双刃剑"。因此，如何处理好政府和企业之间的关系，民营企业需要把握好尺度，最大限度地利用政府的"扶持之手"，防止政府的"掠夺之手"。同时，不能为了迎合政府及其官员的需要不顾企业自身经营现状进而丧失经济理性（连军、刘星、连翠珍，2011）。那些精明的民营企业处理政商关系的秘诀是：与政府走得很近，但不与特定的官员走得很近，绝不形成金钱上的对价输送关系（张祥建、徐晋、王小明，2011）。总之，明智的民营企业管理者应该是"两手都要抓，两手都要硬"，一手抓企业运营，提高自身实力；一手抓与政府的关系，只有政治上可靠，经济上有实力才能持续发展，否则只能是"潇洒走一回"。完全政府导向的"周正毅式"和完全市场导向的"孙大午式"民营企业在转型时期要想发展，冲破"天花板"，打破"玻璃门"和"弹簧门"都很困难。相反，像张宏伟、王翔和梁稳根等采取的政府—市场双重导向的"红色企业家"模式或许才是当今中国成功的民营企业家或经理人的榜样典范（巫景飞、何大军、林日韦、王云，2008）。

第三，面对结构不确定和激烈的市场竞争，非公企业需要将"身份"跨界的政治战略纳入企业战略并使之成为企业战略管理的重要组成部分，以获取政治生态位中的特殊优势。但是这要求非公企业高管具备高超的政治技能，可以灵活运用身份"跨界"为企业谋取最大利益。在利用政府的"扶持之手"时，防止政府的"掠夺之手"。

第四，在结构不确定和激烈的市场竞争条件下，如果非公企业只选择以研发为导向的市场战略，就没有必要实施"身份"跨界的政治战略；如果只选择以广告为导向的市场战略，要坚决制止"身份"跨界的政治战略。

第五，如果非公企业同时选择实施以研发为导向的和以广告为导向的市场战略，就需要积极推行高管"身份"跨界的政治战略，否则就会陷入"中间夹"的困境，导致市场战略的迷失。

第三节 研究的局限及未来研究方向

尽管本书对当前制度悖论视角下企业包容性创新实现途径进行了较为系统的理论与实证研究，并取得了一些进展。但是由于受到样本采集、时间充裕度、作者能力等客观条件的限制，本书的研究还存在有待进一步完善的地方，可以归纳为以下几个方面：

一 协同驱动力是研发经费与研发人员投入协同配置的结果

但是到目前为止，还没有形成科学的协同驱动力的衡量指标体系，因而也不可能有现成的能够准确描述自主研发投入的数据。因而本书在研究时利用知识生产函数近似拟合二者的协同驱动力，通过研究它与创新绩效的相互作用，探讨协同驱动力与创新绩效的内在逻辑关系。这在一定程度上削弱了本书的解释力度。并且，除了制度环境因素外，可能还有其他变量会对协同驱动力与创新绩效之间关系发挥调节效应，今后将围绕这一问题作进一步的研究。

二 企业自主创新是一个综合概念，不仅涉及投入、产出，中间过程亦很重要

本书用研发经费投入衡量创新投入、新产品销售收入比例衡量创新产出，研究政府补贴对企业自主创新的影响，指标选取范围较为狭窄，在某种程度限制了研究结论的可靠性和说服力；同时，政府的创新补贴可分为两种形式：一是明的补助；二是隐性补贴。本书只用明的政府补贴/主营业务收入比例作为企业获得政府研发补贴指标的测量数据，指标选取不能全面反映企业获得政府补贴实际情况。因此，研究结论可能欠缺一定的说服力；此外，由于创新与个人特质紧密相关，所以不仅需要关注公司治理

结构的调节作用，还应该关注 CEO 个人特征显著变化对 R&D 投入的调节作用，如年轻的 CEO、有市场营销、工程技术或者技术研发方面经验的企业（Barker and Mueller，2002），企业自主创新的积极性会不会更高。

三 以往研究对创新绩效指标衡量没有形成统一的界定

有的学者用成本利润率、创新客户满意度、创新成果水平、新产品销售增长率、专利产出／投入、专利引用／投入等（Ballot，2001；Lin，2006）来衡量；为了使结论更具说服力，未来研究中应该尝试着用不同的衡量指标来验证理论假设。

四 本书考虑的是大股东之间的相互合作或者共谋，共同获取私人利益

本书没有考虑中小股东之间为了维护自身利益可能进行联合，抵制大股东的"偷盗"行为，当中小股东合计持有的公司股份达到 10% 以上，就可以召开临时股东大会，实现对大股东的制衡（佟岩、陈莎莎，2010），使得大股东制约小股东、掏空上市公司价值的幻想变为泡沫。所以，以后研究不能仅仅考虑股权结构集中对企业创新活动的影响，也可以通过理论分析和实证检验分析股权结构制衡下，对企业创新活动的影响。

五 企业战略决策很大程度上是企业高层管理者认知能力、价值观、知识水平等方面的反映

研发决策作为关乎企业生存与发展的三大决策之一，会受到企业 CEO 自身特征的影响。遗憾的是，目前这方面的文献还比较少见（李国勇、蒋文定、牛冬梅，2012）。后续的研究我们不仅关注企业治理结构的调节作用，还应该关注 CEO 个人特征显著变化对 R&D 投入的调节作用，如年轻的、持有企业股份、有市场营销、工程技术或者技术研发方面经验的 CEO（Barker and Mueller，2002），R&D 投入会不会更多、创新绩效会不会更好等诸多问题的深入研究和讨论。

六 变量的测量方法有待改善

一是本书运用文本分析方法测度高管"身份"跨界，在进行内容分析时的编码问项选择、编码规则确立等可能不完善；二是本书将非公企业高管的政府任职、军队任职、人大代表、政协委员、工青妇联任职等"身份"跨界同等对待，但是不同"身份"跨界对企业价值提升的影响是不同的。因而在以后的研究中，可以将"身份"跨界分开考察，进一步细化高管不同的"身份"跨界对企业价值提升的影响。

限于篇幅，本书对于某些变量指标仅采取了某一种测量方式，今后有必要运用多种测量指标对理论假说进行检验修订或者采用不同的计量方法进行回归，进一步提升结论的稳健性。

因研究条件所限，本书研究的样本量不够大，本书仅选取了深市主板和中小板上市企业作为研究样本，而对沪市 A 股上市企业没有纳入研究范围，取样方法也欠严格；同时，研究获取的数据均为截面数据，无法避免截面数据带来的局限性。在未来研究中，可以进一步扩大样本范围，增加取样的广度和深度，避免截面数据带来的因果检验问题。

参考文献

[1] Abhijit Mukhopadhyay, "Inclusive Growth for Sustainable Development in India", *European Journal of Social Sciences*, No. 1, 2011, pp. 1 – 16.

[2] Aghion, P., Reenen, J. V., Zingales L., "Innovation and Institutional Ownership", NBER Working Paper, No. 14769, 2009.

[3] Aivazian, V. A., Geb Ying, Qiu Jiaping, "The Impact of Leverage on Firm Investment: Canadian Evidence", *Journal of Corporate Finance*, No. 11, 2005, pp. 277 – 291.

[4] Akerlof, G., "The Market for Lemons: Quality Uncertainly and the Market Mechanism", *Journal of Economics Quarterly*, Vol. 84, No. 3, 1970, pp. 488 – 500.

[5] Alchain, A., Demgetz, H., "Production, Information Costs and Economic Organization", *American Economic Review*, Vol. 62, No. 5, 1972, pp. 777 – 795.

[6] Ali, I. and Zhuang, J., "Inclusive Growth toward a Prosperous Asia: Policy Implications", *Economic and Research Department*, ERD Working Paper No. 97, Asian Development Bank, Manila, 2007.

[7] Ali, I., Son, H. H., "Measuring Inclusive Growth", *Asian Development Review*, Vol. 24, No. 1, 2007, pp. 11 – 31.

[8] Ali, I., "Inequality and the Imperative for Inclusive Growth in Asia", *Asian Development Review*, Vol. 24, No. 2, 2007, pp. 1 – 16.

[9] Anderson, T. L., Hill, P. J., "*The not so Wild, Wild west: Property Rights on the Frontier*", CA: Stanford University Press, 2004.

[10] Arrow, K., "The Economic Implication of Learning by Doing", *Review of Economic Studies*, Vol. 29, No. 2, 1962, pp. 155 – 173.

[11] Baggs, J. and De Bettignies, J. E., "Product Market Competition and

Agency Costs", *Journal of Industrial Economics*, Vol. 55, No. 2, 2007, pp. 289 – 323.

[12] Ballot, G., Fakhfakh, F. and Taymaz, E., "Firms' Human Capital, R&D and Performance: A Study on French and Swedish Firms", *Labour Economics*, Vol. 8, No. 4, 2001, pp. 443 – 462.

[13] Barker, V. L. III, Mueller G. C., "CEO Characteristics and Firm R&D Spending", *Management Science*, Vol. 48, No. 6, 2002, pp. 782 – 801.

[14] Baron, D. P., "Integrated Strategy: Market and Non – market Components", *California Management Review*, Vol. 37, No. 2, 1995, pp. 47 – 65.

[15] Baron, D., "*Business and its Environment*" (7th edition), Prentice Hall, 2012.

[16] Baron, David P., "Private Politics, Corporate Social Responsibility, and Integrated Strategy", *Journal of Economics & Management Strategy*, Vol. 10, No. 11, 2001, pp. 7 – 45.

[17] Beck, T., Roes Levine, and Noman Loayza., "Finance and the Source of Growth", *Journal of Financial Economics*, No. 58, 2000, pp. 261 – 300.

[18] Becker, B. E., Huselid, M. A., "High Performance Work Systems and Firm Performance: A Synthesis of Research and Managerial Implications", *Research in Personnel and Human Resource Management*, No. 16, 1998, pp. 53 – 101.

[19] Beneito, P., "Choosing among Alternative Technological Strategies: An Empirical Analysis of Formal Sources of Innovation", *Research Policy*, No. 32, 2003, pp. 693 – 713.

[20] Berkman, H., Cole, R. A., & Fu, L. J., "Political Connections and Minority – shareholder Protection: Evidence from Securities – market Regulation in China", *Journal of Financial and Quantitative Analysis*, Vol. 45, No. 6, 2010, pp. 1391 – 1417.

[21] Timothy, B. & Louise, C., "*Delivering on the Promise of Pro – poor Growth*", New York: Palgrave Macmillan and the World Bank, 2007.

[22] Bharadwaj, S. & Menon, A., "Making Innovation Happen in Organiza-

tions: Individual Creativity Mechanisms, Organizational Creativity Mechanisms or Both?", *The Journal of Product Innovation Management*, Vol. 17, No. 6, 2000, pp. 424 – 434.

[23] Birdsall, N., "Reflections on the Macro Foundations of the Middle Class in the Developing World", *Centre for Global Development*, Working Paper, No. 130, Washington D. C. , 2007.

[24] Borokhovich, K. A. , Parrino R. , Trapani T. , "Outside Directors and CEO Selection", *Journal of Financial and Quantitative Analysis*, Vol. 31, No. 3, 1996, pp. 337 – 355.

[25] Boubakri, N. , Cosset, J. C. , Saffar, W. et al. , "Political Connections of Newly Privatized Firms", *Journal of Corporate Finance*, Vol. 14, No. 5, 2008, pp. 654 – 673.

[26] Bromley, D. W. , "*Economic Interests and Institutions: The Conceptual Foundations of Public policy*", New York: Basil Blackwell, 1989.

[27] Bronn, P. S. and Bronn, C. , "Issues Management as a Basis for Strategic Orientation", *Journal of Public Affairs*, Vol. 2, No. 4, 2002, pp. 247 – 258.

[28] Brown S. L. and Eisenhardt K. M. , "Product Development: Past Research, Present Findings and Future Directions", *Academy of Management Review*, Vol. 20, No. 2, 1995, pp. 343 – 378.

[29] Bsysinger, B. , Hoskisson, R. E. "Diversification Strategy and R&D Intensity in Multiproduct Firms", *The Academy of Management Journal*, Vol. 32, No. 2, 1989, pp. 310 – 332.

[30] Buisseret, T. J. , Cameron, H. M. et al. , "What Difference Does it Make Additionality in the Public Support of R&D in Large Firms", *International Journal of Technology Management*, Vol. 10, No. 4 – 6, 1995, pp. 587 – 600.

[31] Burt, R. S. , "*Corporate Profits and Cooptation: Net – works of Market Constraints and Directorate Ties in the American Economy*", New York: Academic Press, 1983.

[32] Cabrer – Borrás, B. , Serrano – Domingo, G. , "Innovation and R&D Spillover Effects in Spanish Regions: A Spatial Approach", *Research

Policy, No. 36, 2007, pp. 1357 – 1371.

[33] Caprio, L., Faccio, M., McConnell, J., "Sheltering Corporate Assets from Political Extraction", *Journal of Law, Economics & Organization* (forthcoming), 2011.

[34] Chang, E. C., and Wong, M. L., "Governance with Multiple Objectives: Evidence from Top Executive Turnover in China", *Journal of Corporate Finance*, No. 15, 2009, pp. 230 – 244.

[35] Charles A. Anderson, Robert N. Anthony, "*The Newcorporate Directors: Insights for Board members and Executives*", New Jersey: John Wiley & Sons, Inc, 1986.

[36] Chatterjee, "Poverty Reduction Strategies – Lessons from the Asian and Pacific Region on Inclusive Development", *Asian Development Review*, Vol. 22, No. 1, 2005, pp. 12 – 44.

[37] Claessens, S., Feijen, E. and Laeven, L., "Political Connections and Preferential Access to Finance: the Role of Campaign Contributions", *Journal of Financial Economics*, Vol. 88, No. 3, 2008, pp. 554 – 80.

[38] Clifford G. Holderness, "A Survey of Blockholders and Corporate Control", *Economic Policy Review*, Vol. 9, No. 1, 2003, pp. 51 – 63.

[39] Conceicao, Gibson, Heitor, Sirilli, "Knowledge for Inclusive Development: The Challenge of Globally Integrated Learning and Implications for Science and Technology Policy", *Technological Forecasting and Social Change*, Vol. 66, No. 1, 2001, pp. 1 – 29.

[40] Connolly, R. A., Hirschey, M., "Firm Size and the Effect of R&D on Tobin's Q", *R&D Management*, Vol. 35, No. 2, 2005, pp. 217 – 223.

[41] Conyon, M. J., Peck, S. I., "Board Size and Corporate Performance: Evidence from European Countries", *The European Journal of Finance*, Vol. 4, No. 3, 1998, pp. 291 – 304.

[42] Crepon, B. E., Duguet, J. Mairesse, "Research and Development, Innovation and Productivity: An Econometric Analysis at the Firm Level", *Economics of Innovation and New Technology*, Vol. 7, No. 2, 1998, pp. 115 – 158.

[43] Dalton, D. R., Daily, C. M., Johnson, J. L., and Ellstrand, A. E.,

"Number of Directors and Financial Performance: A Meta - analysis", *Academy of Management Journal*, No. 42, 1999, pp. 674 - 686.

[44] David, P. A., Hall, B. H., "Heart of Darkness: Public - private Interactions Inside the R&D Black Box", Economic Discussion Paper, No. 1999 - W16, Nuffield College Oxford, 1999.

[45] De Fond M., C. Park, "The Effect of Competition on CEO Turnover", *Journal of Accounting and Economics*, No. 27, 1999, pp. 35 - 56.

[46] Detomasi, D., "The Political Roots of Corporate Social Responsibility", *Journal of Business Ethics*, No. 82, 2008, pp. 807 - 819.

[47] Dirk Czarnitzki and Georg Licht, "Additionality of Public R&D Grants in a Transition Rconomy: the Case of Eastern Germany", *Economics of Transition*, No. 14, 2006, pp. 101 - 131.

[48] Durnev, A., Li, K., Mork, R. & Yeung, "Capital Markets and Capital Allocation: Implications for Economies in Transition", *Economics of Transition*, Vol. 12, No. 4, 2004, pp. 593 - 634.

[49] E. Fama, "Agency Problem and the Theory of the Firm", *Journal of Political Economics*, Vol. 88, No. 2, 1980, pp. 287 - 307.

[50] Almeida, H. and Wolfenzon, D., "The Effect of External Finance on the Equilibrium Allocation of Capital", *Journal of Financial Economics*, Vol. 75, No. 1, 2005, pp. 133 - 164.

[51] Eddleston, K. A., Kellermanns, F. W., "Destructiveand Productive Family Relationships: A Stewardship Theory Perspective", *Journal of Business Venturing*, No. 22, 2007, pp. 545 - 565.

[52] Eitan Goldman, Jorg Rocholl, Jongil So, "Politically Connected Boards of Directors and the Allocation of Procurement Contracts", Working Paper, 2011.

[53] Elenkov D. S., Judge W. and Wright P., "Strategic Leadership and Executive Innovation Influence: an International Multi - Cluster Comparative Study", *Strategic Management Journal*, Vol. 26, No. 7, 2005, pp. 665 - 682.

[54] Eui, Y. L., Beom, C. C., "The Effect of Risk - sharing Government Subsidy on Corporate R&D Investment: Empirical Evidence from Korea", *Tech-

nological Forecasting and Social Change, No. 6, 2010, pp. 881 – 890.

[55] Faccio, M., "The Characteristics of Politically Connected Firms", Vanderbilt University, 2007.

[56] Faccio, M. and Lang, L. H. P., "The Ultimate Ownership of Western European Corporations", *Journal of Financial Economics*, Vol. 65, No. 3, 2002, pp. 365 – 395.

[57] Fama, E. and Jensen, M. C., "Separation of Ownership and Control", *Journal of Law and Economics*, Vol. 26, No. 2, 1983, pp. 301 – 325.

[58] Fan, J., Wong, T. J., Zhang, T., "Politically Connected CEOs, Corporate Governance, and Post – IPO Performance of China's Newly Partially Privatized Firms", *Journal of Financial Economics*, Vol. 84, No. 2, 2007, pp. 330 – 357.

[59] Farrell, M. J., "The Measurement of Productive Efficiency", *Journal of the Royal Statistical Society*, Vol. 120, No. 3, 1957, pp. 253 – 281.

[60] Felipe, J., "Macroeconomic Implications of Inclusive Growth", Asian Development Bank, Manila, 2007.

[61] Fischer, M., Diez, J. R., Snickars, F., "Metropolitan Innovation Systems Theory and Evidence from Three Metroplitan Regions in Europe", *Berlin Spring*, 2001.

[62] Fritsch, M., "R&D Cooperation and the Efficiency of Regional Innovation Activities", *Cambridge Journal Economics*, Vol. 28, No. 6, 2004, pp. 829 – 846.

[63] Furubotn, E. G., Pejovich, S., "Property Rights and Rconomic Theory: A Survey of Recent Literature", *Journal of Economic Literature*, Vol. 10, No. 4, 1972, pp. 1137 – 1162.

[64] Gabrielsson, J., Huse, M., "'Outside' Directors in SME Boards: A Call for Theoretical Reflections", *Corporate Board: Vote Duties and Composition*, Vol. 1, No. 1, 2005, pp. 28 – 37.

[65] Galor, O. and Moav, O., "Natural Selection and the Origin of Economic Growth", *Quarterly Journal of Economics*, Vol. 117, No. 4, 2002, pp. 1133 – 1191.

[66] Gani, L., Jermias, J., "Investigating the Effect of Board Independence

on Performance across Different Strategies", *The International Journal of Accounting*, Vol. 41, No. 3, 2006, pp. 295 – 314.

[67] Goldman, E., Rocholl, J., So, J., "Do Politically Connected Boards Affect Firm Value?", *The Review of Financial Studies*, Vol. 22, No. 6, 2009, pp. 2331 – 2360.

[68] Goldman, E., So, J., Rocholl, J., "Politically Connected Boards of Directors and the Allocation of Procurement Contracts", *Review of Finance*, Vol. 17, No. 1, 2013, pp. 1 – 32.

[69] González, X., Pazó, C., "Do Public Subsidies Stimulate Private R&D Spending", *Research Policy*, Vol. 37, No. 3, 2008, pp. 371 – 389.

[70] Graaf, G. D., "Causes of Corruption: towards a Contextual Theory of Corruption", *Public Administration Quarterly*, Vol. 31, No. 1, 2007, pp. 39 – 87.

[71] Grinnel, J., "The Nice Relationships of the California Thrasher", *Auk*, Vol. 34, No. 4, 1917, pp. 364 – 382.

[72] Guellec, D., Van Pottelsberghe, B., "The Impact of Public R&D Expenditure on Business R&D", *Economics of Innovation and New Technology*, No. 3, 2003, pp. 225 – 243.

[73] Hall, L. A. and Bagchi – Sen, S., "A Study of R&D, Innovation and Business Performance in the Canadianbio Technology Industry", *Technovation*, Vol. 22, No. 4, 2002, pp. 231 – 244.

[74] Hart, O., "The Market as an Incentive Mechanism", *Bell Journal of Economics*, Vol. 14, No. 2, 1983, pp. 366 – 382.

[75] Hartwig, J., "What Drives Health Care Expenditure: Baume's Model of 'Unbalanced Growth' Revisited", *Journal of Health Economics*, Vol. 27, No. 3, 2008, pp. 603 – 623.

[76] Haunschild, P. and C. Beckman, "When Do Interlocks Matter? Alternate Sources of Information and Interlock Influence", *Administrative Science Quarterly*, No. 43, 1998, pp. 815 – 844.

[77] Hellman, J., G. Jones, D. Kaufmann, "Seize the State, Seize the Day: State Capture and Influence in Transition Economies", *Journal of Comparative Economics*, Vol. 31, No. 4, 2003, pp. 751 – 773.

[78] Hewitt-Dundas, N., Roper, S., "Output Additionality of Public Support for Innovation: Evidence for Irish Manufacturing Plants", *European Planning Studies*, Vol. 18, No. 1, 2010, pp. 107 – 122.

[79] Hillman, A., Hitt, M., "Corporate Political Strategy Formulation: A Model of Approach, Participation and Strategy Decisions", *Academy of Management Review*, Vol. 24, No. 4, 1999, pp. 825 – 842.

[80] Hillman, A. J., Withers, M. C., Collins, B. J., "Resource Dependence Theory: A Review", *Journal of Management*, Vol. 35, No. 6, 2009, pp. 1404 – 1427.

[81] Hinloopen, J., "Subsidizing Cooperative and Noncooperative R&D in Duopoly with Spillovers", *Journal of Economics*, Vol. 66, No. 2, 1997, pp. 151 – 175.

[82] Hu, A. G., "Ownership, Government R&D, Private R&D, and Productivity in Chinese Industry", *Journal of Comparative Economics*, Vol. 29, No. 1, 2001, pp. 36 – 157.

[83] Hu, Fang, and Leung, C. M., "Appointment of Political Top Executives and Subsequent Performance and Corporate Governance: Evidence from China's Listed SOEs", Working Paper, 2008.

[84] Ifzal Ali and Hyun Hwa Son, "Measuring Inclusive Growth", *Asian Development Review*, Vol. 24, No. 1, 2007, pp. 11 – 31.

[85] Mirrlees, J. A., "The Optimal Structure of Incentives and Authority within an Organization", *Bell Journal of Economics*, No. 7, 1976, pp. 105 – 131.

[86] Januszewski, S. I., Kêke, F. J. and Winter, J. K., "Product Market Competition, Corporate Governance and Firm Performance: An Empirical Analysis for Germany", *Research in Economics*, Vol. 56, No. 2, 2002, pp. 299 – 332.

[87] Jefferson, G. H., Bai, H. M., Guan, X. J., Yu, X. Y., "R&D Performance in Chinese Industry", *Economics of Innovation and New Technology*, Vol. 15, No. 4 – 5, 2006, pp. 345 – 366.

[88] Jensen, M. C. and Meckling, W., "Theory of Thefirm: Managerial Behavior, Agency Costs and Capital Structure", *Journal of Financial Eco-*

nomics, No. 3, 1976, pp. 305 - 360.

[89] John, A. P. , Zahra, S. A. , "The Relative Power of CEOs and Boards of Directors: Associations with Corporate Performance", *Strategic Management Journal*, Vol. 12, No. 2, 1991, pp. 135 - 153.

[90] Johnson, S. , Mitton, T. , "Cronyism and Capital Controls: Evidence from Malaysia", *Journal of Financial Economics*, Vol. 67, No. 2, 2003, pp. 351 - 382.

[91] Johnson, S. , McMillan, J. and Woodruff, C. , "Property Rights and Finances" , *The American Economic Review*, No. 92, 2002, pp. 1335 - 1356.

[92] Katherine, R. Xin, and Jone L. Pearce, "Guanxi: Connections as Substitutes for Formal Institutional Support", *Academy of Management Journal*, Vol. 39, 1996, pp. 1641 - 1658.

[93] Keller, R. T. and Holland, W. E. , "The Measurement of Performance among Research and Development Professional Employees: A Longitudinal Analysis", *Engineering Management*, Vol. 29, No. 2, 1982, pp. 54 - 58.

[94] Klasen, S. , "Measuring and Monitoring Inclusive Growth: Multiple Definitions, Open Questions, and Some Constructive Proposals", *Asian Development Bank Sustainable Development*, Working Paper, No. 12, 2010.

[95] Koeller, C. T. , "Innovation, Market Equations Model" , *Managerial Structure and Firm Size: A Simultaneous and Decision Economics*, Vol. 16, No. 3, 1995, pp. 259 - 269.

[96] Koga, T. , "R&D Subsidy and Self - financed R&D: The Case of Japanese High - technology Start - ups", *Small Business Economics*, No. 24, 2005, pp. 53 - 62.

[97] Kogut, B. , Zander, U. , "Knowledge of the Firm, Combinative Capabilities, and the Replication of Technology", *Organization Science*, Vol. 3, No. 2, 1992, pp. 383 - 397.

[98] Kornai, J. , "The Soft Budget Constraint", *Kyklos*, Vol. 39, No. 1, 1986, pp. 3 - 30.

[99] La Porta, R. , Lopezde, Silanes F. , Shleifer, A. , Vishny, R. , "Investor Protection and Corporate Governance", *Journal of Financial Economics*, Vol. 58, No. 12, 2000, pp. 4 - 27.

[100] La Porta, R., Lopez-de-Silance, F., Shleifer, A., Vishny, R., "Investor Protection and Corporate Valuation", *Journal of Finance*, No. 57, 2002, pp. 1147-1170.

[101] Lafley, A. G., Charan, R., *The Game-Changer: How You Can Drive Revenue and Profit Growth with Innovation*, New York: Crown Business, 2008.

[102] Lax Donaldson and James H. Davis, "Stewardship Theory or Agency Theory: CEO Governance and Shareholder Returns", *Australian Journal of Management*, No. 1, 1991, pp. 49-65.

[103] Lee, P. M., "Ownership Structures and R&D Investments of U.S. and Japanese Firms: Agency and Stewardship Perspectives", *Academy of Management Journal*, Vol. 46, No. 2, 2003, pp. 212-225.

[104] Leech, D. and Leahy, J., "Ownership Structure, Control Type Classifications and the Performance of Large British Companies", *The Economic Journal*, Vol. 101, No. 409, 1991, pp. 1418-1437.

[105] Li, H. B., Meng, L. S., Wang, Q., Zhou, L. A., "Political Connections, Financing and Firm Performance: Evidence from Chinese Private Firms", *Journal of Development Economics*, Vol. 87, No. 2, 2008, pp. 283-299.

[106] Li, J. J., Poppo, L., Zhou, K. Z. et al., "Do Managerial Ties in China always Produce Value? Competition, Uncertainty, and Domestic vs. Foreign Firms", *Strategic Management Journal*, Vol. 29, No. 2, 2008, pp. 383-400.

[107] Lin, B. W. and Chen, J. S., "Corporate Technology Portfolio and R&D Performance Measures: A Study of Technology Intensive Firms", *R&D Management*, Vol. 35, No. 2, 2005, pp. 157-170.

[108] Lin, C., Lin, P., Song, F. M., Li, C., "Managerial Incentives, CEO Characteristics and Corporate Innovation in China's Private Sector", *Journal of Comparative Economics*, 2011, Vol. 39, No. 2, pp. 176-190.

[109] Lin, J. Y., "An Economic Theory of Institutional Change: Induced and Imposed Change", *The Cato Journal*, Spring/Summer, Vol. 9,

No. 1, 1989, pp. 1 – 35.

[110] Lorsch, J. and MacIver, E., "*Pawns or Potentates: The Reality of America's Corporate Boards*", MA: Harvard Business School Press, Cambridge, 1989.

[111] Lu, Y., "Political Connections and Trade Expansion – evidence from Chinese Private Firms", *Economics of Transition*, Vol. 19, No. 2, 2011, pp. 231 – 254.

[112] Luo, Y., "Industrial Dynamics and Managerial Networking in an Emerging Market: the Case of China", *Strategic Management Journal*, Vol. 24, No. 13, 2003, pp. 1315 – 1327.

[113] Mae, Millan I., McCaffrey, M. and VanWijk, G., "Competitor's Responses to easily Imitated New Products: Exploring Commercial Banking Product Introductions", *Strategic Management Journal*, Vol. 6, No. 1, 1985, pp. 75 – 86.

[114] Mara Faccio, Ronald W. Masulis and John J. McConnell, "Political Connections and Corporate Bailouts", *Journal of Finance*, Vol. 61, No. 6, 2006, pp. 2597 – 2635.

[115] Marciukaityte, D., J. Park, "Market Competition and Earnings Management", Working paper, Drexel University, 2009.

[116] Markarian, G., Santalo, J., "Product Market Competition, Information and Earnings Management", Working Paper, WP10 – 03, IE Business School, Rice University, 2010.

[117] Mc Alister, L., Srinivasan, R. and Kim, M., "Advertising, Research and Development, and Systematic Risk of the Firm", *Journal of Marketing*, Vol. 71, No. 1, 2007, pp. 35 – 48.

[118] Meznar, M. B., Nigh, D., "Buffer or Bridge? Environment and Organizational Determinants of Public Affairs Activities in American Firms", *The Academy of Management Journal*, Vol. 38, No. 4, 1995, pp. 975 – 996.

[119] Miller, J. S., Wiseman, R. M., Gomez – Mejia, L. R., "The Fit between CEO Compensation Design and Firm Risk", *Academy of Management Journal*, Vol. 45, No. 4, 2002, pp. 745 – 756.

[120] Mintzberg, H., "Power in and around Organizations", *Englewood Cliffs*, NJ: Prentice-Hall, 1983.

[121] Mizruchi, M. S. and Stearns, L. B., "A Longitudinal Study of the Formation of Interlocking Directorates", *Administrative Science Quarterly*, No. 33, 1988, pp. 194-210.

[122] Mullery, C. B., Brenner, S. N., Perrin, N. A., "A Structural Analysis of Corporate Political Activity", *Business & Society*, Vol. 34, No. 2, 1995, pp. 147-170.

[123] Nafei, Y., "Asymmetrical Inter-organization Relationships Creation: Achieving Success by Leveraging Resource Dependence and Social Network", PhD dissertation, Benedictine University, 2003.

[124] Negassi, S., "R&D Cooperation and Innovation a Micro-econometric Study on French Firms", *Research Policy*, No. 33, 2004, pp. 365-384.

[125] Nelson, R., Phelps, E., "Investment in Humans, Technological Diffusion, and Economic Growth", *American Economic Review*, No. 61, 1966, pp. 69-75.

[126] Nelson, "The Co-evolution of Technology, Industry Structure and Supporting Institutions", *Industrial and Corporate Change*, No. 3, 1994, pp. 57-58.

[127] Nickell, Stephen, "Competition and Corporate Performance", *Journal of Political Economy*, No. 104, 1996, pp. 724-746.

[128] North, D. C., "*Institutions, Institutional Change and Economic Performance*", New York: Norton, 1990.

[129] North, D. C., Thomas, R. P., "An Economic Theory of the Western World", *The Economic History Review*, Vol. 23, No. 1, 1970, pp. 1-17.

[130] North, "Douglass C. Institutions", *Journal of Economic Perspectives*, Vol. 5, No. 2, 1991, pp. 97-112.

[131] Terry L. Anderson and Peter J. Hill, "Cowboys and Contracts", *The Journal of Legal Studies*, No. 31, 2002, pp. 489-514.

[132] Pacheco, D. F., York, J. G., Dean, T J., Sarasvathy, S. D., "The Coevolution of Institutional Entrepreneurship: A Tale of Two Theories", *Journal of Management*, Vol. 36, No. 4, 2010, pp. 974-1010.

[133] Peng, M. W. , Luo, Y. , "Managerial Ties and Firm Performance in a Transition Economy: The Nature of a Micro - macro Link", *Academy of Management Journal*, Vol. 43, No. 3, 2000, pp. 486 - 501.

[134] Peng, Y. , "Kinship Networks and Entrepreneurs in China's Transitional Economy", *American Journal of Sociology*, Vol. 109, No. 5, 2004, pp. 1045 - 1074.

[135] Pfeffer, J. , "Merger as a Response to Organizational Interdependence", *Administrative Science Quarterly*, Vol. 17, No. 3, pp. 382 - 394.

[136] Pfeffer, J. , Salancik, G. , "*The External Control of Organizations: A Resource Dependence Perspective*", New York: Harper & Row, 1978.

[137] Pfeffer, J. , Salaneik, G. R. , "*The External Control of Organizations: A Resource - dependence Perspective*", New York: Harper & Row, 1978.

[138] Prahalad, C. K. , "*The Fortune at the Bottom of the Pyramid: Eradicating Poverty through Profits*", NJ: Wharton School Publishing, 2005.

[139] Buderi, R. , Huang, G. T. , "*Guanxi (The Art of Relationships): Microsoft, China Microsoft, China and Bill Gates's Plan to Win the Road ahead*", Simon & Schuster Inc. , 2006.

[140] Randoy, T. , Jensen, J. I. , "Board Independence and Product Market Competition in Swedish Firms", *Corporate Governance: An International Review*, Vol. 12, No. 3, 2004, pp. 281 - 289.

[141] Rauniyar, G. and Kanbur, R. , "Inclusive Development: Two Papers on Conceptualization, Application, and the ADB Perspective", *Department of Applied Economics and Management*, Working Paper, No. 01, Cornell University, Ithaca, New York, 2010.

[142] Reed, R. , Lemak, D. L. , Montgomery, J. C. , "Beyond Process: TQM Content and Firm Performance", *Academy of Management Review*, Vol. 21, No. 1, 1996, pp. 173 - 202.

[143] Robert A. Connolly, Mark Hirschey, "Firm Size and the Effect of R&D on Tobin's q", *R&D Management*, Vol. 35, No. 2, 2005, pp. 217 - 223.

[144] Roberts, J. , McNulty, T. , Stiles, P. , "Beyond Agency Conceptions of the Work of the Non - executive Director: Creating Accountability in

the Boardroom", *British Journal of Management*, Vol. 16, No. 3, 2005, pp. 5 – 26.

[145] Ross, S., "The Economic Theory of Agency: The Principal's Problem", *American Economic Review*, No. 63, 1973, pp. 134 – 139.

[146] Sanders, W. M. G. and Carpenter, M. A., "Internationalization and Firm Governance: The Roles of CEO Compensation, Top Team Composition, and Board Structure", *Academy of Management Journal*, No. 41, 1998, pp. 158 – 178.

[147] Schmidt, K. M., "Managerial Incentives and Product Market Competition", *Review of Economic Studies*, Vol. 64, No. 2, 1997, pp. 191 – 213.

[148] Schreyogg, G. and Kliesch – Eberl, M., "How Dynamic Can Organizational Capabilities Be?: Towards a Dual – process Model of Capability Dynamization", *Strategic Management Journal*, Vol. 28, No. 9, 2007, pp. 913 – 933.

[149] Selznick, P., "*TVA and the Grass roots: a Study in the Sociology of Formal Organization*", University of California Press, 1949.

[150] Shleifer, A. and R. Vishny, "*The Grabbing Hand: Government Pathologies and Their cures, Cambridge*", MA: Harvard University Press, 1998.

[151] Spence, A. M., "Job Market Signaling", *Quarterly Journal of Economics*, Vol. 87, No. 3, 1974, pp. 355 – 374.

[152] Stiglitz, J. E., Weiss, A., "Credit Rationing in Markets with Imperfect Information", *The American Economic Review*, Vol. 71, No. 3, 1981, pp. 393 – 410.

[153] Stopford, J., and Baden – Fuller, C., "Creating Corporate Entrepreneurship", *Strategic Management Journal*, No. 15, 1994, pp. 521 – 536.

[154] Sun, L., "Anticipatory Ownership Reform Driven by Competition: China's Township – village and Private Enterprises in the 1990s", *Comparative Economic Studies*, Vol. 42, No. 3, 2000, pp. 49 – 75.

[155] Thomke, S. H., "Simulation, Learning and R&D Performance: Evidence from Automotive Development", *Research Policy*, Vol. 27, No. 1, 1998, pp. 55 – 74.

[156] Tsang, W. K., "Can Guanxi Be a Source of Sustained Competitive Advantage for Doing Business in China?", *Academy of Management Executive*, No. 12, 1998, No. 64 – 73.

[157] Ungson, G. R., James, C. and Spicer, B. H., "The Effects of Regulatory Agencies on Organizations in Wood Products and High Technology/Electronics Industries", *Academy of Management Journal*, Vol. 28, No. 2, 1985, pp. 426 – 445.

[158] Wanzenried, G., "Capital Structure Decisions and Output Market Competition under Demand Uncertainty", *International Journal of Industrial Organization*, Vol. 21, No. 2, 2003, pp. 171 – 200.

[159] West, K. D., "Comments on The State of Macroeconomic Forecasting", *Journal of Macroeconomics*, Vol. 24, No. 4, 2002, pp. 495 – 502.

[160] Westhead, P., Howorth, C., "Ownership and Management Issues Associated with Family Firm Performance and Company Objectives", *Family Business Review*, No, 19, 2006, pp. 301 – 315.

[161] Wright, P., Ferris, S. P., Sarin, A., Awasthi, V., "Impact of Corporate Insider, Blockholder and Institutional Equity Ownership on Firm Risk Taking", *Academy of Management Journal*, Vol. 39, No. 2, 1996, pp. 441 – 465.

[162] Zhang, A., Zhang, Y., Zhao, R., "A Study of the R&D Efficiency and Productivity of Chinese Firms", *Journal of Comparative Economics*, Vol. 31, No. 3, 2003, pp. 444 – 464.

[163] [美] 道格拉斯·诺斯、罗伯特·托马斯：《西方世界的兴起》，张炳九译，学苑出版社1998年版。

[164] [美] 道格拉斯·诺斯：《经济史中的结构与变迁》，上海三联书店、上海人民出版社2003年版。

[165] A. 萨克森尼克：《地区优势：硅谷和128公路地区的文化与竞争》，曹逢、杨宇光译，远东出版社1999年版。

[166] 安同良、施浩、Ludovico Alcorta：《中国制造业企业R&D行为模式的观测与实证——基于江苏省制造业企业问卷调查的实证分析》，《经济研究》2006年第2期。

[167] 安同良、周绍东、皮建才：《R&D补贴对中国企业自主创新的激

励效应》,《经济研究》2009 年第 10 期。

[168] 白永秀:《后改革时代中国践行包容性增长的政策取向》,《西北大学学报》(哲学社会科学版) 2011 年第 2 期。

[169] 彼得·德鲁克:《管理:任务、责任、实践》,转引自孙耀君:《西方管理学名著提要》,江苏人民出版社 1998 年版。

[170] 曹建安、陈春玲、李爽:《上市企业董事长与总经理的基本状况及年度报酬的相关性》,《华东经济管理》2009 年第 5 期。

[171] 陈德萍、陈永圣:《股权集中度、股权制衡度与企业绩效关系研究》,《会计研究》2011 年第 1 期。

[172] 陈冬华、陈信元、万华林:《国有企业中的薪酬管制与在职消费》,《经济研究》2005 年第 2 期。

[173] 陈健、何国祥:《区域创新资源配置能力研究》,《自然辩证法研究》2005 年第 3 期。

[174] 陈骏、徐玉德:《产品市场竞争、竞争态势与上市公司盈余管理》,《财政研究》2011 年第 4 期。

[175] 陈天祥:《论中国制度变迁的方式》,《中山大学学报》2001 年第 3 期。

[176] 陈新桥、骆品亮:《企业创新投入产出关系及其实证研究》,《产业经济研究》2005 年第 5 期。

[177] 池仁勇、虞晓芬、李正卫:《我国东西部地区技术创新效率差异及其原因分析》,《中国软科学》2004 年第 8 期。

[178] 戴建中:《现阶段中国私营企业主研究》,《社会学研究》2001 年第 5 期。

[179] 戴维·伊斯顿:《政治生活的系统分析》,王浦劬译,华夏出版社 1999 年版。

[180] 丁厚德:《科技资源配置的战略地位》,《哈尔滨工业大学学报》(社会科学版) 2001 年第 1 期。

[181] 丁烈云、刘荣英:《制度环境、股权性质与高管变更研究》,《管理科学》2008 年第 6 期。

[182] 董方军、王军:《大部门体制改革:背景、意义、难点及若干设想》,《中国工业经济》2008 年第 2 期。

[183] 窦炜、刘星、安灵:《股权集中、控制权配置与公司非效率投资行

为——兼论大股东的监督抑或合谋?》,《管理科学学报》2011年第11期。

[184] 杜志雄、肖卫东、詹琳:《包容性增长理论的脉络、要义与政策内涵》,《中国农村经济》2010年第11期。

[185] 樊纲、王小鲁、朱恒鹏:《中国市场化指数:各地区市场化相对进程2009年报告》,经济科学出版社2010年版。

[186] 樊纲、王小鲁:《中国市场化指数:各地区市场化相对进程》,经济科学出版社2004年版。

[187] 方军雄:《所有制、制度环境与信贷资金配置》,《经济研究》2007年第12期。

[188] 冯根福、温福军:《中国上市企业治理与企业技术创新关系的实证分析》,《中国工业经济》2008年第7期。

[189] 傅家骥:《技术创新学》,清华大学出版社1998年版。

[190] 干春晖、郑若谷、余典范:《中国产业结构变迁对经济增长和波动的影响》,《经济研究》2011年第5期。

[191] 高帆:《什么粘住了中国企业自主创新能力提升的翅膀》,《当代经济科学》2008年第2期。

[192] 高雷、宋春林:《治理环境、治理结构与代理成本——来自国有上市公司面板数据的经验证据》,《经济评论》2007年第3期。

[193] 高明华:《国有企业的性质表现与改革》,《全国政治协商会议提案》2011年。

[194] 高艳慧、万迪昉、蔡地:《政府研发补贴具有信号传递作用吗?——基于我国高技术产业面板数据的分析》,《科学学与科学技术管理》2012年第1期。

[195] 葛笑如、孙亚忠:《包容性增长的正义镜像与中国实践》,《社会主义研究》2011年第1期。

[196] 龚红:《董事会结构、战略决策参与程度与公司绩效》,《财经理论与实践》2004年第2期。

[197] 关鉴、冯志卿、周夫荣、杜亮:《等待未来》,《中国企业家》2010年第21期。

[198] 官建成、何颖:《基于DEA方法的区域创新系统的评价》,《科学学研究》2005年第2期。

[199] 官建成：《企业制造能力与创新绩效的关系研究：一些中国的实证发现》，《科研管理》2004年第9期。

[200] 郭强、蒋东生：《不完全契约与独立董事作用的本质及有效性分析：从传统法人治理结构的缺陷论起》，《管理世界》2003年第2期。

[201] 郭晓丹、何文韬、肖兴志：《战略性新兴产业的政府补贴、额外行为与研发活动变动》，《宏观经济研究》2011年第11期。

[202] 郭重庆：《发展高新技术必先营造制度环境》，《中国工程科学》2000年第8期。

[203] 韩立岩、蔡红艳、郄冬：《基于面板数据的中国资本配置效率研究》，《经济学》（季刊）2002年第1期。

[204] 郝书辰、陶虎、田金方：《不同股权结构的国有企业治理效率比较研究——以山东省为例》，《中国工业经济》2011年第9期。

[205] 何庆丰、陈武、王学军：《直接人力资本投入、R&D投入与创新绩效的关系基于我国科技活动面板数据的实证研究》，《技术经济》2009年第4期。

[206] 何伊凡：《首富，政府造：自主创新的"尚德模式"》，《中国企业家》2006年第3期。

[207] 贺小刚、张远飞、燕玲、吕斐斐：《政治关联与企业价值：民营企业与国有企业的比较分析》，《中国工业经济》2013年第1期。

[208] 贺远琼：《企业高管社会资本与企业经济绩效关系的实证研究》，《管理评论》2007年第3期。

[209] 洪银兴：《迎接新增长周期：发展创新型经济》，《学术月刊》2010年第1期。

[210] 侯琦、魏子扬：《制度的非理性与社会和谐》，《中共福建省委党校学报》2008年第7期。

[211] 胡本勇、彭其渊：《基于广告——研发的供应链合作博弈分析》，《管理科学学报》2008年第2期。

[212] 胡洪彬：《包容性增长的政治逻辑分析》，《实事求是》2011年第2期。

[213] 胡明勇、周寄中：《政府资助对技术创新的作用：理论分析与政策工具选择》，《科研管理》2011年第1期。

[214] 胡永平、张宗益：《高管的政治关联与公司绩效：基于国有电力生产上市公司的经验研究》，《中国软科学》2009年第6期。

[215] 黄明哲：《论地方政治生态环境的治理与优化》，《学习与实践》2011年第1期。

[216] 黄越、杨乃定、张宸璐：《高层管理团队异质性对企业绩效的影响研究——以股权集中度为调节变量》，《管理评论》2011年第11期。

[217] 贾明、张吉吉：《高管的政治关联影响公司慈善行为吗?》，《管理世界》2010年第4期。

[218] 江诗松：《转型经济中后发企业创新能力的追赶路径：所有权的视角》，浙江大学，2011年。

[219] 姜付秀、黄磊、张敏：《产品市场竞争、公司治理与代理成本》，《世界经济》2009年第10期。

[220] 姜宁、黄万：《政府补贴对企业R&D投入的影响——基于我国高技术产业的实证研究》，《科学学与科学技术管理》2010年第7期。

[221] 靳娟：《关于创新型人力资本的思考》，《首都师范大学学报》（社会科学版）2005年第5期。

[222] 睢国余、蓝一：《企业目标与国有企业改革》，《北京大学学报》（哲学社会科版）2004年第3期。

[223] 康华、王鲁平、王娜：《股权集中度、CEO激励与企业研发战略——来自我国上市企业的证据》，《软科学》2010年第10期。

[224] 康宁：《中国经济转型中高等教育资源配置的制度创新》，教育科学出版社2005年版。

[225] 李丹蒙、夏立军：《股权性质、制度环境与上市公司R&D强度》，《财经研究》2008年第4期。

[226] 李国勇、蒋文定、牛冬梅：《CEO特征与企业研发投入关系的实证研究》，《统计与信息论坛》2012年第1期。

[227] 李辉、张晓明：《我国R&D经费配置效率与行业差异》，《未来与发展》2011年第12期。

[228] 李建华、周胜军、孙宝凤：《我国科技人力资源与财力资源匹配规模优化研究》，《科学管理研究》2001年第6期。

[229] 李萍:《中国经济增长方式转变:制度的重要性》,《经济与改革》2001年第4期。

[230] 李双杰、王海燕、刘韧:《基于DEA模型的制造业技术创新资源配置效率分析》,《工业技术经济》2006年第3期。

[231] 李维安、李宝权:《跨国企业在华独资倾向成因分析:基于股权结构战略的视角》,《管理世界》2003年第1期。

[232] 李维安、邱艾超:《民营企业治理转型、政治联系与公司业绩》,《管理科学》2008年第4期。

[233] 连军、刘星、连翠珍:《民营企业政治联系的背后:扶持之手与掠夺之手》,《财经研究》2011年第6期。

[234] 梁莱歆、冯延超:《民营企业政治关联、雇员规模与薪酬成本》,《中国工业经济》2010年第10期。

[235] 林红玲:《西方制度变迁理论述评》,《社会科学辑刊》2001年第1期。

[236] 林浚清、黄祖辉、孙永祥:《高管团队内薪酬差距、公司绩效和治理结构》,《经济研究》2003年第4期。

[237] 林毅夫、李永军:《比较优势、竞争优势与发展中国家的经济发展》,《管理世界》2003年第8期。

[238] 林毅夫、李志赟:《政策性负担、道德风险与预算软约束》,《经济研究》2004年第2期。

[239] 林毅夫:《诱致性制度变迁与强制性制度变迁(现代制度经济学)》下卷,北京大学出版社2003年版。

[240] 刘凤朝、潘雄锋:《基于Malmquist指数法的我国科技创新效率评价》,《科学学研究》2007年第5期。

[241] 刘海建:《红色战略还是灰色战略——针对我国制度转型中企业战略迷失的实证研究》,《中国工业经济》2012年第7期。

[242] 刘衡、李垣、李西垚、肖婷:《关系资本、组织间沟通和创新绩效的关系研究》,《科学学研究》2011年第12期。

[243] 刘辉煌、胡骋科:《制度变迁方式理论的演变发展及其缺陷》,《求索》2005年第6期。

[244] 刘玲利、李建华:《基于随机前沿分析的我国区域研发资源配置效率实证研究》,《科学学与科学技术管理》2007年第12期。

[245] 刘玲利：《中国科技资源配置效率变化及其影响因素分析：1998—2005 年》，《科学学与科学技术管理》2008 年第 7 期。

[246] 刘曼琴、曾德明：《CEO、董事长两职合任与公司绩效的理论分析》，《湖南大学学报》2002 年第 6 期。

[247] 刘瑞明：《国有企业、隐性补贴与市场分割：理论与经验证据》，《管理世界》2012 年第 4 期。

[248] 刘胜强、刘星：《市场结构与企业 R&D 投资研究综述》，《华东经济管理》2010 年第 7 期。

[249] 刘松：《包容性增长之辨》，《科学管理研究》2010 年第 6 期。

[250] 刘伟、刘星：《高管持股对企业 R&D 支出的影响研究：来自 2002—2004 年 A 股上市公司的经验证据》，《科学学与科学技术管理》2007 年第 10 期。

[251] 刘银国、高莹、白文周：《股权结构与企业绩效相关性研究》，《管理世界》2010 年第 9 期。

[252] 刘迎秋、徐志祥：《中国民营企业竞争力报告：自主创新与竞争力指数》，社会科学文献出版社 2006 年版。

[253] 刘运国、刘雯：《我国上市公司的高管任期与 R&D 支出》，《管理世界》2007 年第 1 期。

[254] 卢现祥：《西方新制度经济学》，中国发展出版社 1996 年版。

[255] 鲁志国：《R&D 投资作用于技术创新的传导机制分析》，《深圳大学学报》2005 年第 5 期。

[256] 吕长江、张海平：《股权激励计划对公司投资行为的影响》，《管理世界》2011 年第 11 期。

[257] 吕丽娜、刘俊：《地方政府经济职能越位的表现、成因及矫正》，《湖北社会科学》2006 年第 9 期。

[258] 罗党论、刘晓龙：《政治关系、进入壁垒与企业绩效：来自中国民营上市公司的经验证据》，《管理世界》2009 年第 5 期。

[259] 罗党论、唐清泉：《中国民营上市公司制度环境与绩效问题研究》，《经济研究》2009 年第 2 期。

[260] 罗党论、应千伟：《政企关系、官员视察与企业绩效：来自中国制造业上市企业的经验证据》，《南开管理评论》2012 年第 5 期。

[261] 马富萍：《高管持股与技术创新的相关性研究：基于文献综述》，

《科技管理研究》2009 年第 11 期。

[262] 马勇、高延龙:《科技资源使用效率研究》,《东北师范大学学报》2002 年第 3 期。

[263] 迈克尔·波特:《国家竞争优势》,华夏出版社 2002 年版。

[264] 潘克勤:《实际控制人政治身份降低债权人对会计信息的依赖吗?》,《南开管理评论》2009 年第 12 期。

[265] 皮埃尔·布迪厄:《实践感》,蒋梓骅译,译林出版社 2009 年版。

[266] 秦合舫:《战略、超越不确定性》,机械工业出版社 2005 年版。

[267] 任海云:《股权结构与企业 R&D 投入关系的实证研究——基于 A 股制造业上市公司的数据分析》,《中国软科学》2010 年第 5 期。

[268] 汝绪华:《包容性增长:内涵、结构及功能》,《学术界》2011 年第 1 期。

[269] 宋常、黄蕾、钟震:《产品市场竞争、董事会结构与公司绩效——基于中国上市公司的实证分析》,《审计研究》2008 年第 5 期。

[270] 孙兆斌:《股权集中、股权制衡与上市企业的技术效率》,《管理世界》2006 年第 7 期。

[271] 孙铮、刘凤委、李增泉:《市场化程度、政府干预与企业债务期限结构——来自我国上市公司的经验证据》,《经济研究》2005 年第 5 期。

[272] 谭浩俊:《尚德警示:政府该为企业做什么?》,《上海证券报》2013 年 3 月 12 日。

[273] 谭劲松、郑国坚、彭松:《地方政府公共治理与国有控股上市公司控制权转移——1996—2004 年深圳市属上市公司重组案例研究》,《管理世界》2009 年第 10 期。

[274] 唐清泉、罗党论:《政府补贴动机及其效果的实证研究》,《金融研究》2007 年第 6 期。

[275] 唐清泉、易翠:《高管持股的风险偏爱与 R&D 投入动机》,《当代经济管理》2010 年第 2 期。

[276] 田志龙、邓新明:《企业政治策略形成影响因素:中国经验》,《南开管理评论》2007 年第 1 期。

[277] 佟岩、陈莎莎:《生命周期视角下的股权制衡与企业价值》,《南开管理评论》2010 年第 1 期。

[278] 万斌、丁友文：《论和谐政治生态系统与政治宽容调节机制的构建》，《浙江社会科学》2012年第7期。

[279] 汪海霞：《包容性增长的语义及其运行机理分析》，《求实》2011年第4期。

[280] 王海珍、刘新梅、张永胜、穆若峰：《高管团队政府工作经验、政治网络与企业绩效的关系研究》，《软科学》2008年第7期。

[281] 王红霞、高山行：《基于资源利用的企业R&D投入与创新产出关系的实证研究》，《科学学研究》2009年第2期。

[282] 王锦军：《浙江政府与民间组织的互动机制：资源依赖理论的分析》，《浙江社会科学》2009年第9期。

[283] 王亮、赵定涛：《企业——政府互动依赖关系与企业政治行为》，《公共管理学报》2006年第3期。

[284] 王任飞：《企业R&D支出的内部影响因素研究：基于中国电子信息百强企业之实证》，《科学学研究》2005年第2期。

[285] 王淑荣、田赫：《融制度创新与制度经济学——"制度悖论"一个解》，《工业技术经济》2007年第6期。

[286] 王先庆：《"体制性歧视"是广东民企发展最大障碍》，《南方日报》2011年3月28日。

[287] 王晓雯、王泰昌、吴明政：《企业经营型态与研发活动绩效》，《管理学报》（台北）2008年第2期。

[288] 王志章、王晓蒙：《包容性增长：背景、概念与印度经验》，《南亚研究》2011年第4期。

[289] 王忠禹：《2010中国500强企业发展报告》，企业管理出版社2010年版。

[290] 卫武：《企业非市场与市场行为及其竞争特点对企业绩效的影响研究》，《南开管理评论》2009年第1期。

[291] 魏守华、姜宁、吴贵生：《内生创新努力、本土技术溢出与长三角高技术产业创新绩效》，《中国工业经济》2009年第2期。

[292] 巫景飞、何大军、林日韦、王云：《高层管理者政治网络与企业多元化战略：社会资本视角——基于我国上市公司面板数据的实证分析》，《管理世界》2008年第8期。

[293] 吴汉洪：《美国政府在产业结构调整中的作用》，《经济理论与经济

管理》2002 年第 6 期。

[294] 吴建新、刘德学：《容性增长研究述评》，《经济评论》2012 年第 4 期。

[295] 吴敬琏：《发展高新技术产业：制度高于技术》，《文汇报》（香港）1990 年 10 月 23 日。

[296] 吴敬琏：《体制改革需要制度环境》，《学习时报》2011 年 6 月 15 日。

[297] 吴淑琨、柏杰、席酉民：《董事长与总经理两职的分离与合———中国上市企业实证分析》，《经济研究》1998 年第 8 期。

[298] 吴思：《血酬定律——中国历史中的生存游戏》，中国工人出版社 2003 年版。

[299] 吴文锋、吴冲锋、芮萌：《中国上市公司高管的政府背景与税收优惠》，《管理世界》2009 年第 3 期。

[300] 吴晓波：《大败局》（Ⅱ），浙江人民出版社 2007 年版。

[301] 吴延兵：《国有企业双重效率损失研究》，《经济研究》2012 年第 3 期。

[302] 吴玉鸣：《空间计量经济模型在省域研发与创新中的应用研究》，《数量经济技术经济研究》2006 年第 5 期。

[303] 夏力、杨德才：《"扶持之手"还是"掠夺之手"：政府干预与企业政治关联文献综述》，《学海》2012 年第 3 期。

[304] 夏美武：《政治生态建设的困境与出路——基于当代中国政治现实的生态视角分析》，《苏州大学学报》2012 年第 1 期。

[305] 肖敏、谢富纪：《我国区域 R&D 资源配置效率差异及其影响因素分析》，《软科学》2009 年第 3 期。

[306] 谢佩洪、王志成、朱海华：《基于制度视角的企业非市场战略与市场战略的整合研究》，《南开管理评论》2008 年第 2 期。

[307] 谢思佳：《民企二次创业遭遇"弹簧门"中小企盼享"国民待遇"》，《南方日报》2010 年 7 月 7 日。

[308] 谢绚丽、赵胜利：《中小企业的董事会结构与战略选择：基于中国企业的实证研究》，《管理世界》2011 年第 1 期。

[309] 邢云博：《民间金融与中小企业融资互动发展的优势分析与对接框架建》，《中国市场》2012 年第 1 期。

[310] 徐彪、李心丹、张珣:《区域环境对企业创新绩效的影响机制研究》,《科研管理》2011年第9期。

[311] 徐莉萍、辛宇、陈工孟:《股权集中度和股权制衡及其对公司经营绩效的影响》,《经济研究》2006年第1期。

[312] 徐荣、陈敬良:《我国人力资本生产制度变迁及其创新模式选择》,《现代管理科学》2003年第3期。

[313] 徐向艺、徐宁:《金字塔结构下股权激励的双重效应研究——来自我国上市公司的经验证据》,《经济管理》2010年第9期。

[314] 徐迅雷:《医保资金总额预付的制度悖论》,http://blog.ifeng.com/article/17479221.html,2012年4月23日。

[315] 薛澜:《关键是要营造良好的市场环境》,《科技日报》2011年12月18日。

[316] 阎海峰、沈锦杰:《股权结构对合资企业绩效的影响研究——基于组织学习的视角》,《中国工业经济》2010年第4期。

[317] 杨其静:《企业成长:政治关联还是能力建设》,《经济研究》2011年第11期。

[318] 杨清香、俞麟、胡向丽:《不同产权性质下股权结构对投资行为的影响》,《中国软科学》2010年第7期。

[319] 杨瑞龙:《论我国制度变迁与制度选择目标的冲突及其协调》,《经济研究》1994年第5期。

[320] 杨晓优:《区域制度环境与区域竞争对策研究》,中南大学出版社2005年版。

[321] 杨勇、达庆利:《企业技术创新绩效与其规模R&D投资人力资本投资之间的关系——基于面板数据的实证研究》,《科技进步与对策》2007年第11期。

[322] 叶建芳、陈潇:《我国高管持股对企业价值的影响研究:一项来自高科技行业上市公司的证据》,《财经问题研究》2008年第3期。

[323] 叶檀:《从无锡尚德看举国办高科技体制》,《每日经济新闻》2012年8月3日。

[324] 易纲、林明:《理解中国经济增长》,《中国社会科学》2003年第2期。

[325] 游家兴、徐盼盼、陈淑敏:《政治关联、职位壕沟与高管变更——

来自中国财务困境上市公司的经验证据》,《金融研究》2010 年第 4 期。

[326] 于濛:《包容性创新下的选择题》,《中国会计报》2012 年 11 月 30 日。

[327] 余明桂、回雅甫、潘红波:《政治联系、寻租与地方政府财政补贴有效性》,《经济研究》2010 年第 3 期。

[328] 余明桂、潘红波:《政治关系,制度环境与民营企业银行贷款》,《管理世界》2008 年第 8 期。

[329] 余耀、李景勃:《企业外部治理环境对内部治理机制的影响——基于结构方程模型的实证研究》,《贵州大学学报》(社会科学版) 2010 年第 5 期。

[330] 俞宪忠:《"包容"是民众发展的制度诉求》,《人民日报》2010 年 10 月 14 日。

[331] 岳书敬:《中国区域研发效率差异及其影响因素:基于省级区域面板数据的经验研究》,《科研管理》2008 年第 9 期。

[332] 张长征、蒋晓荣:《股权集中度与经理自主权对技术型企业 R&D 投入的影响效应分析》,《中外企业家》2011 年第 8 期。

[333] 张敦力、李四海:《社会信任、政治关系与民营企业银行贷款》,《会计研究》2012 年 8 月。

[334] 张峰、冯海波:《包容性增长的科学内涵及其世界历史意义》,《吉首大学学报》2011 年第 1 期。

[335] 张功富:《产品市场竞争、大股东持股与企业过度投资——来自沪深工业类上市公司的经验证据》,《华东经济管理》2009 年第 7 期。

[336] 张光荣、曾勇:《股权制衡可以改善企业治理吗——基于公平与效率视角的实证检验》,《系统工程》2008 年第 8 期。

[337] 张建军、张志学:《中国民营企业家的政治战略》,《管理世界》2005 年第 7 期。

[338] 张军、詹宇波:《金融歧视、"腐败"与中国私人企业的增长:基于转轨的理论分析和经验观察》,《世界经济文汇》2006 年第 2 期。

[339] 张良、王平、毛道维:《股权集中度、股权制衡度对企业绩效的影

响》,《统计与决策》2010年第7期。

[340] 张如意:《技术创新创新困局、经济发展方式与包容性增长》,《中国科技论坛》2012年第2期。

[341] 张祥建、徐晋、王小明:《民营企业政治竞争力的微观结构与动态演化特征》,《中国工业经济》2011年第9期。

[342] 张宇燕:《个人理性与"制度悖论"对国家兴衰的尝试性解释》,《现代制度经济学》,北京大学出版社2003年版。

[343] 赵付民、苏盛安、邹珊刚:《我国政府科技投入对大中型工业企业R&D投入的影响分析》,《研究与发展管理》2006年第2期。

[344] 郑杭生:《让"包容"牵手"和谐"——包容性增长里的中国智慧》,《光明日报》2011年3月3日。

[345] 钟伟、冯学钢:《包容性增长:理论视角与研究启示》,《当代经济管理》2012年第2期。

[346] 周德文:《2012年中小企业路在何方》,《中华工商时报》2012年8月1日。

[347] 周海炜、薛红霞:《西方非市场战略的研究及其启示》,《科学学研究》2007年第3期。

[348] 周浩、朱卫平:《销售成本、垄断竞争与产品多样性》,《管理科学学报》2008年第5期。

[349] 周建、方刚、刘小元:《制度环境、公司治理对企业竞争优势的影响研究——基于上市公司的经验证据》,《南开管理评论》2009年第5期。

[350] 周建军:《如何理解包容性增长》,《人民日报》2010年10月27日。

[351] 周黎安、罗凯:《企业规模与创新:来自中国省际水平的经验证据》,《经济学》(季刊)2005年第3期。

[352] 周黎安:《晋升博弈中政府官员的激励与合作——兼论我国地方保护主义和重复建设问题长期存在的原因》,《经济研究》2004年第6期。

[353] 周雪光:《逆向软约束:一个政府行为的组织分析》,《中国社会科学》2005年第2期。

[354] 周阳敏、谢俊俏:《印度"甘地式创新"与中国企业的包容性增长

研究》,《科技进步与对策》2012 年第 3 期。

[355] 周中胜、王愫:《企业家能力、信用评级与中小企业信贷融资可获性——基于江浙地区中小企业问卷调查的经验研究》,《财贸经济》2010 年第 5 期。

[356] 周中胜:《治理环境、政府干预与大股东利益输送》,《山西财经大学学报》2007 年第 4 期。

[357] 朱平芳、徐伟民:《政府的科技激励政策对大中型工业企业 R&D 投入及其专利产出的影响:上海市的实证研究》,《经济研究》2003 年第 6 期。

[358] 庄健:《包容性增长如何包容?》,新华网,http://news.xinhuanet.com/fortune/2010 – 10/19/ c_ 12672066.htm,2010 年 10 月 9 日。

[359] 庄巨忠:《包容性增长的政策含义及对中国构建和谐社会的启示》,《金融博览》2010 年第 11 期。